国家“十一五”重点图书出版规划项目

马克思主义人学与当代中国丛书
主编　韩庆祥

全球化进程中的人

邹广文　常晋芳　著

河南人民出版社

图书在版编目(CIP)数据

全球化进程中的人/邹广文,常晋芳著. -郑州:河南人民出版社,2011.3
(马克思主义人学与当代中国丛书/韩庆祥 主编)
ISBN 978-7-215-06406-5

Ⅰ.全… Ⅱ.①邹…②常… Ⅲ.人学-研究 Ⅳ.C912.1

中国版本图书馆 CIP 数据核字(2008)第 051335 号

河南人民出版社出版发行
(地址:郑州市经五路 66 号 邮政编码:450002 电话:65788036)
新华书店经销 河南省瑞光印务股份有限公司印刷
开本 660 毫米×960 毫米 1/32 印张 19.5
字数 252 千字
2011 年 3 月第 1 版 2011 年 3 月第 1 次印刷

定价:58.00 元

总前言

发展中的当代中国人学思潮

当代中国马克思主义哲学研究领域的一大景观，就是人学研究的兴起，并且已经形成一种具有深远影响的人学思潮。改革开放以来，我国人学研究的一个基本特点，就是其研究进程始终紧随于我国社会主义现代化建设实践的发展，并反作用于社会实践。因而，我们应从社会主义现代化建设的社会实践出发，来考察和反思我国人学研究得以泛起的历史背景及其演变的内在逻辑，从中进一步弄清人学与社会主义现代化建设的内在联系，同时对我国人学研究加以清理和总结。

一、背景——任务——实质

人学之所以在中国兴起，有其深刻的背景，人学研究的任务和实质就蕴含在这一背景之中。

人学兴起的哲学史根据。在哲学发展的早期阶段，“人”面临两种命运：一是人主要被淹没在自然、社会及宗教中，显得不独立；二是人被各种不同的哲学流派加以肢解，变成支离破碎的人。近代以来，情况发生了变化：一方面，先是由于文艺复兴时期“人”的发现，再到现代西方哲学回归人的生活世界,把人本身从对自然、社会等客体的从属中相对独立出来并提升为主体,进而把人学推到哲学的前台;另一方面,先是由马克思提出追求完整的人,到现代哲学人类学试图建立完整人的概念,把被哲学肢解的人整合成完整的人,人作为整体的人被哲学加以强调。这种变化蕴含这样的道理:人在世界中具有相对独立的地位和本质,而且还是使外部世界化为人的世界的主体,因而,哲学不仅要从外部世界理解人,还要从人自身的内在固有方面去认识人,这种认识是在为一切存在提供最终根据。由是,人学便是哲学的本质学,这种本质只是在当代才真正显示出来。实际上,历史越往后发展,人在历史中的主体地位和作用就越突出。既然如此,当代哲学就应该把作为主体的完整的人作为自己专门或主要的研究对象,确立一种新的哲学观和哲学史观,推动哲学的发展。

人学产生的科学史根据。近代以来,关于人的各种科学独立发展起来,积累了关于人的丰富的实证知识。但是,它们在开始时并不一定确保其内在联系,反而使人这一对象变得支离破碎。这不仅没有使我们接近对人的认识,反而使我们远离这一目标。对人的不同侧面加以认识而形成一系列的人的科学,是近代对事物进行分门别类研究这一科学发展的必然趋势决定的。科学发展到现代,呈现出新的趋势:一是整个科学及分支科学之间发生新的相互联系恰恰在人的身上;二是研究人的各门科学及其不同角度趋于结合,趋于综合人的科学提供的关于人的不同侧面的实证知识,把人作为统一的整体来把握。对这种趋势的反映和反思,必须有一种关于人的统一的基础学说,来把关于人的各种科学之间的联系建立起来,既克服对人的片面研究的局限,又为一切有关人的科学的发展提供新的理论基础和方向。根据这一要求把已经积累起来的有关人的认识成果统一起来,那就必须回答这样一种本质性的问题:在这些成果的根底上,人究竟是什么。这就必须建立一门新的人学。

人学泛起的文化学根据。以个人主义为核心的文化把人主要理解为具有独立价值的个人,以整体主义为核心的文化把人主要理解为只有在整体的关系中才能存在的人。这两种文化模式在一定历史时期，都由于自身的局限而带来许多社会问题，甚至出现某种社会危机，其危机实质上就是文化危机和人性危机。这就提出以文化综合创新来克服以往文化之历史局限的任务。完成这一任务之最有效的方法，就是寻求和重建一种新的完整的人性，并通过这种重建来实现文化的综合创新。

人学兴起的时代或实践根据。真正的人学是时代的产物。西方资本主义社会进入20世纪，有四个基本事实支配着社会意识形态的发展：一是现代西方科技和工业的发展给人带来的积极和消极影响；二是两次世界大战的爆发和法西斯主义的出现；三是20世纪欧洲工人运动的挫折并陷入低潮；四是西方共同精神的瓦解。在当代中国，有三个基本事实支配着社会意识形态的发展：一是改革及社会主义市场经济体制的建立。社会主义市场经济是充分利用和规范人性来运作的，市场经济的表层是“物”的问题，深层却是“人”的问题。二是文化建设。文化建设的实质是提高国民素质，它是以人为本并解决人的问题的。三是当代中国的发展。我们所追求的发展是可持续发展。从哲学高度和深层来看，可持续发展的中心问题就是人的问题，发展的元价值在于追求人的发展。虽然中西方所提出的问题在层次上不同，但把这些问题提升到人的社会意识中来，核心都是人的本质、存在和历史发展问题，或者必须建立一种专门研究人的本质、存在和历史发展规律的理论，来为分析和解决当代人类实践发展提出的与人有关的重大现实问题，提供一种理论工具和方法论，这就是人学。我们今天生活在人的本质、存在和发展问题格外突出和尖锐的时代，也面临着各种抉择，在这种情况下，人的自我觉醒、自我反思和自我理解尤为迫切重要。人是一切活动和关系的主体，人创造他的历史和存在。人造成怎样的存在取决于他如何做和做什么，人的未来也取决于自己的选择、决定和行动。而人如何做和做什么，如何选择和决定，又取决人对自我的认识和理解。在对人是什么、人应是什么和人如何做这些问题的反思、追问及回应中，蕴含着人学产生的必然性。

由此在一定意义上可以说，如果不理解和关注人学，就不会深刻理解和关注这个时代。当代中国人学研究的任务和实质就是：作为哲学形态走入哲学研究前沿；作为学术思潮关怀人的生存发展；作为新兴学说建构完整人的图景；作为新哲学观考察视角发生转换。

二、进程——主题——观点

当代中国人学研究的发展进程大致可划分为萌发、生长和长果三个阶段。

（一）萌发阶段。“伤痕文学”的崛起及其对“文革”的反思、真理标准的讨论、改革开放、全党工作重心的转移和西方人道主义思潮的影响，共同促发了1979年后以人性、异化和人道主义为主题的全国性大讨论。讨论主要集中在“人性、阶级性和共同人性”、“社会主义和异化”、“马克思主义和人道主义的关系”三大问题上。其思路主要是从价值观、伦理学角度对我国“文革”十年中的非人性现象作人道主义的评判，其实质，是从哲学人性论上反思我国社会主义建设的历史，总结历史经验教训，以确立人在社会主义建设和马克思主义体系中的地位。这场讨论的最大成果，是认识到要把人当人看，应对“人”及人性这一曾被人们忽视的问题加以研究；社会主义建设应尊重人的价值，关心人的命运。

（二）生长阶段。“把人当人看”，意味着要进一步揭示作为主体人的价值，从理论上说清人的主体性。1984年，我国改革从农村转向城市，社会主义现代化建设全面铺开，它要求人们进一步思考人的现代化问题。首先是1985年开始讨论人的现代化问题。人的现代化，在当时首要就是人格从传统向现代的转型。对人的现代化问题的思考，必然与传统文化变革联系起来。围绕“文化变革与人的现代化”这一主题，当时许多学者集中讨论六大问题：价值观念变革；商品经济与道德建设；科学技术现代化与人的素质现代化的关系，以及人的全面发展；人的积极性、主动性和创造性;健康人格;人的思维方式变革。这种研究的根本特征,就是人们多从文化的角度反思现实以及人被失落的文化原因,注重文化对人格的塑造,其实质,是从现代化建设的高度反思文化与人格,从“文化与人”的关系上总结我国社会主义建设的经验教训,以确立“新人”在社会主义现代化建设中的主体地位。这种研究的最大成果,是意识到必须把人当主体看,社会主义现代化关键在人的现代化,马克思主义哲学应把“人”相对独立出来,对人本身进行专门深入的理论思考;应在社会主义现代化发展战略中,包含对人的素质、人格、人才和新人的设计。其次是 1987 年左右开始讨论人的主体性问题。当时哲学界集中讨论了四方面的问题:一是从哲学上说清人的主体性与主体性原则;二是人的自觉活动和社会历史规律的关系;三是选择论和决定论的关系;四是个人及其个性。人的主体性问题讨论之重要特征,就是人们多从历史观进而从本体论再从哲学体系的本质特征角度提出人及其主体性问题,将人的问题引到了哲学本体论和哲学体系之中。其实质,是从哲学原则上反思人的主体实践活动的原则和方式,并从人的主体性发挥状况方面总结我国社会主义现代化建设的历史经验教训,以启示人们正确理解和发挥其主体性。其最大成果,就是人们充分认识到,人的主体性是最根本的人性,是人的问题的实质和核心,因而人的主体性问题本质上是“人”的问题,要从理论上说清人,就不能不抓住人的问题的实质和核心。这里,由对人的主体性问题的思考进而使人们走向对人本身的关注,对主体性问题的深入讨论,引发某些学者率先思考人学的问题。于是,从 1988 年起,国内少数学者率先提出“人学”的问题。

(三)长果阶段。对人学真正展开全面深入研究,始于 1990 年。那时,许多对人的问题研究有年的专家学者感到有必要把“人”作为一种相对独立的对象来研究,以建立一门新的人学。这一阶段,讨论的焦点集中在三个根本问题上:

1. 哲学和人学的关系。有三种代表性观点。一种观点认为哲学包括人学,但不等于人学,人学只是哲学的一个分支,二者是整体和部分的关系。第二种观点认为哲学就是人学，哲学发展的方向是“类哲学”。第三种观点认为哲学在一开始并不就是人学，人学也不是哲学的一个分支，哲学的当代形态主要是人学。

2. 人学的对象。人学研究完整的人，已达成共识。但是在如何理解完整的人上出现了分野。一种观点认为，人学研究的是人的完整图景及其本质和发展规律；第二种观点认为，人学是研究完整的个人及其本质、存在和历史发展规律；第三种观点认为，人学是研究个人、群体、人类三者关系的历史发展规律的科学。

3. 人学概念及其性质。有的学者指出，人学有广义和狭义之分，广义的人学指研究人的一切科学，狭义的人学指研究人的本质、存在和发展规律的学说，它具有哲学的性质。有的学者认为，人学是一种新世界观和哲学观，“人学”概念的提出代表一种新的哲学观念，一种体察世界的新视角。多数学者认为，人学不同于人的科学，后者是研究人的某一侧面而形成的一个学科群，人学则是在综合各门有关人的科学提供的关于人的知识的基础上，对完整的人进行综合研究，并提升出关于完整的人的本质、存在和发展规律的一般理论。“形成完整的人”是综合人学，具有综合科学的性质；提升出关于“完整的人的本质、存在和发展规律一般理论”是哲学人学，它是人学最高、最根本的层次，具有哲学的性质。有的学者认为，我们对人的认识只能是历史性的认识，只有历史性地看待人的存在和人的自我认识，才能为科学的人学奠定基础，在这种意义上，人学实质上是一门历史科学。

这一阶段，逐步形成了一些有一定影响的人学研究组织、团体和学术中心，基本上形成了一支老中青相结合的人学研究队伍；有些地方积极编写人学教材，开设人学课程，招收人学研究方向的研究生，承担国家及地方人学研究课题。

三、总结——特征——走势

中国的人学研究在1997年、2001年、2006年呈现高潮。综而观之,30年来的中国人学研究呈现出这样的整体图景:

研究的界域——人学不是把一切与人有关的问题都纳入进来,也不能被唯物史观所取代,更不等于倡导抽象人道主义,而是在综合和提升各门人的科学的基础上,建立一门以完整的人及其本质、存在和历史发展规律为研究对象的新的科学,这门科学应克服抽象人道主义的局限,达到对人的完整的科学理解。

在人学与人的科学的关系上,当代中国的人学研究一开始就比较自觉地界定了自己的研究对象,避免把人学泛化。近年召开的许多人学研讨会和发表的诸多人学论著,大都首先注意确定人学研究的对象和范围。有些对人学研究比较陌生的同志认为,人学就是研究与人有关的学问的总称,这是一种模糊认识。澄清这一模糊认识的关键,是要把人学同人的科学区别开来。人的科学指的是研究人的某一方面的各门具体科学以及由此组成的学科群,“凡是研究与人有关的学问”实际上属于“人的科学”的范畴,不属于人学范畴。人学,正如日本的细谷贞雄强调指出的,它所包含的意思与人的科学有别。人学之被倡导,其理论上的动机无非是把已经积累起来的、与人有关的知识由某一统一的原理重新加以组织,从而把人作为一个统一的整体来把握。近年我国兴起的人学,其深刻的学术动机之一,就是综合和提升各门人的科学所提供的关于人的不同侧面的知识,以达到对完整的人的理解,形成一门新的科学。这里,人学研究实际包含两个层次的基本内容:一是综合人学,以达到对“完整人”的研究;二是哲学人学,从完整的人中提升出关于人的本质、存在和历史发展规律的一般哲学理论,它主要研究人的本质、人的存在和人的历史发展规律范围内的问题。遗憾的是,由于大多数学者对各门人的科学了解不多,对如何综合各门人的科学的知识和方法知之甚少，对综合人学的研究稍显底气不足，缺乏人学的“学科”意识。

在人学与历史唯物主义的关系上，有一种观点认为，人是社会的人，是历史发展的结果，而且，既有的历史唯物主义理论体系就已经是关于人的十分完备的学说了，没有必要建立一门相对独立的人学。苏联的格列柯夫和 H.A.斯捷潘年也持这种看法。有的学者虽承认人学的相对独立存在，但认为它只是历史唯物主义的一个分支。上述两种观点都否认人学从唯物主义历史观中相对独立出来的可能性。我认为，相对独立于历史唯物主义的人学，作为一门学科是可能的。这可以从三层意义上来论证：其一，如前所说，人学有其明确而独立的研究对象。其二，人学对历史唯物主义具有相对独立性，能同后者区别开来。人不等于人类社会，人也不能完全被社会历史所溶解和淹没，人对人类社会和社会历史具有相对独立性，因而人是不能完全被社会历史所说明的。历史唯物主义以整个人类社会历史发展规律为对象，它侧重研究社会的人和历史的人，是人的现实，它为达到具体而由人走向现实，它并不研究完整的人，人学则专门以完整的人及其本质、存在和发展规律为研究对象，二者不能互相取代。其三，人学是历史唯物主义的一个理论前提。马克思批判唯心史观和创立唯物史观，是从对人的重新科学理解开始的，在《德意志意识形态》中，马克思正是在把人的本质看做一切社会关系的总和之后，在对有生命的个人及其社会历史发展过程作进一步分析的基础上，才发现和创立历史唯物主义的。恩格斯在《费尔巴哈论》中，也从“现实的人及其历史发展”出发看待历史唯物主义，指出只有在人的劳动中才能找到社会历史发展的锁钥，故而历史唯物主义是关于现实的人及其历史发展的科学。显然，只有在对人及其本质加以科学理解之后，才有可能创立历史唯物主义。唯心史观首先是在其理论前提——对人的理解上失足的。既然如此，人的问题就不能完全归结为社会历史问题，以对人的科学理解为首要任务的人学就是历史唯物主义的一个理论前提。近年我国人学研究之所以取得一定进展，其重要原因之一，就是得益于把人学看作相对独立于历史唯物主义的一门科学,而有的同志之所以看不到人学研究的深刻意义,就是因为忽视了人学对历史唯物主义具有相对独立的地位和特殊作用。当然,人学虽相对独立于历史唯物主义,但它必须以后者为指导。

在人学与人道主义关系问题上,一种观点认为,研究人学就是研究和宣扬人道主义。按照这种认识,人学研究就很难进行下去了。这种模糊认识很大程度上是受20世纪80年代我国人道主义讨论影响而形成的。在这场讨论中,一些人把马克思主义归结为人道主义,并且企图用人道主义和异化理论去否定社会主义公有制,认为社会主义公有制是人性的异化,因而是违背人道主义的。这种观点当时被称为精神污染。这一定论至今仍影响一部分人,以致认为我国20世纪90年代的人学研究是在倡导人道主义。这是对人学研究的一种严重误解。其实,人学研究虽包括人道主义研究,并在价值观意义上对人道主义加以某种肯定,但二者毕竟不同:人学研究完整的人及其本质、存在和历史发展规律,是一门科学,而人道主义是对人的本质和人的存在的关系的一种评价,是一种价值观;人学包括人道主义,但不归结为人道主义。实际上,我们所要建立的人学,恰恰是为了通过对人的完整科学理解以克服抽象人道主义对人加以片面错误理解的局限。

研究的内容——在理论层面上主要研究了人学的前提性问题,在现实层面上主要研究了我国现代化建设实践提出的重大而迫切的问题。研究的内容大都是理论和实践中的前沿问题,既具有面上的广泛性,又具有点上的高度和深度;不足在于对一些“前提性问题”还未达成应有的共识,对“人的科学”的综合研究还未给予应有的重视,对“完整的人”还未提供确切的理解,从人学角度重新理解本体论、认识论、辩证法、实践观和唯物史观,做得还不够。

实际上,在对既有成果的关系及学科建设上,人学不是抛弃而是要从人学角度重新审视和理解以往有关的哲学成果,并在人学观念框架内加以重新定位。

无论说哲学就是人学,还是说人学是哲学的一个分支,或是说哲学的当代主题形态主要是人学,都涉及人学同本体论、认识论、辩证法、实践观、唯物史观的关系。在人学中，本体论、认识论、辩证法、实践观和唯物史观依然存在，并具有相对独立性，但那不过是与人和人学相关，受人学统摄的存在：本体论是以人为本体的本体论，而人这一本体具有科学因素和价值因素两个基本内容，这样的本体论之人学意蕴在于：它是一种信仰，以满足人对完满性的信仰和追求；它是一种终极关怀，使人不断实现对现象、现实之局限性的超越，追求终极和永恒的价值，不被世俗功利和当下一时所困扰，不被现象、现实的局限所遮蔽；它是一种客观精神，要求人避免主观臆断，追求客观实在；它是人的一种自我超越和发展的根本、基础，为人提供一种精神、理念、价值、信仰和追求，以克服自我之局限。认识论是以人为目的、以解决作为主体的人的主观性（或主体性）和客观性矛盾为基本内容、以人论为根据的能动的认识论，认识论的深层之最根本的基础和根据是人论，对认识能力、认识限度、认识范围、认识目的、认识过程和认识方式的解答，最终都取决于对人的哲学理解。辩证法本质上是批判的、革命的，这无非是表达人的批判、超越、发展的主体本性，辩证法的基本规律和范畴无非是人认识客体的思维方法和工具。实践观中的实践无非是人的实践，是人的存在方式，实践过程无非是人的内在本质力量的发挥过程，因而实践观无非是关于把外部世界改变成属人世界的观点。唯物史观无非是关于现实的人及其历史发展的科学，它所研究的内容无非是从人的能动的社会生活过程中揭示和抽象出来的。实际上，哲学研究的既往成果是人学建立和发展的思想史基础和思想资料，这些成果既服从于人学的主题，又作为部分因素和思想资料存在于人学之中。人学把新对象、新主题、新问题和新内容作为中心来思考，而这正体现出人学的创新。马克思哲学有自己的对象、主题、问题和内容，所以才称其为马克思的哲学，而以往哲学的合理因素在马克思哲学中是受“马克思哲学”支配的。

研究的方法——大致可概括为“我思”有余“集思”不足，“哲思”有余“科思”不足，“离思”有余“合思”不足。国内的人学研究大多以学者个人独立思考的方式来进行，并未真正采取集体合作和综合研究的方式；大多运用哲学研究的方式，未做详尽的实证研究；对人的问题的基础理论研究和现实研究往往是分离的。人学既不应限于对人的科学作综合研究，也不应囿于演绎式的纯学理研究，而要主张以对人的现实问题的研究带动对人的基本理论的研究。这就要求我们深入人的活生生的世界去捕捉时代的课题，既注重从外观即人的对象化的世界方面科学研究人，又注重从内在即对人的内在结构的反思方面研究人。

研究的主体——有些学者往往用意识形态的眼光对待人学研究，从科学方面和“形而上”方面研究“人”相对注意不够，既“上”不去，又“下”不来；一些学者能坚持“百花齐放，百家争鸣”的方针，但有些学者由于对人学研究的背景、实质和意义了解不够，因而对人学作为一门科学不理解，低估人学探索的积极意义；一些学者认识到“人的科学”研究对人学研究的必要性，但对“人的科学”方面的知识准备不足；有些学者立足于当代中国的视野来研究人学，但缺乏应有的开放意识、世界眼光、战略思维和综合能力；有些学者多去争论抽象的人学概念，不大追问人学研究的精神实质、思想内涵和现实意义；一些学者也在研究人学，但对人学的基础理论缺乏真正系统而深入的研究。在对素质的要求上，人学研究者不能完全被利益、情感、经验、感觉、意志和表象所遮蔽，而必须切实掌握以高级理性为支撑的唯物辩证法。人是多种矛盾的统一体，是世界上最难理解和把握的对象，要准确把握和理解人，就必须运用唯物辩证法，而要真正掌握和运用唯物辩证法，就必须具有高度自觉的理性意识。仅凭自己的利益、情感、经验、感觉、感性、意志和表象来从事活动的人，在实际工作中容易做出违背唯物辩证法的事，而这样的人不可能真正理解“人”及人学理论。

研究的立足点——中国的人学研究始终是在改革开放和解放思想的大环境支撑下步步深入的，这一环境对学者们思想上的解放作用是巨大的，它使人们由过去“谈人色变”到现在强调“以人为本”，由过去把人性论和人道主义看成资产阶级的专利到现在对此加以科学地研究，由过去排斥人的研究到现在兴起“人学热”，由 20 世纪 80 年代初开始对人道主义进行研究，到 20 世纪 90 年代纵深向人学理论建构方向发展，由 20 世纪 80 年代初主要是从价值观上强调尊重人到 20 世纪

90年代深入向从学理上说清人、从实践上塑造人方向发展;中国的人学研究还反映了世界思想文化向关注人的生活世界和生存状态转向的大趋势,适合时代发展的潮流。当然,当代中国人学既不是完全重走近现代西方人学发展之路,也不是顺着中国传统文化之路"接着说",而是立足于当代人类发展和当代中国社会发展的历史方位以及对现实中国人的科学理解,来吸纳中西人学思想精华,因而它是以当代中国现实为根基、在同世界人学和中国传统人学对话的基础上发展起来的。在中国从农业社会向工业社会、由自然经济向市场经济转型过程中,中国学者也必将重演近代西方人学的某种历史剧。然而,中国毕竟面临着当代全球性问题,也具有自己特有的历史方位、特殊国情及其"中国问题"。在这种背景下,当代中国人学的内容和形式就不能重复西方人学的过去了,其人学历史剧必定具有自己的时代特色与中国风格。不仅如此,由于历史发展时序的差距和中国历史发展阶段的特殊定位,致使当代中国的人学研究难以达到以后现代主义思潮为语境的相同话语系统。中国传统文化中的人学思想是建立在小农经济基础上的,虽有许多合理因素,但从根本上并不完全适合社会主义市场经济体制的本质要求,因而不能作为当代中国人学研究的文化基础。我们只能立足于当代中国社会实践发展的时代要求,来建构当代中国的人学。

研究的倾向——中国人学研究一开始就是力求通过对完整的人的综合思考,旨在寻求哲学、科学、文化和人文精神之本,重建符合时代精神的新哲学观、科学观和文化观,为当代哲学发展提供方向;就是走向人的现实生活世界,洞察人的生存体验,关心中国人的生存和发展状态以及人类发展的命运;就是既要从价值观上重视人,又要在学理上完整论说人,还要在实践上全面塑造人。过去,我国社会主义建设出现许多问题的一个原因,就是由于不了解"人"所造成的轻视人和不能正确对待人。改革开放以来,人们逐步认识到应在价值观上把人当人和主体看,正确发挥主体的作用。近年我国人学研究的意图之一,就是唤醒对"人"的自觉尊重,充分正确发挥人的作用,但它必须通过对"人"的科学理解来为尊重人和充分正确发挥人的作用提供理论基础。人学研究的这种意图不可低估。改革开放以来之所以能取得很大成就，决策层之所以把“以人为本”作为科学发展观的核心，其原因之一，正是我国人学研究积极倡导要理解人、重视人和充分正确发挥人的作用。要真正尊重人和正确发挥人的作用，还要在实践上全面塑造人，即在人的内心深处进行人格上的真正彻底的塑造。改革开放以前，中国未曾经历过“文艺复兴”式的、旨在全面彻底塑造新型人格的人的革命，在人的内心深处实行全面彻底的人格塑造的任务至今尚未完成。在我国进入全面改革和社会主义现代化建设时期，人的素质与现代化建设要求不相适应的矛盾充分暴露出来了，因而，全面彻底实行人格塑造就成为当务之急。

研究的成果及其作用和影响——据中央党校哲学部资料室不完全统计，自 1985 年至 2001 年，我国发表的相关人学文章有 2900 多篇，相关专著 130 多部。2001 年以后，论著不断增多。这些论著在决策、实践和学术三方面产生广泛影响。第一，为人学学科建设奠定了基础。它提出的一些创新性观点，建立起了哲学与人的本质联系；提出了“人学”的一系列范畴，努力把马克思主义人学作为新兴学科来建设，确立了人学在马克思主义哲学中的合法地位；总结了以往人的问题研究的经验教训，认识到对人性的理解与对社会历史、对科学、对文化、对哲学理解的内在联系，从而强调当代哲学要对完整的人进行综合研究。第二，在理论建设上有助于深化对实践唯物主义、认识论、唯物辩证法、唯物史观、发展理论、文化问题和价值问题的研究。第三，在现实上反映了世界潮流和我国改革开放的时代精神，形成了一种关注人、尊重人和塑造人的人学思潮，确立了“以人为本”的观念，促进了人的解放、人的发展和人的塑造，推进和加强了当前我国市场经济体制建设、文化建设、素质教育、管理、干部人事制度改革、思想政治工作和人的现代化进程等。

研究的特征及其不足——中国的人学研究着重从哲学学理层次上把握“完整的人”，而在为时代和中国实践发展提供人学理念方面做得不够，在同其他学科交流合作方面也显得不够；着重从学术理论上探讨人的问题，而在使人学走出书斋，“下”到同平民大众的生活世界相结合从而被他们所掌握，“上”到同决策部门相结合从而为决策提供根据，做得还不够，致使哲学学术圈外的人士不知“人学”所云；多在学科边界、人学对象、人学观念比较模糊的情境下进行，这利于学者们打破“框框”束缚，大胆探求问题，但也使一些学者把远不是人学的问题当作人学问题来“经营”；多以科学理性的方式和自觉的态度进行研究，但研究中的主观评判色彩、盲目自发的模仿倾向不同程度上依然存在。

研究的趋势——如果把发展中的中国人学思潮放在知识经济时代来考察，必将发现，21 世纪新的社会实践又进一步使哲学走向人，也使人进入哲学视野的中心。由此，人学就必须由 20 世纪末的“热身型”研究阶段转向“攻坚型”研究阶段，人学研究必须承载四大历史使命：一是清理与总结工作。即对相关的研究成果、理论前沿、前提性问题、学术动态进行系统深入的清理与分析。二是倡导与推动工作。即学界和社会要进一步积极推动和倡导人学研究；要在对时代精神的把握中，在对中、西、马文化精华的汲取中，在对人的科学的综合研究中，在对人的哲学理解中，提升并确定当代中国人学的核心理念。三是转型工作。就是实现人学研究范式的转变：由清理与总结以往的思想资源和经验教训，转向为建构人学大厦奠定根基；由推动与倡导工作，转向提升人学的核心理念，力图为 21 世纪中国发展提供价值支撑，并实行社会体系创新；由对“完整的人”的追求，转向建构“完整的人”的形象和塑造“完整的人”的人格，力求使人学作为一门研究“完整的人”的科学真正建立起来；由“我思”、“哲思”和“离思”，转向“我思”和“集思”、“哲思”和“科思”、“离思”和“合思”相结合；由模糊走向精确，真正厘定人学的学科边界、人学的对象、人学的性质；由不知走向知，加强对各门人的科学以及对人的科学加以综合的方法的理解和把握，提高人的综合创新能力；由过于对人学的学理、学科的关注，转向人学的学理与思想并重，人学的基础理论与现实意义并重，尊重人、说清人、塑造人并重；由注重国内哲学学术领域的人学研究走向开放，既具有世界眼光和战略思维，能同世界对话，又同其他相关学科结成联盟，还要使“人学”进入平民大众的日常生活世界、实际部门和决策领域,进入讲坛和教坛。四是与时俱进地追踪时代,进一步对全球化时代提出的人的问题,以及所要求的人性革命和生存方式革命加以准确的分析、把握和提升,从中寻求人学研究的生长点,开辟当代中国人学研究的新道路。这就要进一步关注以下问题:

——人的双重本性及其生成性本质。我们较为关注人的多种本质,但忽视人的本质根本在于其矛盾的双重本性及其生成性;我们较为关注人的未确定性,却没有把人的矛盾的双重本性理解为在历史运动过程中的不断生成:人是在其双重本性的实践、历史、矛盾的发展过程中生成自己、确立自己和实现自己的,其中包括实践生成、历史生成、矛盾生成和自我生成。

——哲学、人学、现实生活世界之间的关系。哲学是通过对人的理解而理解社会历史、人的生活世界和社会科学的,对这种重要的内在本质联系我们却研究不够。

——人学在马克思哲学思想体系中的地位与作用。马克思哲学的本性是面向人的生活世界,马克思是通过对人的研究而建立起自己的哲学思想体系的,他把现实的人看做自己哲学的出发点,把人的解放看做自己哲学的主题,把每个人自由而全面发展看做自己哲学的最高价值原则,但学界对这一问题没有引起足够的重视。

——当代中国人发展的历史形态和生存方式。以往的人学研究或者关注形而上的抽象问题,或者关注意识形态层面的人的问题(以人为本等),而对当代中国人的具体现实问题关注与研究不够,人学是哲学通往现实之路,人学应研究当代中国人发展的历史形态和生存方式。

——人的精神世界。

——以人为本的政治内涵与学术内涵。当前人们多关注以人为本的政治解读而忽视其学术解读。要深化以人为本的研究,必须注重对以人为本的学术解读,全面揭示以人为本蕴涵的哲学意义。

——人的能力及其在经济、政治、社会和文化发展中的作用。我国对人的道德给予充分研究,但对人的能力研究却相当薄弱。这正是当代中国人学研究的一个生长点。

——社会层级结构与人。这是一个根本性问题,对人的问题具有广泛的解释力,但学界对这一问题的研究是一个空白。加强这方面的研究,对人学发展具有广阔的空间。

——人格塑造。“文革”十年对人的伤害促使人们在20世纪80年代初的人性、异化和人道主义讨论中去尊重人、关心人。自然,对“文革”非人性现实的最初反叛是从价值观上重视人。从价值观上重视人,表现在应把人当人看,应尊重和关心人,应重视和有效发挥人的作用。过去,我国社会主义建设出现许多问题,其重要原因之一,就是由于不了解人所造成的轻视人和不能正确对待人。如“大跃进”时期片面夸大人的能动作用,“文革”时期轻视人、伤害人、践踏人性,把人性等于阶级性等。改革开放以来,在对人的问题研究过程中,人们逐步认识到人在社会主义建设和马克思主义体系中的地位,进而把人当人看,把人当主体看,正确发挥主体的作用。要真正尊重人和正确发挥人的作用,除了在理论上要科学完整地理解人以外,还要在实践上全面塑造人。在中国历史上,这两大任务都未彻底完成。在中国思想史上,以往关于人的学说大都侧重研究人的某一本质方面。中国几千年封建社会造成了中国人的依附性和保守性人格。高扬“科学、民主”旗帜的五四新文化运动,主题就是“立人”,即塑造新型人格,然而,由于中国封建社会历史的包袱过于沉重,人的惰性太大,新文化运动进行的时间又短,更主要的是中国缺乏“立人”的经济基础和政治基础,所以,新文化运动对人格的塑造是不彻底的,人格并没有发生根本转变。从中国共产党诞生到中华人民共和国成立这28年,解决的主要问题是中国政治制度的变革,主要任务是武装革命。新中国成立后一段时期,党把主要精力放在抓党内政治斗争上,虽然相应地也进行一些诸如扫盲、发展教育事业等提高人的素质方面的工作,但由于受“左”的思想影响,却始终把知识分子当做消极对象而从世界观上加以“教育改造”(爱其知识,但更恨其世界观),因而也谈不上有目的、有计划、有组织和有步骤地进行真正彻底的旨在塑造新型人格的“革命”。党的十一届三中全会以后,中国进入全面改革和社会主义现代化建设时期,但在社会实践发展过程中,国民素质适应不了现代化建设需要这一问题日益突出。开始的改革主要是通过政策方针的调整及适当放权让利来调动人的积极性,即使人的素质低,也会收到极大效果,所以,人的素质与现代化建设的不适应不大明显。然而,随着改革的深入,人的素质与现代化建设要求不相适应的矛盾就充分暴露出来了:农村改革过程中,发展现代化农业的问题提了出来,它要求农民懂得现代农业科学知识,懂得现代农业经济管理,然而我国农村人口却有相当一部分是文盲、半文盲,从根本上难以适应发展农业现代化的要求,从而阻碍着农村进一步改革的步伐;个体、私营经济同样如此,起初一些个体、私营企业可以利用政策搞得比较出色,但随着商品经济的逐步建立及市场竞争的展开,不少企业纷纷倒闭。其中一个重要原因,就是从事经济活动的个体和私营业主对商品经济和市场竞争不懂也不适应,不注意提高人的素质;国有企业改革之所以困难重重,没有较大突破,其原因之一是企业人的素质适应不了建立现代企业制度的需要。上述情况表明,全面彻底实行人格塑造应成为改革及社会主义现代化建设的迫切要求。这就向当代中国的人学研究提出两大任务:从学理上全面而科学地论说完整的人;在实践层面上研究塑造新型人格的目标和方法。近年我国的人学研究已意识到它所面临的任务,并自觉实行三种转变:由过去片面理解人向现在全面理解人转变;由 20 世纪 80 年代初从价值观上重视人到 20 世纪 90 年代从实践上塑造人转变;从过去忽视或片面夸大人的作用向重视并充分正确发挥人的作用转变。

为进一步推进并深化当代中国的人学研究,我们组织和聚集当年我国人学研究领域的一些开创者及领军人物,编写了这套“马克思主义人学与当代中国”丛书,力求从各个层面对 30 年来我国的人学研究进行系统而深入的反思、梳理、分析、总结和评价,从而为学界认识我国人学研究的历史及其总体图景提供一种历史性的参考,为进一步深化中国人学研究奠定坚实的基础。

河南人民出版社对本套丛书的出版给予极大的支持和帮助,从丛书策划到选题,从编辑校对到装帧设计等,河南人民出版社的有关领导和李自强等同志,付出了许多心血。这里,对他们付出的艰辛劳动表示真诚的感谢!

韩庆祥

2008 年 3 月 31 日

目　　录

导　言

全球化进程的人学观照

当代世界的痛苦就如产妇分娩时的阵痛，一个规模空前的人类社会正在如此巨大的痛苦中诞生……我们目击的一切重大事件的共同特点是全球性，把我们目击的重大事件与过去的、有史以来的一切重大事件区别开来的也正是全球性。①

——埃廷尼·吉尔森

这是一个美丽、和谐、宁静的星球，白云掩映之下是一片蔚蓝，它给你一种透彻肺腑的家园感、存在感和认同感。它是我更愿意称之为全球意识的寓所。②

——埃德加·米切尔

① 转引自［美］斯塔夫里阿诺斯：《全球通史——1500 年以前的世界》，上海社会科学院出版社 1995 年版，第 51 页。

② 阿波罗十四号宇航员埃德加·米切尔 1971 年的报告，转引自梁展编选，《全球化话语》，上海三联书店 2002 年版，第 41 页。

一、全球化的当代图景

全球化浪潮,无疑是当今世界的"时尚"潮流之一,全球化话语,无疑是当今世界的"主流"话语之一。

全球化早已超出西方发达国家的边界,走出学者的书斋,走向世界,走向大众,走向日常生活,成为上至政府官员,下至普通民众的口头禅和时尚熟语,成为从西雅图到香港,从国际大都市到非洲部族的每一个"地球村民"必须面对的共同时空境域和问题域。

然而,熟知并非真知。在学术研究及日常观念中,我们常常以对象化和客体化的角度描述和讨论全球化本身(其概念、范围、实质、阶段、后果、意义等),而对于更深刻也更重大的问题却知之甚少,语焉不详,即,在全球化的时尚潮流和主流话语中,我们得到了什么,失去了什么,改变了什么,创造了什么,应当反思什么,应当批判什么,我们从何处来,向何处去?作为社会历史主体以及全球化的主体——人的地位、生存、价值、自由在全球化进程中处于什么样的状况,未来会怎样?甚至,我们——作为全球化的主体,在全球化进程和话语中是被彰显弘扬了,还是被有意无意地遮蔽损害了?抑或我们中的哪一部分群体是全球化的宠儿,哪一部分群体是全球化的弃子?我们中的哪一部分因素被全球化的浪潮填满,哪一部分因素被全球化的浪潮抽空?

——这正是本书作者试图提出并给予某种解答思路的问题。

正本清源,还要从历史谈起。

15世纪是航海大发现的时代,标志着所谓全球化进程的开端。15世纪开始时,中国的社会、经济、政治、技术发展水平都远远高于西方,是毫无异议的世界"中心"。然而在这个世纪中,发生在欧亚大陆两端——远东和远西——的两次类似的历史事件——东方的郑和下西洋和西方的哥伦布发现美洲——导致了截然不同的历史后果,改变了此后的世界历史。在极其相似的历史表象下常常掩盖着极大不同的历史本质。

西班牙人哥伦布于1492年开始远航，共4次西航横渡大西洋，最终到达中美、南美洲沿岸一带，船只总数约30艘，历时近14年。而郑和自1405年到1433年下西洋共7次，历时28年，所经33国，船队遍及印度洋各地，总航程达10万公里。不论是航行次数之多、时间之长、航程之远、活动范围之广、规模之大、参加人员之众和素质之高、组织之严密都是此后的哥伦布远航所望尘莫及的。然而前者发现了美洲新大陆，开辟了资本主义全球扩张的历史，开辟了所谓"全球化"的历史。而后者昙花一现，并没有改变中国封建社会闭关锁国的性质，此后数百年，中国不可避免地走向了衰落，退出了"世界中心"的位置，丧失了世界历史进程的主导权。先来者没有先得，后到者反而居上，历史的强烈反差令我们感慨万端，更值得我们从历史背景、航海目的、政治经济制度、文化传统等方面深入比较，对东西方文明的历史与现实进行深入反思。"与哥伦布们相比，郑和七下西洋的意义，关键还不在时间上、规模上超出他们，而在于他的航海体现了一种截然不同的海洋观念，传播的是另一种海洋文化。一句话，哥伦布们驾驶的是掠夺之舟，郑和统帅的是友谊之舟。"①

中国既然丧失了主动走向世界的历史机遇，那么面对崛起的西方，被动地走向世界就是不可避免的事情。公元② 1840年，中国被西方的坚船利炮打开了封闭的大门，从而开始了一百多年艰难而屈辱的"被动现代化"进程，走上了一条不归路。林则徐成为"近代中国放眼看世界的第一人"；魏源编写《海国图志》，提出"师夷长技以制夷"；李鸿章称中国"面临数千年来未有之变局"；王韬激励同胞"天之聚数十西国于一中国，非以弱中国，正以强中国，以磨砺我中国英雄智奇之士"。凡此种种，都只是近代中西方遭遇即中国走向世界（更确切地说是西

① 艾剑：《漫议"两郑"的新评说》，http://202.116.15.22/aaaweb/daodu/yanjiu/bijiao-zhehe.htm。

② 中国开始使用"公元"纪年，此事本身即是中国被动地走向世界的标志之一。

方主导的世界)的开始。1949 年新中国成立,中国完成了民族解放的伟大历史任务,摆脱了西方列强的殖民统治,进入了社会主义建设的新时期。然而由于种种原因,中国走向现代化和全球化的路途仍然很不平坦。

考察现在,中国已不再是半殖民地半封建的中国,走上了改革开放的正途,并成为全球化中的一支正在崛起的力量,世界也不再是西方发达国家殖民落后国家并建立"西方中心"的世界,而是日益走向多极化和全球交往,用马克思的话说就是"历史走向世界历史"。

放眼世界,我们可以扫描一下全球化实践的当代图景:

一年一度的瑞士"达沃斯世界经济论坛年会",是全球化实践的一个浓缩场景。哈佛大学教授亨廷顿描述道:"每年大约有一千名商人、银行家、政府官员、知识分子和记者从几十个国家聚集到瑞士达沃斯的世界经济论坛,这可以被称为达沃斯文化……达沃斯人实际控制了所有的国际机构,许多世界管理机构,以及大量的世界政治和军事职位,达沃斯文化因此极为重要。"①

1992 年,联合国秘书长加利在联合国日致辞时说,"第一个真正的全球性的时代已经到来了"。

1992 年,互联网协会(ISOC)成立,作为全球信息通讯工具的国际互联网(Internet)正式形成,并逐渐商业化,得到飞速发展和广泛传播。

1993 年,中国科学院接入中国第一个国际互联网接口。此后,中国互联网飞速发展、迅速普及,目前网民数已超过 1 亿,跨越时空和文化的界限,通过互联网与全球范围内的人交流信息、情感和思想成为普通网民的日常生活的一部分。

1996 年 6 月 27 日至 29 日,在法国里昂召开的第 22 届西方七国集团首脑会议的中心议题是"世界经济全球化",里昂会议发表的经济公报的标题是"经济全球化应当使得一切国家和所有的人受益"。

---

① [美]塞缪尔·亨廷顿:《文明的冲突与世界秩序的重建》,新华出版社 1998 年版,第 45 页。

1999年5月8日，以美国为首的北约悍然用五枚导弹轰炸中国驻南斯拉夫联盟大使馆，我3名记者不幸遇难。此事在世界范围引起轩然大波，更激起了中国民众的极大愤慨，举行了数天的全国性示威游行。而新浪网等新兴的互联网媒体以最快的速度对此进行报道和评论，广大网民纷纷上网了解事件真相，并以各种形式表达自己的愤怒和抗议。“第五媒体”不仅在突发性的新闻事件出现时显示了快速报道的威力，也以其平等、交互的形式体现了正义的力量。

1999年12月，世界贸易组织部长级会议在美国西雅图召开。在政府代表、超级跨国企业代表商谈全球贸易问题的同时，更多来自全球各国的非政府组织和普通人，就粮食保障、妇女、劳工、环保等问题，汇集成为“世纪抗议”，开了所谓“反全球化”的先河。

2001年9月11日，美国纽约和华盛顿等地遭遇有史以来最严重的恐怖袭击，3000多人遇难，“9·11”事件标志着国际恐怖主义对全球安全的威胁达到新的阶段。“9·11”后美国对阿富汗、伊拉克的战争又带来了更多的灾难。

2004年11月，尼日利亚的石油工人罢工引起全球油价上涨。

2005年5月和6月，法国和荷兰举行全民公投，先后否决了欧盟宪法条约，使欧洲一体化进程面临严重危机。

2005年7月，中国深圳的一个河南籍打工妹吴木兰与波兰总统候选人蒂明斯基网上相知相恋并结合。

2005年，高致病性禽流感几个月内就在全球爆发并蔓延，造成全球性公共卫生危机。

2005年11月，新疆阿拉山口口岸遭长期洋垃圾放射性污染，海关关员和检验检疫工作人员出现脱发、记忆力减退等症状。

2005年11月9日，约旦首都安曼遭遇恐怖袭击，自杀式袭击了安曼的3家大酒店，造成至少67人死亡，赴约旦交流的中国国防大学学员代表团的3名学员不幸遇难。

2005年11月13日，位于松花江畔吉林省吉林市的中国石油吉林石化公司双苯厂发生爆炸事故，22日，300多万人口的黑龙江省省会哈尔滨因为受吉化爆炸事故导致的松花江水污染而停水4天。水污染还直接影响到下游的黑龙江(俄罗斯称阿穆尔河),俄罗斯远东地区城市进入紧急状态。事件直接导致中国环保总局局长引咎辞职。

2006年3月,法国政府修改新劳工法,规定20人以上规模的企业,在与26岁以下青年人签订雇用合同后的最初两年内,可随意将其解雇,无需足够解释。政府宣称此法案的目的是提升企业的竞争力,扩大就业率,而大学生和工会团体认为此法案剥夺了他们的平等就业权和福利保障,引发了大规模的示威抗议。这是“法国人在全球化浪潮面前光环脱落而生出的失落感和无助感的体现……日渐增生的隔离感、被歧视感和缺乏安全感是共同的旋律”①。

…………

这种种图景深刻地反映了全球化时代事物的非线性、复杂性和系统性,用哲学术语描述就是“普遍联系”,用科学术语更形象地描述为“蝴蝶效应”。“蝴蝶效应”是美国气象学家洛伦兹1963年提出来的,其大意为:一只南美洲亚马孙河流域热带雨林中的蝴蝶,偶尔扇动几下翅膀,可能在两周后引起美国得克萨斯一场龙卷风。其原因在于:蝴蝶翅膀的运动,导致其身边的空气系统发生变化,并引起微弱气流的产生,而微弱气流的产生又会引起它四周空气或其他系统产生相应的变化,由此引起连锁反应,最终导致其他系统的极大变化。此效应说明,事物发展的结果,对初始条件具有极为敏感的依赖性,初始条件的极小偏差,将会引起结果的极大差异。“蝴蝶效应”之所以令人着迷、令人激动、发人深省,不但在于其大胆的想象力和迷人的美学色彩,更在于其深刻的科学内涵和内在的哲学魅力。

诚如有的学者所言:呈现在我们面前的是一幅复杂多元的全球化图景。它既不是福山畅想的“历史终结”后自由主义的大团圆,也不是亨廷顿等人臆测的“文明间的冲突”,更不是一些左翼学者推导出来的

① 陈冰:《“法国之道”无法应对全球化挑战》,《南方都市报》2006年3月21日A02版。

"全球资本主义",而是更多主体和行为单位不同行为交织和互动所形成的网络①。

也许,全球化进程本身就是一个巨大的"蝴蝶效应"。对全球化的全面而深入的观照与反思不仅仅是理论发展的需要,更是关乎人类生存和发展的重大实践课题。

二、解读全球化

(一)全球化的定义和本质

严格地讲全球化理论,在西方兴起于20世纪60—70年代,在中国则兴起于20世纪90年代。"全球化"这个概念,是20世纪60年代由"罗马俱乐部"最早提出的,到80年代后期,全球化概念在知识界、传媒界、商界和其他各界被广泛使用,全球化理论研究也因此成为国际学术界的热点之一。冷战的结束又极大地推动了全球化理论的发展。由于研究者所处的领域、立场、社会文化背景、方法等不同,全球化理论也是流派纷呈,丰富多样。正如德国学者于尔根·弗里德里希所指出:"全球化这个概念具有多种含义。目前它基本成了一种标语口号,用以描述任何一种方式的国际关系和市场的国际化。就是在科学著作中,也被理解为多种不同的内容,没有统一的定义。"②

谭君久曾以主持人、哲学家、历史学家、科学家和经济学家等不同的口吻对全球化作了不同的描述。在哲学家眼里,所谓"全球化"指的是随着交通、通讯的发展,整个世界的联系日益紧密,各国之间、各个地区之间相互依存,同时世界各国越来越关注全人类共同面临的种种问题,并寻求通过协调和合作来解决这些问题。历史学家认为,从历史学

---

① 杨雪冬:《全球化:西方理论前沿》,社会科学文献出版社2002年版,第279—280页。

② [德]弗里德里希:《全球化——概念与基本设想》,载《全球化时代的资本主义》,中央编译出版社1998年版。

的角度看，全球化之所谓“化”，是一个过程，而不是结果。但真正意义上的全球化，应该是在20世纪尤其是二战后到来的，这当然与日益便捷、快速的交通和通讯技术密不可分。科学家会说，从技术的角度看，全球化以信息社会的到来为前提。信息技术的发展直接促成了全球通讯和信息网络的建立，使世界连为一体，这才可以说人类已经全球化了。经济学家会提出，世界经济一体化是全球化的一项重要内容，主要表现为国际贸易、市场准入、外汇市场、跨国投资、国家之间的科技交流和合作以及诸多的地区经济合作共同体，等等。节目主持人认为，全球化是历史发展到世纪之交的必然趋势……①我们还可以补充：政治学家认为全球化是指民族国家的世界体系的最后形成。文化学家认为全球化就是多元文化间的相互渗透与融合，不同文明的全球整合和知识信息的全球传播。社会学家、未来学家则更多关注的是全球性问题，认为全球化是生产力和社会关系在时间与空间维度上的全球扩散，等等。

这里我们列举几个有代表性的定义。罗马俱乐部提出全球化就是全球问题意识和全球共识的达成；麦克卢汉等学者从信息通信角度提出全球化就是信息克服空间障碍在全世界的自由传递，即“全球村”(global village)；自由主义经济学者从经济角度提出全球化是资源在全球范围内的自由流动和配置；许多左翼学者从体制角度把全球化看做是资本主义的全球化或资本主义的全球扩张；吉登斯等人则从制度角度把全球化看做是现代制度或现代性在全球的扩展，认为全球化不过是现代性从西方社会向全世界的扩展。

“全球化运动的历史性变化和阶段性发展表明，全球化不是一幅静态的、现存的世界图景，而是一个动态的过程，是当代人类正在经历的自我否定、自我批判的历史运动。这就要求我们对全球化采取一种动态的研究方式。”②我们认为，有必要从大时空维度和实质角度重新

① 谭君久：《关于全球化的思考与讨论》，载俞可平、黄卫平主编《全球化的悖论》，中央编译出版社1998年版，第127—136页。

② 俞可平、黄卫平：《全球化的悖论》，中央编译出版社1998年版，第116页。

解读全球化。

第一，从时间维度上看，全球化不是某种特定时期的固定状态，而是一种不断发展变化的进程，就我们的认识能力而言，它没有最终的状态和归宿。随着实践的发展和认识的深化，全球化进程会不断深化，人们对全球化的认识也在不断深化。

第二，从空间维度上看，尽管迄今为止，西方发达国家掌握了全球化的主导权，但全球化并没有一个全球统一的普遍模式和标准，全球化是一个多维度、高度复杂的系统过程，这不仅指全球化在多领域、多层面上发生，而且还指全球化的主体是多元化的，既有国家、民族、国际组织、企业，还有各种各样的共同体以及个人。全球化是统一和多样并存互动的过程。“实际上，全球化在推动了统一性增强的同时，也为更多的参与主体提供了发言的机会和展示自己特点的条件，使他们有可能根据其他参与者的情况来确定自己的身份。另一方面，统一性也会强化参与主体的自我认同意识。”①

第三，从主体和实质角度看，全球化并不只是资本、市场、金融、信息等的全球化，也不只是多元文化的全球对话和融合，更是每一个人的自由全面发展以及人类社会的和谐进步。

第四，全球化进程是一个冲突—解决—再冲突—再解决的不断进程。出现矛盾冲突的主要原因是新旧历史进程的矛盾和多种参与主体间的矛盾。主要体现为全球化与本土化的冲突、多元文明对话与国际霸权主义的冲突、民族国家与全球市场以及国内共同体间的冲突、不同民族和种族间的冲突、不同文化或文明间的冲突、个人与共同体间的冲突、个人自由与国家安全的冲突、互联网上信息共享的自由与信息安全的冲突等。这些冲突的因素蕴含在全球各领域各角落，并会在特定时期和条件下频繁发生，且可能激化。

从词源学和语义学上看，“全球化”（globalization）的词根 global，即

① 杨雪冬、王列：《热话题与冷思考（七）——关于全球化与中国研究的对话》，《当代世界与社会主义》1998 年第 3 期。

全球的、全世界的，而 global 的词根又是 globe，即地球、全球。可见，“全球的”（global）首先是一个空间上的概念，“是地球在空间的位置的产物，是对生存的具体完整性和完善性的召唤，它不是把人类区分开来而是使人类抱成一团”①。“全球的”对应于“非全球的”，就是被空间所割裂的存在：民族、国家、地区和个人。全球化（globalization）的“化”（-ization）表示从非全球到全球的一种趋势和过程，本质是一种空间性和时间性的概念。可见，全球化首先是关于时间、空间变化的概念，这种时间空间上的变化，在表面上体现为经济、文化、政治、技术、交通、通讯等多方面，但更为根本的是，全球化的主体始终是人及其实践活动，全球化是人及其实践活动在时间、空间上的变化过程，生产力的发展、普遍交往、世界经济一体化、国际互联网络的普及、全球文化的冲突与融合等等只是全球化进程的表征和实现方式，而人（个体和类）的共生共存与自由全面的发展才是全球化进程的最终目标。

在马克思主义哲学的指导下，总结不同研究者的观点，我们提出一个新的关于全球化的哲学定义：

全球化就是这样一种过程和趋势：在生产力（以科学技术为核心）和普遍交往不断发展的基础上，人类实践活动不断地跨越时间、空间、制度、文化的障碍，在全球范围内实现人、物质、信息之间普遍联系、达成共识与共同行动，并最终实现个体与全人类的自由全面发展。

（二）全球化进程开始的时间及阶段

正如曼耐尔所说，“任何确认像全球化这样的重大社会变迁的确切开端的企图实际上都可能是误入歧途”②。尽管存在着多种看法，但是一般认为全球化是作为一种历史过程而进入人们的关注视野的。全球化进程的萌芽发端于 15 世纪末的欧洲，哥伦布发现美洲新大陆及麦

① ［英］马丁·阿尔布劳：《全球时代——超越现代性之外的国家和社会》，高湘泽、冯玲译，商务印书馆 2001 年版，第 130 页。

② 转引自杨雪冬、王列：《热话题与冷思考（七）——关于全球化与中国研究的对话》，《当代世界与社会主义》1998 年第 3 期。

哲伦环球航行的成功拉开了全球化时代的序幕。“西方人从它获得了好处,获得了比其他文明更为优先的发展,并迫使其他文明统一于真正单一的世界范围的社会中。”①航海大发现,以追逐利润为根本目的的新兴资产阶级的出现,现代民族国家制度以及以主权平等为核心的现代国家体系,以机器大生产为特征的第一次工业革命,以及高扬理性、进步、自由旗帜的文艺复兴运动——使西欧资本主义开始了向世界各地的扩张,西方中心地位就这样逐渐确立起来。工业化、资本的世界性扩张以及对亚非拉国家的殖民活动是全球化开始阶段(15世纪末到19世纪末)的根本特征。在这个阶段,全球化所体现的主要是群体与群体(民族国家之间)交往的增加,国际秩序成为引人注目的问题。

19世纪末20世纪初,西方资本主义进入新的发展阶段,市场经济、世界市场、政治经济制度、民族国家、价值体系都发生了剧烈的变化。西欧中心向美国中心转变,由美国霸权主导的全球化进程取得了巨大的进展。这一方面体现在以跨国公司为代表的经济力量对世界市场整合的推动;另一方面体现为运输通讯技术的革新,使物质与信息的流动可以跨越空间的障碍。尽管面临着多种力量的挑战,但由美国霸权主导的全球化进程使美国式的经济、政治、文化价值观向全球的扩张成为全球化内容的主流。20世纪中叶冷战结束以后,全球化进程变得异常迅猛,经济——科技——信息——文化的跨国化不断跨越民族国家疆界,形成某种与民族国家发展同步的新现象、新挑战。贯穿其中的主旋律,是区域和民族的交往与联系在全球范围内展开,并向社会生活各个领域的渗透与深化:它在物质层面表现为生产力的高度发展和国际化进程的不断加强,在精神层面表现为文化价值的冲突与融合逐渐加剧。

历史进入20世纪下半叶,以信息技术和网络技术为基础和动力,人类迎来了全球信息网络时代,全球化进程呈现出崭新的历史图景。最突出的特点有两个:一是美国霸权的衰落,其政治影响和文化影响在

---

① [英]汤因比:《文明经受着考验》,沈辉等译,浙江人民出版社1988年版,第60页。

全球范围及其国内受到了批判或抵制；二是全球化进程日益呈现出多元化格局，主要表现在：(1)内容方面，全球化从过去以经济为主导转变为经济、政治、社会、文化以及人自身的全面全球化；(2)在主体方面，全球化从过去以美国等西方发达国家主导转变为日益多极化格局，许多曾经被压制和边缘化的力量和众多新兴的力量纷纷登场亮相，并且在全球化进程中有意识地强化自己的身份意识和参与权利。全球意识、全球共识、全球行动初露端倪。全球化进程正在摆脱由单一中心主导的特点，形成多元推动、多元共存的强大趋势。20世纪70年代以来世界经济的一体化和信息网络技术的全球普及是当代全球化进程真正开始的标志。20世纪80年代末90年代初"苏东剧变"，冷战结束；1992年，互联网协会(ISOC)成立，作为全球信息通讯工具的国际互联网(Internet)正式形成，并逐渐商业化，得到飞速发展和广泛传播；1992年，联合国秘书长加利在联合国日致辞时说，"第一个真正的全球性的时代已经到来了"。

还有学者根据马克思关于人的发展三阶段理论，把全球化进程概括为群体本位的全球化阶段、个体本位的全球化阶段和未来类本位的全球化阶段①。在第一阶段，西方国家的殖民侵略、贸易活动使"各民族的原始封闭状态由于日益完善的生产方式、交往以及因交往而自然形成的不同民族之间的分工消灭得越是彻底，历史也就越是成为世界历史"②。在第二阶段，个体开始真正有可能"摆脱种种民族局限和地域局限而同整个世界的生产(也同精神的生产)发生实际联系，才能获得利用全球的这种全面的生产(人们的创造)的能力"③，这实际上是马克思所说的"以物的依赖为基础的人的独立性"在全球范围的确立。只有在未来的第三阶段，个人和全人类才真正实现了自由全面发展。"各个人的全面的依存关系、他们的这种自然形成的世界历史性的共

① 沈湘平：《全球化研究的人学转向》，《北京师范大学学报(社科版)》，2004年第2期。

② 《马克思恩格斯选集》第1卷，人民出版社1995年版，第88页。

③ 《马克思恩格斯选集》第1卷，人民出版社1995年版，第89页。

同活动的最初形式，由于这种共产主义革命而转化为对下述力量的控制和自觉的驾驭”。①

我们可以用下表来简要概括全球化的发展阶段：

表 0－1　全球化的发展阶段

	第一阶段（萌芽）	第二阶段（发展）	第三阶段（形成）
时间起止	15 世纪末到 19 世纪末	19 世纪末到 20 世纪中后期	20 世纪中后期至今
空间特征	单一中心对多中心的侵蚀和单一中心确立	单一中心的维持与更迭（西欧中心向美国中心转变）	单一中心的衰落和多中心的复兴
核心特征	工业化、资本市场的世界性扩张以及西方对东方的殖民	经济（以资本主义市场经济为主导）的全球化	多元化的全球化
生产力标志	第一次工业革命	第二次工业革命	信息网络革命
代表性技术	蒸汽机的发明和应用	电的发明和应用	计算机、信息网络技术的推广和普及
主体状况	群体本位	个体本位	类本位

全球化进程虽然可以追溯到 500 多年前，但对全球化进程的理论反思则是晚近的事。关于全球化理论的起始时间，学者们的观点不一。王东教授归纳了四种比较流行的说法：（1）现代西方源头说，认为 1960 年马歇尔·麦克卢汉（Marshall Mcluhan）在《交往的探索》一书中首次提出“全球村”概念；（2）“依附理论”源头说，认为依附理论上个世纪最早真正在现代意义上提出并全面论述了全球化思想；（3）“罗马俱乐部”源头说，认为诞生于 20 世纪 60 年代末的罗马俱乐部率先使用了“全球问题”概念，首次触及“人类共同生存”的问题，促进了全球观念的形成；（4）“世界体系理论”的源头说，认为沃勒斯坦对近代以来的整体化趋势做了历史和逻辑的探索，形成了世界体系概念和理论。而从横向上看，全球化理论不只有西方一种，而是存在三大流派——西方主

① 《马克思恩格斯选集》第 1 卷，人民出版社 1995 年版，第 89—90 页。

流派全球化理论、"新左翼"全球化理论和马克思主义全球化理论①。

(三)中国在全球化中的地位和战略

早在1998年,俞可平就在《全球化论丛》I的总序中指出:"全球化既是一种客观事实,也是一种发展趋势,无论承认与否,它都无情地影响着世界历史的进程,无疑也影响着中国的历史进程。"②

15世纪初,比哥伦布的航海大发现早近一个世纪,中国人郑和率当时世界上最强大的船队七次下西洋。然而,遗憾的是,中国人并没有抓住历史的机遇,开辟"中国式"全球化的历史,此后,又长期闭关锁国,直到1840年,鸦片战争使中国由闭关锁国的状态被迫进入近代全球化和现代化进程,经过一百多年艰苦卓绝的斗争,辛亥革命和新中国的建立完成了民族独立和政治解放的历史使命,而20世纪70年代末开始的改革开放,才真正开始了全球化的进程。1992年,中国确立市场经济体制,开始融入经济全球化浪潮;1994年,中国接入国际互联网,此后互联网在中国迅速普及;2001年,中国加入世界贸易组织,真正融入经济全球化浪潮。这期间,经历了由被动到主动,由外生到内生,由封闭到开放,由自卑到自信,由边缘到中心的历史转变。中国与世界全球化进程的关系也从疏离到日益紧密,在自我封闭、自我中心、极端排外与丧失自我、崇洋媚外、全盘西化的两极之间摇摆,在21世纪初,终于走上了既全面开放、融入全球化进程,又自力更生、自主创新、自立自主、自信自强的正途。

全球化对于当代中国而言,既是机遇又是挑战。这主要表现在:从历史起点和进程看,先发与后发并存;从发展动力来看,压力与动力并存;从内容因素来看,不利影响与可利用因素并存;从全球文化发展来说,冲突与交流双向互动;从全球化的前景看,和平发展与冲突危机并存。能否抓住全球化的机遇,迎接全球化的挑战,就成为中国未来发展

① 邢荣:《马克思主义与全球化学术研讨会综述》,《学术研究》2001年第11期。
② 俞可平:《全球化论丛》I的总序,中央编译出版社1998年版。

的一个至关重要的问题。解决这一问题，应该以马克思主义的全球化思想为指导，确立我国面对全球化历史潮流的基本战略。一是积极适应战略。面对全球化趋势，首先要全面开放，积极应对，主动学习和借鉴西方国家一切有利于我们发展的成果和因素，为我所用，切不可置身于全球化发展之外。二是选择原则，即择善避害原则。要充分利用有利于自身生存和发展的方面，同时又力求避免或限制对于自身生存和发展不利的因素的影响。三是自主创新原则。全球化在当代的急剧发展，使其同资本主义制度及国际秩序的历史局限性的矛盾日益激化，在这种情况下，建立国际经济、政治、文化新秩序的呼声越来越高。中国有责任也有能力在自立自强的基础上，自主创新（包括体制创新、技术创新、理论创新等），积极参与推动建立国际新秩序，为消除一切不合理秩序的根源，缩小发展差距，消除两极分化，使各个国家、各个民族及每个人都能够平等参与全球化的进程，并公正合理地解决全球性问题，为实现各国、各民族的共同发展和普遍繁荣作出自己应有的努力。

三、马克思的全球化思想①

如同我们已经熟知的很多历史事物一样，全球化也是一把双刃剑，应该借鉴前人的研究成果，以清醒的理性态度进行分析和反思。而“马克思主义仍然是了解全球现实变化最有用的分析工具”②。

马克思虽然没有明确提出全球化的概念，但却提出了丰富而深刻的有关全球化的思想。1845 年，马克思、恩格斯在《德意志意识形态》中首次提出了著名的“世界历史”理论，这是马克思的全球化思想形成

① 本节内容参考了以下论文：马峰成《经典作家的全球化思想与当代全球化趋势》，《社会科学战线》2000 年第 2 期；贾英健《论马克思的全球化思想及其当代价值》，《唯实》2002 年第 2 期；杨学功《用唯物史观的方法分析“全球化”——从马克思的“世界历史”理论看今天的全球化讨论》，《中共济南市委党校学报》2002 年第 2 期。

② 多斯桑托斯语，转引自《中国社会科学院院报》2000 年 10 月 19 日，第 3 版。

的标志，在其后的《资本论》、晚年人类学笔记中，这一理论得到进一步丰富和完善，其主要内容包括——

（一）全球化的本质和特征

马克思认为，全球化是指生产力的普遍发展和与此相关的世界交往的普遍发展，使人类活动超越民族和地域的局限和障碍，形成全球范围内各民族之间全面的互相往来和互相依赖的趋势和过程。“过去那种地方的和民族的自给自足和闭关自守状态，被各民族的各方面的互相往来和各方面的互相依赖所代替了。”①具体来讲——

首先，全球化的形成和发展以生产力、分工和交往的发展为物质基础。马克思认为，前资本主义的历史都是狭隘地域性的民族历史，只有随着生产力、分工和交往的高度发展以及大工业的出现，人类活动才开始突破地域等的限制，全球化才开始形成。全球化的形成是一种客观历史规律和趋势。“历史向世界历史的转变，不是‘自我意识’、宇宙精神或某个形而上学怪影的某种抽象行为，而是纯粹物质的、可以通过经验确定的事实，每一个过着实际生活的，需要吃、喝、穿的个人都可以证明这一事实。”②

其次，全球化本质上是一个客观历史过程。马克思指出，资本主义大工业及世界市场的开辟，使生产、交换和消费活动在世界范围内展开。“资产阶级，由于开拓了世界市场，使一切国家的生产和消费都成为世界性的了。”“它迫使一切民族——如果它们不想灭亡的话——采用资产阶级的生产方式；它迫使它们在自己那里推行所谓的文明，即变成资产者。一句话，它按照自己的面貌为自己创造出一个世界。”③可以说，是资本主义大工业和世界市场首次开创了世界历史，开创了全球化发展的历史。

---

① 《马克思恩格斯选集》第1卷，人民出版社1995年版，第276页。
② 《马克思恩格斯全集》第3卷，人民出版社1960年版，第52页。
③ 《马克思恩格斯选集》第1卷，人民出版社1995年版，第276页。

再次，全球化是人类活动在全球范围内普遍交往的趋势和过程。马克思把人类交往活动划分为民族的、地方的历史和世界性的普遍交往的历史这两个层次。与这两个层次相对应，马克思使用了“全球的”、“全面的”、“普遍的”、“全面生产”、“全面的依存关系”、“世界历史性的”等概念，以同“氏族的”、“民族的”、“地方性的”、“狭隘的”等概念相对应。在第一个层次上，马克思认为，各个民族和国家都走着孤立发展的道路，各个民族和国家的历史发展仅仅限于该民族和国家，具有地方性的意义。在第二个层次上，人类之间由于“各个相互影响的活动范围在这个发展进程中愈来愈扩大，各民族的原始闭关自守状态则由于日益完善的生产方式、交往以及因此自发地发展起来的各民族之间的分工而消灭得愈来愈彻底，历史就在愈来愈大的程度上成为全世界的历史”①。在民族历史向世界历史的转变过程中，任何一种发明创造和生产方式的形成，都不仅仅是该民族和国家的事情，而成为一个具有全球性的历史事实。“如果在英国发明了一种机器，它夺走了印度和中国的千千万万工人的饭碗，并引起这些国家的整个生存形式的改变，那么，这个发明便成为一个世界历史性的事实。”②

最后，全球化是一种新的文明形成的过程。全球化是一个经济、政治、文化一体化的发展趋势和过程，它具有社会整体性。全球化虽然最初表现在经济领域，但并不能因此归结为经济全球化，还包括政治、文化和人的全球化。“世界历史”的形成标志着社会生活的全面变革和新的文明形态的创立。马克思不仅论述了资本主义经济发展所引起的全球经济一体化趋势，而且也阐发了政治和文化的全球化：在世界历史条件下，资产阶级“把一切民族甚至最野蛮的民族都卷到文明中来了”，它使乡村服从于城市，农业民族服从于工业民族，“它使未开化和半开化的国家从属于文明的国家”。“各自独立的、几乎只有同盟关系的、各有不同利益、不同法律、不同政府、不同关税的各个地区，现在已

---

① 《马克思恩格斯全集》第3卷，人民出版社1960年版，第51页。

② 《马克思恩格斯全集》第3卷，人民出版社1960年版，第51—52页。

经结合为一个拥有统一的政府、统一的法律、统一的民族阶级利益和统一的关税的统一的民族。"①随着经济的全球化,"过去那种地方的和民族的自给自足和闭关自守状态,被各民族的各方面的互相往来和各方面的互相依赖所代替了。物质的生产是如此,精神的生产也是如此。各民族的精神产品成了公共的财产。民族的片面性和局限性日益成为不可能,于是由许多种民族的和地方的文学形成了一种世界的文学"②。

(二)共产主义是全球化进程即"历史向世界历史转变"进程的最终结果

马克思认为,共产主义的实现是以生产力的普遍发展和世界交往的普遍发展为前提的。多年来人们在对共产主义物质基础的理解上存在着一种偏差,往往只注意生产力发展这一方面,而忽视了世界交往普遍发展这一方面。马克思指出:"交往的任何扩大都会消灭地域性的共产主义。共产主义只有作为占统治地位的各民族'立即'同时发生的行动才可能是经验的,而这是以生产力的普遍发展和与此有关的世界交往的普遍发展为前提的。"③在 1847 年的《共产主义原理》一文中,恩格斯对这一思想进行了进一步的阐述:"单是大工业建立了世界市场这一点,就把全球各国人民,尤其是各文明国家的人民,彼此紧紧地联系起来,以致每一国家的人民都受到另一国家发生的事情的影响。此外,大工业使所有文明国家的社会发展大致相同,以致在所有这些国家,资产阶级和无产阶级都成了社会上两个起决定作用的阶级,它们之间的斗争成了当前的主要斗争。因此,共产主义革命将不是仅仅一个国家的革命,而是将在一切文明国家里,至少在英国、美国、法国、德国同时发生的革命……它是世界性的革命,所以将有世界性的活动场

① 《马克思恩格斯选集》第 1 卷,人民出版社 1995 年版,第 277 页。
② 《马克思恩格斯选集》第 1 卷,人民出版社 1995 年版,第 276 页。
③ 《马克思恩格斯全集》第 3 卷,人民出版社 1960 年版,第 39 页。

所。”①由此可见，马克思和恩格斯明确地把两个“普遍发展”作为共产主义的前提，这就决定了他们所设想的共产主义的实现不是一种地域性的事情，而是全球各民族国家，至少是在全球占主导地位的各民族国家的共同行动，是世界性的。他们在这里所讲的“立即”并不是一个时间概念，而是对革命关联性的一种表达，即“其中每一民族同其他民族的变革都有依存关系”②，所以马克思和恩格斯把“立即”用引号注明。

在全球化的进程中，资本主义起了重要作用，但这并不意味着资本主义是全球化发展的最终目标。资本主义之所以不能最终实现全球化，根本原因在于全球化的发展从本质上说是同资本主义制度相冲突的。随着历史的前进，资本主义的所有制关系终将难以适应生产力的发展，它再也不能容纳其本身所创造的财富。因此，撇开资本主义的消极后果不说，全球化的充分发展的结果必将冲破资本主义制度本身，把人类推向资本主义的反面——共产主义，用共产主义的全球化取代资本主义的全球化。正因为如此，马克思把共产主义的实现作为世界历史发展的最高层次的理想追求。

当马克思在晚年注意到东西方国家发展道路的不同时，他并没有抱住自己的理论预设不放，而是从对东方国家的关注中提出了不同于以前而又旨在丰富和完善自己以前思想的观点，从各民族所处的不同社会历史条件上指出，各民族融入世界历史的道路是不一样的，人类文明之间是相互学习和借鉴的关系，落后国家在全球化境遇中，必须通过人类文明之间的相互学习和借鉴来实现自身的发展。马克思通过对俄国公社两重性的分析，指出了俄国公社发展如何跨越“卡夫丁峡谷”的问题，即不经过资本主义的苦难而直接过渡到共产主义。农村公社要想成为共产主义发展的起点，必须要吸收资本主义制度所取得的一切肯定成果。总之，共产主义在马克思那里绝不是一个狭隘的地域性概念，而是与全球化紧密相联的。

① 《马克思恩格斯选集》第1卷，人民出版社1995年版，第241页。
② 《马克思恩格斯全集》第3卷，人民出版社1960年版，第39页。

（三）全球化发展的根本目的在于人的自由全面发展

马克思的全球化思想始终把人，具体来讲是“世界历史性的人”作为其思想的主体，把人的自由全面发展作为根本宗旨和目的，这也正是全部马克思哲学的根本宗旨和目的。马克思认为，“共产主义对我们说来不是应当确立的状况，不是现实应当与之相适应的理想。我们所称为共产主义的是那种消灭现存状况的现实的运动。这个运动的条件是由现有的前提产生的……所以无产阶级只有在世界历史意义上才能存在，就像它的事业——共产主义一般只有作为‘世界历史性的’存在才有可能实现一样。而各个个人的世界历史性的存在就意味着他们的存在是与世界历史直接联系的”①。“历史向世界历史的转变”也就是狭隘的地域性个人向世界历史性的个人的发展。在“世界历史”状态下，社会是高度发达的社会，人更是“世界历史性的”人，是真正普遍的人，充分发展了自己的个性和能力，成为独立自由的个体，彻底摆脱了异化状态，获得了解放。在现阶段，“历史向世界历史转变”的过程即全球化进程既为个人关系和个人能力的普遍性和全面性发展创造了条件，同时又作为一种盲目的、自发的和异化的力量而与作为主体的人相对立。“单个人随着自己的活动扩大为世界历史性的活动，越来越受到对他们来说是异己的力量的支配……受到日益扩大的、归根结底表现为世界市场的力量的支配。”②个人异化状态的扬弃、人的自由全面发展与历史完全转变为世界历史是同一个过程，与共产主义的实现是同一个过程。只有在共产主义社会里，人才能成为自由而全面的、具有丰富个性的人。马克思指出：“每一个单独的个人的解放的程度是与历史完全转变为世界历史的程度一致的……仅仅因为这个缘故，各个单独的个人才能摆脱各种不同的民族局限和地域局限，而同整个世界的生产（也包括精神的生产）发生实际联系，并且可能有力量来利用全

---

① 《马克思恩格斯选集》第1卷，人民出版社1975年版，第40—41页。

② 《马克思恩格斯选集》第1卷，人民出版社1995年版，第89页。

球的这种全面生产（人们所创造的一切）。各个个人的全面的依存关系、他们的这种自发形成的世界历史性的共同活动的形式，由于共产主义革命而转化为对那些异己力量的控制和自觉的驾驭”。[①]

（四）马克思全球化思想给我们的当代启示

马克思的全球化思想，为我们认识和回答全球化进程中的一系列理论和实践问题提供了方法论和基本原则的指导。

1. 实践性原则和实践思维方式

实践性原则是马克思主义哲学的根本原则之一，实践思维方式是马克思主义哲学的根本思维方式。当代全球化理论具有更加鲜明的实践性和时代精神。坚持实践性原则，一是有助于克服研究视野的局限性而达到对人类社会和文化整体的把握。二是有助于真正克服主客二元对立思维模式，实现主观与客观、主体与客体的具体的历史的统一。马克思曾明确指出，“理论的对立本身的解决，只有通过实践方式，只有借助于人的实践力量，才是可能的；因此，这种对立的解决决不只是认识的任务，而是一个现实生活的任务”[②]。三是有助于真正实现哲学把握时代精神、追踪未来走向的宗旨。在实践的基础上和引导下，马克思主义的全球化研究将以自己的开放视野既引导人的实践活动，又不断突破自身的理论局限，始终保持一种面向未来、创造未来的理论生机和活力。

2. 批判性和建构性相结合原则

批判性是真正的哲学的本性，哲学作为自己时代精神的精华，不仅是对时代主题的总结和概括，还在于对时代主题的批判和超越。全球化研究要对全球化实践进行现实把握和理性分析，不仅要为合理性的现实助威，更要为未来的合理性而呐喊。任何简单的非此即彼、非褒即贬的价值判断都是不可取的。在现实批判和理论批判的同时，也应提出建构性建议，“破”“立”结合。

---

① 《马克思恩格斯全集》第3卷，人民出版社1960年版，第42页。

② 《马克思恩格斯全集》第42卷，人民出版社1979年版，第127页。

3. 整体性原则

全球化进程无论在内容、形式上，还是实质、影响上，都是全面的、整体性的，全球化的发展已经使人类社会进入了整体化、互联化、普遍相关的时代，所有国家和民族在经济、政治、文化诸方面互相联系、互相依存、互相影响，国际交流与合作已成为每一个国家和民族发展的基础和前提。这就需要我们在理论研究中贯彻整体性原则，从事物的相互联系、依存和合作中去思考问题。

4. 开放性和宽容性原则

开放性包括时间维度上对历史和未来开放；空间维度上对现实和世界开放。宽容性原则首先是基于哲学本性的理解：人是一种历史的、有限的存在，任何人都不可能在根本意义上超越他的时代而对人类社会和文化实践做出解释，也不可能理解一切社会和文化现象，相对于人类及其对象世界的深度和广度，人的理解永远是不完备的，因此，任何哲学理论都有其特定的"问题域"，都是具体的、有限的，不同理论之间应该也能够达成一种宽容。这种宽容可能产生两种结果：一是某种理论的"局限性"往往成为新理论产生的直接原因；二是在与其他理论的对话中某种理论才能正视自己的局限和不足，从而超越既定的研究视野，不断更新自己的理论。宽容性原则也是当今时代社会文化发展的客观要求。全球化时代是文化多元化的时代，文化多元化使不同文化观念及不同理论形态间的宽容成为必要和可能，全球化交往的本质即是在民主、平等的基础上的对话和交流。唯有开放和宽容，才有社会和文化的繁荣和进步。

5. 历史（理性）分析与价值评价相结合

全球化发展进程中必然会出现许多新的复杂问题，如全球交往的多极化趋势，会导致全球化中的统一性与多样性的矛盾，全球的整合与分化趋势的矛盾，人类共同利益与不同国家、民族、地区的特殊利益的矛盾，世界化与本土化的矛盾等。这些矛盾和问题相互缠绕，构成一个矛盾体系，对这些矛盾不仅需要具体的、历史的分析，更需要全面的、合理性的价值评价。要像马克思那样，对全球化进程中的复杂问题，既要有深入的历史(理性)分析,又要有合理的价值评价。

四、全球化时代,人学何为?

(一)全球化理论的贡献与不足

“全球化理论不是一种理论,而是一个理论群。这些理论的出现既体现了全球化对社会各个领域产生的不同冲击,也体现了对于全球化这个客观现象和进程的认识已经全球化了。正是这种全球意识为各个学科之间的潜在合作和对话提供了可能性基础。”①有学者列表比较不同学科对全球化的研究:

表0-2　不同学科对全球化的研究

	基本对象	对全球化的基本表述	研究的基本问题
经济学	市场	经济全球化,经济一体化,市场关系的扩展	贸易,投资,就业,经济区域化,金融风险,福利制度等
社会学	社会(民族社会和世界社会)	多维度的全球化(经济、文化、社会等),全球性,世界体系	全球前景、文化之间的关系,非西方社会的反应,移民等具体问题
政治学(国际关系)	民族国家	多层次的治理(全球治理),世界主义民主,跨国公民社会	全球性问题的解决,主权问题,多层次治理问题,民族国家的命运和作用,民主的前途等
哲学	人类文明	全球性,人类共同体	全球价值,人类存在,生态价值,后现代性等
文化研究	全球文化和本土文化	可口可乐化,麦当劳化,后殖民主义	本土文化的反应,全球文化的可能
历史学	全球史	全球史	如何把各种文明纳入一个解释框架

① 杨雪冬:《全球化:西方理论前沿》,社会科学文献出版社2002年版,第46—47页。

具体来说，综观迄今为止的全球化理论研究，主要有如下几种研究视角①：

1. 经济论

认为全球化就是经济的全球化——甚至仅仅是经济的全球化。广义的经济全球化起于航海大发现、商品和资本的全球扩张。20 世纪 50 年代，开始形成经济一体化的概念，经济活动最终超越民族国家的区域界限，资本在全球自由流动，资源在全球范围配置。20 世纪 70、80 年代，人们通过对以生产跨国化、市场一体化、贸易全球化、金融国际化、经营网络化为内容的跨国公司的研究，大大突出了经济全球化的特征。当代经济全球化是经济一体化的最高阶段，它以市场为基础，以企业为主体，以 WTO(世界贸易组织)为组织标志。经济全球化是当代全球化中最为突出的内容。

2. 技术论

认为全球化就是由于交通和通讯技术，特别是计算机网络技术使得人类的活动突破了时间、空间的局限，地球因之联成为一个整体。最早是航海及相关技术的进步导致了东西半球的联合，而以蒸汽机技术、电力技术的发明和运用为标志的第一、二次工业革命使手工生产被机器化大生产代替，社会化大生产使世界工场成为现实。同时，越来越便利的交通工具使人们的活动日益突破了空间的局限。电报、电话、电视、无线通讯、卫星通讯技术的普及，使得人们能够进行即时的交往。互联网络则创造了一个虚拟世界，真正把物质和信息的世界联为一体。在技术论中最典型的代表是麦克卢汉，他最早(1960 年)提出了地球村(global village)的概念，被认为是技术全球化理论的先驱。

3. 文化论

认为全球化就是不同文化、文明(包括文化、价值、伦理、意识形态等)从封闭、孤立走向交往、冲突、整合的过程。全球化作为一个整体

① 参见文军:《西方多学科视野中的全球化概念考评》,《国外社会科学》2001 年第 3 期。

首先是一个社会文化系统，一种全球文明或世界文明正在形成。全球文化的一体化并不是同一化，而应该是文化的多元化，包含着特殊性的普遍化和普遍性的特殊化的双向进程，差异性和多样性是全球文化的内在特征。在现实文化中，共性与个性（普遍文化价值与民族文化个性）、同一与差异（文化的一体化与不同文明的冲突）是全球文化的主要矛盾。

4. 国际关系论

认为全球化的主要表现和重要后果是民族国家之间的关系——国际关系日益重要，国与国之间的相互依赖空前增强，国际秩序成为关注重点。一方面，民族国家正是在全球化进程中不断发展壮大的；另一方面，随着全球化的发展，民族国家的主权正在某种程度上得到削弱，民族国家这一政治共同体的合法性也遭受着越来越多的挑战，人们的视点逐渐从民族中心转变到地球中心。同时，在现实的全球化进程中，以民族国家为主体的国际关系是不平等的，处于世界中心的发达国家对处于世界边缘的落后国家进行着政治上的压迫、经济上的掠夺和文化上的侵蚀，因此，谋求一种新的、平等的、合理的国际政治经济新秩序成为国际社会的普遍共识。主要代表是萨米尔·阿明提出的“依附理论”。他认为，资本积累是通过全球分工发生的，在分工中，世界资本主义体系各个阶层的关系的本质特征是不等价交换和剥削，但边缘国家有可能摆脱资本主义世界体系，建立自己的社会组织并形成自己的发展模式。巴西学者费尔南多·恩里克·卡尔多左进一步用辩证法研究了世界的结构和历史，提出了“中心区”和“边缘区”的理论，认为处在边缘区的不发达国家在两个层次上依附于处在中心区的发达国家，即受外部力量（包括外部发达资本主义国家的跨国公司、外国技术和外国金融体系）的支配和内部力量（即与外国势力相联系的当地阶级和集团）的支配。

5. 人类生存危机论

认为在现代社会中，人与自然、人与社会、人与自身的关系，总之是人与世界的关系都出现了全面的危机，统称为人类生存危机（全球性问题)。自然生态危机、气候变化、生物多样性消失、核战争威胁、恐怖主义、人的异化和自我认同危机、暴力犯罪……所有这些危机和困境都是全球性的,任何国家、组织和个人都不可能置身于外而独善其身——在人类的全球性困境中没有旁观者,也没有幸运儿,所以,全球必须共同行动才有可能真正解决这些问题。这种关于全球性问题,或说人类生存危机理论始于20世纪60年代末"罗马俱乐部"的一些关于经济增长极限、自然环境保护的报告,后来逐渐发展成为对可持续发展战略的追求。可持续发展战略被视为人类应对自身困境的反思性选择,它最终实现的前提就是全球共识和共同行动。1985年罗伯森(R. Roberson)和弗兰克・莱彻(Frank Lechner)发表《现代化,全球化和世界体系理论中的文化问题》,明确提出了"全球化"(globalization)一词,并提出了与全球化有关的许多问题,引起了人们的广泛关注。

6. 全球社会学

认为全球化是一个世界社会或全球社会的形成过程,研究全球化所要致力的是探索一种维系全球社会的机制。随着经济全球化和信息网络的发展,人类业已形成了跨越国界和跨越民族文化的世界性的市民社会,世界越来越成为一个有机整体。因此,当代的许多问题都不能以民族国家的层次或国际关系的角度去说明,而必须跨越民族国家的界限,以全球的视野去考察,经济、政治、技术、文化和国际关系都被看成是全球社会或世界社会的内部要素。其代表人物有英国社会学家吉登斯等。

7. 全球历史论

认为应该以总体的和全球的视野与方法对全球化进行历史研究和历史编纂。这一思想可以追溯到康德、黑格尔、马克思关于世界历史的论述,而这些思想真正对历史研究产生实质性影响是在20世纪后半期。典型的代表是布罗代尔的总体史学思想和斯塔夫里阿诺斯的全球历史观。尤其是后者,他"飞出地球之外","站在月球上",打破地区、民族国家的界限,对历史重新进行横向的观照和诠释,事实上是整体而详细地再现了全球化的历史过程。

8. 后现代论（包括“后殖民主义”等）

20世纪80年代中、后期，后结构主义、解构主义和后现代主义兴起，他们认为全球化是现代性的严重后果和人类进入后现代社会的一种表征，提倡解构中心、消解结构、消蚀边界和多元化，反对中心论、大叙事、一元化和绝对真理。在大多数后现代主义者看来，现实的全球化是西方强力推进其现代性、建立霸权所导致的一种全球性后果。这也导致了全球社会发展的一种断裂，人类进入了后现代社会（或丹尼尔·贝尔的“后工业社会”、詹姆逊的“晚期资本主义”等）。全球化决不是一体化，而是世界范围内的一种差异、断裂、多元、相对性的增长，是一种世界范围内对现代性的消解。“后殖民主义”提出了反对全球化过程中的“西方中心主义”，反对西方大国对其他国家尤其是对发展中国家实行霸权，包括经济的、政治的和文化的霸权，反对“文化帝国主义”；主张各个民族国家都有自己的特殊文化背景，可以有各自不同的发展道路，力图摆脱西方势力的束缚，获得自己独立发展的自由。

还有学者从对全球化的不同价值立场角度把全球化理论分为以下几种①：

1. 新左派：全球化等于新帝国主义

新马克思主义派或新左派（Neo-Marxists and Neo-Left）的主要代表人物是S. Amin、A. Callinicos和S. Gill。他们的主要观点是将全球化等同于帝国主义化、西化和中世纪主义。他们认为今日的全球化就是代表了反动的全球帝国主义和资本主义的胜利，其结果必然是不公正、不公平的两极分化，而国家和政府已经沦为国际垄断资本的“代理人”，所以，全球化的实质就是西方帝国主义、西方现代化、西方资本主义和西方体制的全球性扩散，也就是西化的全球化普及。“新帝国”比之于“旧帝国”更具欺骗性和危害性。

2. 新自由派：全球化是人类进步的象征

新自由派（Neo-Liberals），其主要代表人物是K. Ohmae和W.

① 参见洪朝辉：《全球化——跨世纪的显学》，《国际经济评论》2000年第6期。

Grieder。他们认为全球化主要是指全球经济和市场的整合，其结果不一定是你死我活的“零和游戏”，而是世界资源的优化组合，绝大多数国家在全球化过程中都将得到长远的比较利益。尤其是，他们认为全球化是人类进步的先驱，因为它正在促使全球市场和全球竞争一体化的出现。新自由派通过大量的世界贸易变化的定量研究，强调贸易全球化的结果是“双赢”。在超国界的国际贸易和金融组织的推动下，经济全球化已对社会民主和福利国家产生巨大影响。如今21世纪的世界潮流就是全球化，不管你赞同与否，人类的选择只能是接受、适应和参与。而且全球化与西化不同，因为全球化导致全体地球公民受益。

有意思的是，尽管新左派和新自由派对全球化的价值评判截然相反，但两派却一致认同全球化的巨大“威力”和必然趋势，所以，两派也可合称为超全球化学派（the hyperglobalist thesis）。经济全球化最终将形成一个超然于国家主权的社会经济组织，取代传统的民族国家，并成为世界经济和政治的主体。总之，新左派和新自由派共同认定国家主权将让位于经济全球化，所不同的是，新左派是希望“劳动控制资本”前提下的国家消亡，实现无产阶级主导世界的共产主义理想，并对如今急速发展的全球化深表忧虑和悲观。相反，新自由派怀着兴奋和乐观的心情，赞美目前全球化所带来的“资本控制劳动”下的国家权力弱化。

3. 转型学派：全球化推动社会转型

“转型学派”（the transformationalist thesis）代表人物是 Anthony Giddens、J. A. Scholte 和 M. Castells。他们认为，全球化是推动社会、政治和经济转型的主要动力，并正在重组现代社会和世界秩序。全球化正在产生一种强大的“转型力量”（transformativeforce），促使世界秩序中的社会、经济和制度产生“剧变”，国家不会因此消亡，也不会因此强大，而是因此得到转型和重组。

但这种世界秩序的剧变又充满变数，因为全球化在根本上是一种偶然的历史过程，而绝不是如新左派和新自由派所认定的历史趋势与必然规律，谁都无法预测全球化的发展方向和它所要建构的世界新秩序,也就是说,“转型学派”既不否认全球化的存在与威力,但也不断定全球化必然导致传统国家的消亡,而是尽量不对全球化作出价值判断,既不认同新马克思学派的全盘否定,也不赞同新自由学派的正面肯定,而认为全球化是一个长期的历史过程,其发生和发展充满自身的矛盾与各种合力的因素,尤其是当代国际政治、经济、军事、科技和文化的流向,在历史上都是没有先例的,所以,全球化的内容与方向无法预知。

4. 怀疑派:全球化是无中生有

“怀疑全球化派”(the sceptical thesis),简称“怀疑派”,其代表人物是 P. Hirst 和 G. Thompson。“怀疑派”认为甚嚣尘上的所谓全球化,根本就是一个“迷思”(myth)和天方夜谭。

首先,“怀疑派”从经济史的角度提出,20 世纪末的经济全球化不是什么新玩意儿,更不是史无前例的。如今的所谓“全球化”,充其量只是一种发达国家经济之间的“国际化”(internationalization)而已,当代流行的所谓全球化完全是一种错误的“夸张”。

“怀疑派”认为,“超全球化”学派所认定的国家弱化和消亡的谬论,在根本上低估了国家和政府干预国际经济的持续性力量,政府绝不是国际化被动的牺牲者,而是主要的设计师和建筑师。

另外,“怀疑派”认为,国际化并没有导致南北不平等的消失,而是意味着许多第三世界国家经济的日益边缘化,因为贸易和资本更多地在发达国家之间流动,并由此产生更强大的“排弱”效应。从经济结构看,“怀疑派”认为过去一个世纪里国际化并没有也不可能改革世界经济的不平等、不公正的等级结构,所以,所谓的全球化只能导致更极端的民族主义的兴起,促使世界文明分解成不同文化、宗教和种族的独立领地,而不是什么世界大同、全球文明一体化的出现。

这样,不仅经济全球化是一个迷思,文化全球化更是一个天方夜谭,都是西方发达国家所臆想和杜撰出来的。一方面,全球化不可能导致全球经济政策的一致;另一方面,全球化不得人心,正在遭到许多国家和民众的有效抵抗。发生在 1999 年 12 月美国西雅图 WTO 会议期间的大规模抗议事件就表明,不仅发展中国家反对全球化,而且发达国家的劳工团体与环保团体也成为强有力的反对者。

"反全球化"浪潮的兴起,特别值得我们严重关注和深刻反思。应该说,从全球化兴起的时候起,对全球化的怀疑和批判就如影随形。而最近几十年来,由于全球化所带来的种种负面后果日益严重——生态危机、国际贫富差距、失业、犯罪、霸权主义和恐怖主义等,使得众多全球化的受害者、弱势群体和弱势文化,无论在西方发达国家还是发展中国家,都兴起了强大的"反全球化"浪潮。联合国秘书长安南2000年4月发表的《千年报告》谈到:"很少有人、团体或政府反对全球化本身。他们反对的是全球化的悬殊差异。第一,全球化的好处和机会仍然高度集中于少数国家,在这些国家内的分布也不平衡。第二,最近几十年出现了一种不平衡现象:成功地制定了促进全球市场扩展的有力规则并予以良好实施,而对同样正确的社会目标,无论是劳工标准,还是环境、人权或者减少贫穷的支持却落在后面。更广义地说,全球化对许多人已经意味着更容易受到不熟悉和无法预测的力量的伤害,这些力量有时以迅雷不及掩耳的速度造成经济不稳和社会失调。1997—1998年的亚洲金融危机就是这种力量。人们日益焦虑的是,文化完整性和国家主权可能处于危险之中。甚至在最强大的国家,人们不知道谁是主宰,为自己的工作而担忧,并担心他们的呼声会被全球化的声浪淹没。"①全球化带来的不仅是一个全球化的利益分配问题,更根本的问题是"谁的全球化"(为了谁?由谁主导?)。

实质上,"反全球化是另一种全球化,是全球化的产物。相对而言,它是弱势与受害群体对全球化黑暗面的微弱抗争,是对全球化的所谓不可规避性的挑战。反全球化运动已经而且将继续对当今世界产生多方面的影响,因为它提出与揭露了种种急迫与严重的世界问题。虽然无组织,观点混杂,甚至偏激的反全球化运动没有也不可能解决这些

① [加纳]安南:《我们:联合国人民》,联合国网站:中文版,2000年4月3日。

问题,但它将促使人们深入反省与重新对待全球化”①。

(二)全球化理论的人学转向

以上诸多研究对全球化进行了多角度多层面的深刻分析与反思,大大深化和拓展了全球化理论。然而我们可以发现,有很多理论依然基于近代以来的理性或实证的研究思路,局限于经济、技术、国际关系等客体方面研究全球化,而有意无意地忽视了对全球化的主体——人的研究,有“见物不见人”的倾向。很多研究者把全球化简单地理解为发源于近代的现代性经济、技术、关系、制度在全球范围内的扩展的“客观”过程,全球化是一个外在于人的冷冰冰的趋势和过程,人在其中要么隐藏了,要么只被看做一个“理性”的要素,或者一个客观的旁观者。“在这些视角中,他们只热衷于揭示趋势与过程,人,尤其是个体的人,在这一过程中的价值决策、心理变迁、本质异化与生死存亡显然被忽视了,人的整体的现实生存状况没有被揭示出来。它们只是近代以来崇尚工具理性、技术理性的学术研究传统的延伸。”②

有些研究也关注到全球化进程中的人和人的生存状态。例如全球社会学、后现代理论,尤其是人类生存危机论,它们对近现代以来的一系列观念和人类行为方式进行了反思,特别是揭示现代理性精神的局限,加入了价值理性的考量,看到了从人的角度把握全球化的重要性。例如,吉登斯认为,全球化的“显著特征之一在于外延性(extensionality)和意向性(intentionality)这两‘极’之间不断增长的交互关联:一极是全球化的诸多影响,另一极是个人素质的改变”③。罗兰·罗伯森在研究全球化时提出了“全球场”的概念,他开始从个人(自我)、民族社

① 庞中英:《“反全球化”:另一种全球化——对“反全球化”现象的调查与思考》,http://www.peopledaily.com.cn/BIG5/jinji/31/181/20010111/376512.html。

② 沈湘平:《全球化研究的人学转向》,《北京师范大学学报(社科版)》2004年第2期。

③ [英]安东尼·吉登斯:《现代性与自我认同》,赵旭东、方文译,三联书店1998年版,第1页。

会、民族社会之间的关系、全人类四个方面来展示人的当代生存状态①。由人类生存危机论和全球性问题的反思而提出的可持续发展战略，将整个世界和整个人类的可持续发展作为理想目标，更是对突破全球化研究的理性化和客体化倾向作出了很大贡献。全球化研究中的这些成果以及哲学、政治学、经济学、社会学、文化学、社会发展理论等其他人文社会科学对人与人的生存、价值、地位、自由、全面发展的越来越多、越来越深入的探讨与反思，从不同角度预示着全球化理论的“人学转向”，这一转向不仅是研究内容的转变，而且是研究视野、范式和方法的转变，更是思维方式的转变。这一转向不仅大大丰富和深化了全球化理论的研究，更重要的是，必将大大丰富和深化全球化的理论研究，有学者说得好：人学是一门整体性的学科，它是哲学的当代形态，以关注人的整体生存状态为视角，以揭示人的本质、存在、发展的规律为任务，以促进人的全面发展为最终目的。以自觉的人学立场进行全球化研究，实现全球化研究的人学转向，将能更好地揭示全球化的实质、历史阶段、发展趋势、全球化时代的问题及其解决之道，从而把关于全球化的研究引向深入，为人类应对全球化的挑战，促进自身发展提供更为有效的指导与帮助②。

要实现全球化研究的人学转向，很有必要重新解读马克思主义哲学的一些基本观点。

一是实践、交往和人的本质的观点。实践的观点是马克思哲学首要的基本的观点。实践是能动性与受动性相统一的人的生存和发展活动，是人的类本质。在实践系统中，生产和交往是两个最主要的方面，人的本质在其现实性上是社会关系的总和，交往的发展是历史发展的前提和人的发展程度的重要标志。

二是“世界历史”理论。在上一节有详细论述，在此不再赘述。

---

① ［美］罗兰·罗伯森：《全球化——社会理论和全球文化》，梁光严译，上海人民出版社 2000 年版，第 36—39 页。

② 沈湘平：《全球化研究的人学转向》，《北京师范大学学报（社科版）》2004 年第 2 期。

三是人的存在形态和发展阶段理论。马克思认为,从横向和静态角度看,任何时代的现实的人的存在都有类存在、群体存在与个体存在这三种不可分割的三种存在形态;而从纵向和动态的角度看,在不同的时代,人的这三重存在的发展状态和水平是不同的,而这正形成了人的发展的不同阶段。在"人的依赖关系"阶段表明人主要是以群体的方式存在;在"以物的依赖性为基础的人的独立性"阶段突出了人个体存在的方面;而在"自由个性"阶段表明人更多地以类的方式存在。所以,人的发展三阶段也可以被表述为群体本位、个体本位和类本位三阶段。

(三)全球化的哲学审察

就总体趋势来看,全球化促进了不同文化间的交流与对话,几乎所有的民族国家都受到了全球化的挑战。全球化的历史进程使全世界各民族在一个新的历史平台上进行文化的比较、对话、交流和创新成为可能。在全球化进程中,折射着现代人类生活实践的诸多典型特征,这突出表现为两个方面。第一,全球化使世界一体化的发展态势日趋明显。不同文化间的交流与融合,使文化发展愈加呈现出"你中有我,我中有你"的特点。交流总是双向的,在这种新的文化发展时空中,普遍的相对性思维变得越来越必要,每个民族的文化总有其存在的合理性,世界一体化的本质应是多元一体化。第二,对于文化认同危机的关注。文化作为人们日常生活的规范、习俗和交往方式,构成了不同文化之间区别的关键。全球化文化冲突则导致文化认同上的危机,民族文化有了多种"身份",原来以为清楚的,现在变得模糊了;原来自信的,现在怀疑了。因此,在全球化背景下,每个国家和地区的民族文化必须正视自身的文化现实,在比较与反省中确立其在世界文化格局中的应有位置。文化既是民族的,同时更是时代的,在捍卫民族文化价值的同时,更应思考如何在与世界文化的交流与对话中,与时俱进,使民族文化跟上时代的发展节奏,焕发出发展的生机与活力。

这就给当代哲学提出了全新的课题:如何变革非此即彼的思维方

式，全面认识和把握全球化的发展现实，并自觉地应对全球化的挑战？如何从和平与发展的时代视角，理性分析当代人类文明的矛盾冲突？如何以更深刻的人学思维方式，全面而深入地分析全球化时代人的生存和发展所面临的危机、困境、机遇和未来目标？

正视全球化对当代人类生活实践的意义和影响，也许是我们从哲学层面思考和解读全球性问题的前提和基础。而这种意义和影响主要有四个方面。(1)全球化为人类文化的整体发展提供了条件和可能。按照罗兰·罗伯森(Roland Robertson)的理解，“全球化既指世界的压缩(compression)，又指认为世界是一个整体的意识加强”①。正是在这种被压缩的新的文化时空里，世界各民族开始在一个新的文化坐标系中审视自己的历史和文化，寻找着与“他者”文化的认同方式，并确立其在全球化语境下民族文化的应有地位。以往，由于文化传播交流手段的地域和阶段性限制，某种先进的文化往往为某个民族和某种社会阶层所拥有，这客观上造成了文化的不平衡发展，也产生了文化的霸权主义。而随着全球化时代的到来，文化的时空距离大大缩小了，文化的民族或阶层垄断也被打破，而且客观上把信息接受者联为一个整体，共同参与文化的消费与创造，这使人类的不同文化主体间有了比较接近的行为尺度，有利于文化的整体发展。(2)全球化使当代人类的文化交流与融合变得空前频繁。以往，各民族、各国家和各阶层的活动都相对独立和封闭。然而，现代的信息网络却突然把人们紧紧地捆在一起，人们开始感到世界的拥挤，以至于面对信息你别无选择，你的行为本身就是在进行着文化的交流，而且某些个别的、局部性的行为后果都有可能迅速造成全球的影响。(3)文化交流的频繁也加剧了文化间的冲突。因为“全球化不是一个单一的过程，而是各种过程的复合，这些过程经常相互矛盾，产生了冲突、不和谐以及新的分层形式。例如，本土民族主义的复活以及本土认同的增强直接与相对立的全球化力量交织

① ［美］罗兰·罗伯森：《全球化——社会理论和全球文化》，梁光严译，上海人民出版社2000年版，第12页。

在一起”①。这种冲突具体表现在文化个体与群体之间、不同文化形态之间的冲突，而在精神与价值层面的文化冲突则集中表现为民族传统与时代精神之间的冲突。即日益强劲的世界性现代文化浪潮正在涌向世界的各个角落，而现代化在工业技术层面所导致的标准化、齐一化、感性形象化的文化追求，正消弭着民族文化发展的独特性和个性。(4)一系列全球性问题相继出现。全球性问题无疑是时代的产物。在20世纪，科学技术获得了前所未有的普及与进步，现代信息的传播手段更是推动了这种科学技术的普及，这使得生产力的运用所产生的后果，不仅影响到一个阶级、一个民族和国家的利益，而且影响到全人类的利益，进而形成了一系列全球性问题，如能源匮乏、环境污染、生态失衡、艾滋病蔓延、粮食短缺、战争危险、恐怖主义等等。这些问题能否有效地得到控制和解决，直接影响着全人类的未来生存与发展。

由此看来，从全球化背景出发，尤其是面对当代世界的一系列全球性问题，我们应诉诸一种文化价值层面和人学层面的深层哲学思考，并着手建构一种新的体现人学视野和普遍价值的理论范式，以应对现实层面人类生存和发展所面临的种种危机，以达成不同文化形态间的理解和沟通，达成人的共生共存、人的自由全面发展与社会的和谐进步。

总之，全球化实践的发展和全球化理论的深化呼唤着全面而深入的哲学思考，当代哲学也面临着重大而深刻的挑战，需要全球化的实践进行理论概括和反思，即从全球化的角度思考人学，用人学的方式反思全球化进程，“全球化进程中的人”这一主题就呼之欲出了，它正是全球化理论与人学理论在当代条件下互相借鉴、互相结合的产物。

（四）本书主题与基本内容

本书主题是以全球化进程中的人为核心，全面探讨全球化的经济、技术和文化基础，分析全球化进程中人类的生存方式、交往方式、思维

① ［英］安东尼·吉登斯：《超越左与右》，李惠斌等译，社会科学文献出版社2000年版，第5页。

方式等的现实变革，并给予价值评价，探讨全球化条件下，人的自由全面发展的未来前景以及人类文明的未来前景。具体内容包括：

第一章从实体角度探讨全球化的经济基础——经济全球化与现代化，技术基础——信息网络，文化背景——多元文化，试图在实体层面对全球化有一个全面的分析和认识；

第二章论述了全球化的主体状况，对全球化的主体进行了社会学考察、哲学反思和价值评价，并重点探讨了人的自由全面发展的问题；

第三、四、五章从存在和发展角度探讨全球化进程中人的存在方式（包括生存方式、交往方式和思维方式）的全面变革，分别探讨了人的存在方式的本质、历史演变，全球化进程中的全面变革，并进行价值评价和未来展望；

第六章从文化和价值角度探讨全球化进程的文化，包括全球化的文化悖论与文化整合，普遍文化价值与民族文化个性，全球伦理，全球生态文明等问题；

第七章面向未来，结合马克思的共产主义理想及其他思想家对未来社会的理想追求，展望全球化与人的未来前景，提出“和而不同”与“共生主义”的未来社会理想。

第一章

全球化的经济、技术与文化基础

经过三千年专业分工的爆炸性增长之后,经历了由于肢体的技术性延伸而日益加剧的专业化和异化之后,我们这个世界由于戏剧性的逆向变化而收缩变小了。由于电力使地球缩小,我们这个地球只不过是一个小小的村落。一切社会功能和政治功能都结合进来,以电的速度产生内爆,这就使人的责任意识提到了很高的程度。①

——麦克卢汉

80年代的中国人主动地登上全球化的列车,但在当初,也许只以为这是一辆经济列车;这几年,深入到全球化大风的中心,才逐渐地发现这辆车的车体可能是“宪政”;现在呢,越来越多的中国学者开始认识到,这辆车的灵魂或者说发动机原来是文化。文化的前景将决定经济的前景。②

——赵 晓

① [美]麦克卢汉:《理解媒介:论人的延伸》,何道宽译,商务印书馆2000年版,第22页。

② 赵晓:《置身于全球化的大风之中》,http://www.sohoxiaobao.com/chinese/_asp/articles_temp.asp? id=10000804。

全球化是一个多元综合体，必须从多角度、多层次进行全方位的考察和反思。首先我们对全球化的实体层面——它的经济、技术与文化基础进行分析，以期为以后深入论述全球化进程中的人提供理论基础。

一、全球化的经济基础

全球化的经济基础是经济全球化和现代化。

（一）经济全球化的实质

经济是社会发展的基础，从历史角度看，全球化的进程也是从经济发端，而且，全球化在很长时期内，被认为只是指经济全球化。而经济全球化与西方工业革命开始的现代化几乎是同一个进程。如果说全球化是资本主义“夺天下大势”的过程，现代化就是资本主义“争古今之变”的趋势。更确切地讲，经济的全球化与现代化不仅是全球化的首要内涵之一，而且构成了全面的全球化的经济基础。从空间维度上看，经济全球化是指各国经济活动超越地域和民族国家界限，从国内走向全球，在全球范围内实现商品、资本、人才和市场的全球流动和配置的过程。用国际货币基金组织的话说是“跨国商品与服务交易及国际资本流动规模和形式的增加，以及技术的广泛迅速传播，使世界各国经济的相互依赖性增强”①。从时间维度上看，现代化是指以西方启蒙理性精神为主导的现代工业文明的演变与拓展过程。而全球化与现代化又不仅是时空概念，其实质是资本主义生产方式在时间上的变革和空间上的扩张。至少到目前为止，经济全球化与现代化的主体仍然是西方发达国家，内容仍然是资本主义生产方式，规则和秩序仍然是由西方发达国家制定并受益的。所以有学者指出，经济全球化的实质就是西方

---

① 国际货币基金组织编制：《世界经济展望》，中国金融出版社 1997 年版，第 45 页。

化，核心理念是西方中心主义，而不是真正意义的全球化①。发达国家推行经济全球化的主要理论工具是新自由主义，有学者把当前的经济全球化称为“新自由主义的经济全球化”。从本质上看，新时代的经济全球化并没有跳出马克思所揭示的资本世界化的轨道。“新全球化的过程实质上就是一个以西方发达资本主义国家为中心的有向度的整合过程。发展中国家在不同历史时期被卷入全球化的进程，其生产、分配、交换和消费活动都被迫按某些国际标准进行，同时还受到了处于霸权中心的资本主义的人权标准、司法制度、甚至政治运行制度同化的威逼。因此在经济全球化的过程中，发达国家与发展中国家之间的联系与对抗、控制与反控制始终都存在着错综复杂的情况。”②

所以，以马克思主义的“世界历史”理论为指导，我们不但要把握经济全球化在时空维度上的现象特征，更要认清其内容实质。既要顺应客观历史趋势，学习利用经济全球化的一切优秀成果，又要廓清经济全球化理论与现实中的意识形态迷雾，防止落入“全球化陷阱”，抓住机遇，迎接挑战，发展自己。

（二）新旧经济全球化比较

经济全球化是一个不断发展变化的历史过程。当代的经济全球化，与马克思当年所分析和批判的经济全球化③存在很大差异，发生了深刻变化，可简单称为旧全球化时代与新全球化时代。

第一，两者的产业核心不同。

旧全球化时代的产业核心是机器大工业。新全球化时代的产业核心是以信息网络产业等高新技术产业为核心的。西方国家凭借先进的工业文明，在全球建立起殖民地和市场。马克思“世界历史”思想所论

① ［荷］让·内德文·皮特斯：《作为杂合的全球化》，载梁展编选：《全球化话语》，上海三联书店2002年版，第105—106页。

② 任平：《新全球化时代与马克思主义哲学：挑战和应答》，《江苏社会科学》2002年第2期。

③ 有关马克思对经济全球化的论述（“世界历史理论”）详见本书导言第三节。

述的,主要是建立在工业文明基础上的旧全球化时代。20世纪中期以来,西方发达国家相继进入了“后工业社会”(或称为“信息社会”、“知识经济”),其产业基础已经从工业文明转向以信息与通讯技术、电子技术、空间技术、海洋科技、生命科学等新科技为轴心的后工业文明,已经基本完成了在全球范围内建立起后工业文明的经济—政治—文化控制体系的过程①。知识和信息资本的全球化取代了工业和商业资本的世界体系。知识生产力、信息生产力成为生产力的主导,在此基础上,一种新社会结构——知识资本阶级(知本家阶级)与智力劳动阶级(白领阶级)的关系,将取代原来建立在工业文明基础上产生的两大阶级——资产阶级和无产阶级的关系,成为全球阶级结构的核心。“网络经济将造成社会的重组和分化。工业社会以机器为纽带的生产关系必然被以知识为纽带的生产关系所替代,信息网络将工业文明为核心的集中式生产方式分化为以家庭、个人为单元的分布式生产方式。但是,这种分化绝不是无政府状态和各自为战,整个社会将在信息网络的联结下完成全新的社会组合。‘知识人’成为网络经济社会的主导力量。”②

第二,两者的世界格局不同。

旧全球化时代,全球呈现的是以“工业文明—农业文明”、“西方—东方”、“前现代—现代”两极为基础的“中心—边缘”的世界格局,即以工业文明为主导的西方发达国家成为世界格局的中心极,而以农业文明为主导的欠发达国家成为依附于发达国家的世界格局的边缘极。发达国家要维持霸权和中心地位,边缘国家则力图实现所谓现代化,即完成向工业文明的转变。新全球化时代,全球呈现的是“后工业文明—工业文明”、“后现代—现代”两极为基础的多极化世界格局。以美国为首的发达资本主义国家相继完成了从工业文明向后工业文明的转变,以后工业社会、知识经济、后现代主义、信息网络为标志,在金融资

① [美]丹尼尔·贝尔:《后工业社会的来临》,新华出版社1988年版,第210页。

② 王道平等:《网络经济》,河北人民出版社2000年版,第252—253页。

本和商业资本全球化的基础上建立了新的知识资本帝国，成为后工业时代（后现代）全球新主导力量。而大量处在工业文明阶段的发展中国家，还没有来得及完成工业化、现代化的任务，就必须应对后工业化和信息时代的挑战，成为世界相对较被动的其他极。全球性生产网络中，资源优势、廉价劳动力优势逐渐丧失殆尽，而科技、信息、知识、网络的价值却大幅提升，在物质财富两极分化的基础上，又出现了知识信息财富的新两极分化（数字鸿沟）趋势。经济全球化的冲突与矛盾日益复杂，除了传统的发达国家与发展中国家、西方与东方的矛盾外，许多非传统冲突与矛盾，如极端民族主义、宗教原教旨主义、霸权主义与恐怖主义的冲突，日趋复杂和激烈。

第三，两者的主导力量不同。

旧的全球化时代，主导力量主要是以民族国家为核心，特别是西方发达国家成为全球化规则和秩序的制定者，以西方中心主义为基础的一个模式、一个标准、一种秩序来剪裁其他国家的全球化进程，两极之间是一种僵硬对立，弹性很小；新全球化时代，主导力量开始由民族国家单一主导向跨国公司、国际组织、互联网、多元文化等多元主导转变，以后现代主义和后殖民主义为媒介形成世界“一体化”与“多元化”并存的格局，两极之间弹性空间很大。在全球经济层面上，一体化与多元化在很大程度上并行不悖，既存在着日益紧密的交往、对话与合作，又存在着激烈的差异与冲突。

第四，两者的运行方式和手段不同。

旧全球化时代，西方发达资本主义国家主要通过商品输出、资本输出、市场扩张、武力征服等实体性（“硬的”）方式来建立殖民主义与帝国主义的世界体系。新全球化时代，西方发达资本主义国家改变了方式和手段，主要通过人才、信息、科技、文化、意识形态、大众传媒等文化性（“软的”）方式和手段，来推行“后殖民主义”与“后帝国主义”，有学者称之为“文化帝国主义”。发展中国家也开始运用多种手段来应对挑战，发展自己。全球冲突越来越从实体层面向文化、信息层面转变，从“硬”冲突向“软”冲突转变。虽然是“软”冲突，但由于它关系到一个民族、国家的文明是生存与发展，还是被同化或消亡的关键问题，因此冲突的激烈程度恐怕比过去有过之而无不及。丹尼尔·贝尔的《资本主义的文化矛盾》、亨廷顿的《文明的冲突与世界体系的重建》、福山的《历史的终结》、利奥塔德的《后现代状况》、尼葛洛庞帝的《数字化生存》、比尔·盖茨的《未来之路》等著作，在不同程度不同角度上展示了这一全球新图景。

第五，两者的主流思维方式不同。

全球化的主流思维方式发生了重大转变，即由旧全球主义转向新全球主义。所谓旧全球主义是旧全球化时代的主流思维方式，它是以启蒙理性（抽象的、绝对的、同一的、整体的、自我中心的理性）为基础的现代主义精神。它将西方的启蒙思想奉为唯一的真理，将西方的工业文明视为唯一的文明，并以此为尺度，来规范和衡量全球化结构。它成为全球一体化的内在逻辑。在托夫勒看来，“标准化、专业化、同步化、集中化、好大狂、集权化”不仅是现代理性的表征，也是工业社会的逻辑。反之，所谓新全球主义是指对旧全球主义及启蒙理性的深刻反省和变革，本质上是一种后现代思维方式。它反对二元对立思维方式主张多元思维，反对单一文明主张多元文明，反对整齐划一强调差异，消解等级和中心主张平面化，解构先验的理性和本质而推崇众声喧哗，反基础、反本质、反人道主义、反理性主义、反主体主义和人类中心主义，反同一性、确定性和中心性，追求差异性、断裂、不确定性、非中心性；政治倾向上的无政府主义和相对主义……这些在丹尼尔·贝尔、福柯、德里达、利奥塔德、亨廷顿等后现代主义者笔下的词语，越来越经常地成为新全球主义的理论范式。

总之，“新全球化时代在深刻改变人类全球实践结构与生存方式的同时就深刻地变革着人们的全球化观念，从而构成马克思主义哲学的当代视野、问题谱系与时空结构”①。面对新的经济全球化时代，我

① 任平：《新全球化时代与马克思主义哲学：挑战和应答》，《江苏社会科学》2002年第2期。

们必须突破传统的单一主体性和“主客”二元思维模式，树立多元、宽容、开放、共享的新思维方式，运用马克思主义哲学的基本原则和方法深入分析全球化的现实，发展和重建马克思主义哲学关于新全球化时代的理论。

（三）新自由主义与新左派：应对经济全球化的两极理论

1. 新自由主义

新自由主义是与凯恩斯主义相对立的一种社会思潮，它肇始于20世纪初，逐渐兴起于二战后，是古典自由主义的发展。在经济全球化飞速发展的今天，新自由主义对世界主要资本主义国家的国内国际政策和战略都产生了巨大的影响——对内，新自由主义已经成为西方发达资本主义国家的主流意识形态和制定政策的理论框架；对外，西方国家在庞大的经济军事力量的庇护下，打着新自由主义的旗帜，不断地打开各个民族国家的市场，在全球范围内扩张资本主义，使发展中国家的主权面临着严峻的挑战。

新自由主义经济学注重从微观经济的角度入手阐释经济问题，虽然有不同学派，但其共同点是：个人主义，效率第一，市场万能，政府退出，全球化，强调市场作用的最大化和政府干预作用的最小化；鼓吹私有化和非调控化；坚信比较优势和自由贸易原则，反对实施保护国内产业的政策，主张在增加出口中实现经济增长等等。新自由主义代表了垄断资本在经济全球化时代自由流动、自由扩张的要求，为此，西方国家不遗余力地在经济全球化进程中推行新自由主义。

西方发达国家控制和操纵着世界三大经济组织（世界银行、国际货币基金组织和世界贸易组织），掌握着经济全球化“游戏规则”的制定权和裁判权。特别是世界银行所奉行的新自由主义政策中政治化色彩更加明显。发达国家通过新自由主义在经济全球化进程中的扩张，通过金融、贸易、市场、技术等多种手段，将发展中国家置于垄断资本的统治之下。对于不服从新自由主义规则的国家，轻则实施经济制裁，重则进行武力恫吓和军事打击，这在亚洲金融危机、科索沃战争、伊拉克战争等事件中表露无疑。

西方发达国家控制了经济全球化的“游戏规则”制定权，且在经济全球化进程中强力推行新自由主义政策，这就决定了经济全球化必然是一个不平等的过程。

第一，各国之间的经济联系更加密切，但发达国家与发展中国家的相互依赖是不对等的。随着跨国公司及其直接投资的快速增长，贸易与投资自由化取得了巨大的进展，发达国家的资本可以超越民族国家的界限自由流动。在经济全球化进程中，发达国家与发展中国家如果说有相互依赖，也是非对称的，即主要是发展中国家对发达国家的依赖。

第二，发达国家要求发展中国家实行贸易自由化，但却为发展中国家设置了重重的贸易壁垒。以美国为首的发达国家，控制着世界贸易组织，表面上鼓吹“贸易自由化”，实质上奉行双重标准和利己主义，交替采取贸易自由化与贸易保护的两种手法：为了打开发展中国家的市场，它们大肆宣扬贸易自由化，甚至不惜动用“301 条款”或“超级 301 条款”，举起贸易制裁的大棒；为了保护自己的国内市场，它们动辄以人权、环保、劳工、知识产权等问题为借口，限制对发展中国家优势产品和技术的进口。

第三，发达国家的资本可以在世界范围内自由流动，而发展中国家的劳动力却不能实现自由流动。叶卫平指出：“资本流向世界，这是市场开放主义，而劳动力却不能与利润一起流向西方，这又是贸易保护主义。”①发达国家认为，发展中国家的劳动力价格相对低廉，如果允许其自由流动，这将会挤占发达国家的就业市场。所以，发达国家制定了严格的移民法，限制发展中国家普通劳动力的流入。反过来，对资本输出给发展中国家造成的失业，发达国家却不负任何责任。

第四，美国利用自身在国际金融体系中的优势，在经济全球化中控制了国际资本的流向。二战后，美国为了维护自身的霸权地位，建立了

① 叶卫平：《经济全球化与经济区域化》，《中国人民大学学报》2001 年第 4 期。

布雷顿森林体系，规定了黄金—美元本位制，将美元与黄金挂钩，其他货币与美元挂钩。自此，美元成为国际储备货币和国际贸易结算的支付手段。尽管1971年布雷顿森林体系解体，但美元在国际货币中的主导地位犹存。美国可以借用世界各国的资金来平衡国际收支、转移财政赤字、刺激经济增长，同时，还能够根据美国的需要调整美元的利率，改变资本的流向。美国凭借美元的强势地位以及对三大国际经济组织的主导，控制了世界经济的命脉。

新自由主义全球化的华丽外衣和娓娓动听的诺言掩盖不了不平等的经济全球化的秩序，掩盖不了资本全球扩张的本性，掩盖不了强烈的西方中心主义的意识形态色彩。拉丁美洲某些发展中国家就是上了新自由主义全球化的当，成为发达国家的附庸和经济全球化的牺牲品。而且新自由主义政策在西方发达国家内部也产生了很多问题和危机，如有效需求不足、两极分化、高失业率、泡沫经济、金融危机等，特别是陷入福利政策和自由竞争之间的两极困境。西方发达国家的"穷人"认为自身在经济全球化进程中被"第三世界化"了，2006年3月，法国因为修改新劳工法而引发的学生和工会的大规模示威抗议就是典型反映。

更宏观地看，经济全球化并没有给世界以普遍繁荣，也并没有带来公平与效率，还加剧了全球范围内人与自然、人与人的关系的危机，出现了所谓"全球性问题"。经济全球化与全球生态的恶化几乎是同步而行的，生态恶化已经严重威胁到人类的生存，人类实现可持续发展的目标任重而道远。这些问题的产生与新自由主义全球化的扩张有着不可分割的密切联系。

西方新自由主义思潮不仅在西方国家占主流地位，也随着全球化的日益深化，输入到发展中国家。不过耐人寻味的是，西方和中国的新自由主义者虽然理论取得基本一致，但价值取向却大不相同。西方新自由主义的目的主要是通过在全球范围内推行和输出新自由主义理论和经济模式，维护并扩张本国和西方的经济、政治和文化霸权，说到底，是为西方国家和民族利益服务的。而中国的新自由主义者在中国引进西方新自由主义理论并参与政府决策甚至主导改革进程，无论其是否主观故意，其客观效果却使中国经济面临成为西方发达国家附庸的危险，更直白地说，西方的资本和价值观扩张更多地指向其他国家，引发国际竞争与冲突；而中国的资本和价值观扩张更多地指向内部，引发国内竞争与冲突。

中国"非主流经济学"或"新左派"代表人物杨帆曾经对国际新自由主义与中国新自由主义做过一个简单的比较："国际新自由主义，是以西方经济学理论外衣包装起来的自由主义意识形态，通过经济学来宣传自己基本价值观念，如个人主义，效率第一，市场万能，政府退出，全球化，华盛顿共识等。在中国成为一部分自由派知识分子的世界观，这是应该进行学术批判的。中国新自由主义，默认甚至利用权力，在改革中推行权力资本化，堕落成为'瓜分派'，他们才是最危险的，大多数自由主义知识分子也反对他们。我们非主流派一直把批判的焦点紧紧对准这一小撮权力资本的代言人，他们的典型代表是张五常等。这是理论斗争和政治斗争，不是一般的大学教育问题。"①

2. *新自由主义与新左派的论争及其启示*

面对新自由主义理论上的问题及其导致的实践上的种种弊端，西方国家在上世纪70、80年代兴起了所谓"新左派"思潮以及试图超越左右的"第三条道路"。既然是"新"左派，就是与老左派相对应的。新左派以马克思主义、西方马克思主义、后现代主义、女权主义、生态主义等为理论资源，既继承了老左派关注社会公平和正义、"为穷人和弱者代言"的传统，又一扫老左派僵化教条的暮气沉沉，以全新的理论范式，全新的话语系统和全新的思维方式，对新自由主义主导的经济全球化进行了深入的反思和批判。而对这种反思和批判的回应，以及对中国改革开放进程的反思，导致国内也兴起了一股强大的新左派思潮，并且正在从经济学领域渗入到社会学、政治学、法学、历史学、哲学、文学

① 杨帆：《2005—2006中国的社会思潮与理论斗争》，转自 http://www.y1ren.com/forum_view.asp? forum_id = 11&view_id = 12489。

等多个领域。

新左派与新自由主义主要在经济学领域,其次也在其他学术领域和改革开放的现实政策问题上,展开充分、深入、持久、激烈的论争。这种争论在中国经济学界又被冠以更通俗的名词:“主流经济学”与“非主流经济学”的论争。杨帆有个通俗的概括:所谓主流,就是以西方经济学树立自己的学术霸权地位,为改革提供经济学依据,但是默认中国的权力资本化,实际成为“瓜分派”的那些“著名经济学家”。那么,与此相对,“非主流”就被定义为“代表弱势群体和国家民族利益”的一方,他们在网络上与民意结合,与“主流”抗争。杨帆认为,“主流”与“非主流”的争论,真正抓住了中国改革的最核心,准确概括了改革焦点①。这场论争很快溢出学术界的范围,最终演化为一场几乎全民参与的“改革反思与论争”,对此,我们将在下节详细论述。

全面讨论两派观点的论争,不是本书的主要目的。这里只简要介绍新左派代表人物杨帆对中国的新自由主义经济学的批评和总结②。他认为中国新自由主义的特点是——

第一,抛掉马克思主义外衣,采取独立的话语系统。

第二,庸俗的历史进化论,文化一元论,普适价值论,西方中心论;进一步鼓吹文化买办化;主张以西方学术标准开展中国的学术界;历史虚无主义,革命无用论,造反无理论;反对民族主义。

第三,经济自由主义大肆泛滥,演变成为新自由主义,他们有国际势力支持,国内利益集团需要,有官方大力扶植和破格提拔,很快就树立了西方经济学的话语霸权,把马克思主义边缘化。西方经济学不仅成为科学,也同时成为信仰体系,经济学越位,在中国成为神学。

作为中国特色的新自由主义,中国主流派经济学家积极鼓吹以下主张:

---

① 参见仲伟志:《2005 中国改革交锋录》,2005 - 10 - 12 15:31:07,http://www.eobserver.com.cn/ReadNews.asp? NewsID = 15111,经济观察报网站。

② 参见杨帆:《2005—2006 中国的社会思潮与理论斗争》,转自 http://www.y1ren.com/forum_view.asp? forum_id = 11&view_id = 12489。

盲目服从西方全球化的话语霸权,否认劳动力自由流动;假设没有国家利益,盲目鼓吹自由贸易和静态比较利益;反对国家产业政策,鼓吹中国做全球加工厂,依靠国际跨国公司技术;进一步主张与国际霸权妥协,损失国家安全利益;

假设没有权力体系,或者默认权力体系的腐败,主张以腐败作为改革的润滑剂;

私有产权万能论,进一步主张以权力体系瓜分国有资产;

使用比较利益、市场万能论等为两极分化辩护,无视民众利益,把关注民生贬低为民粹主义;

为正在形成的"精英联盟"提供理论,使他们由自发的阶级变成自觉的阶级。

这些为权力垄断买办资本服务的理论"极右"的程度,其代表人物嚣张的程度,历史罕见,世界罕见。许多人高官厚禄,腐化堕落,拥有巨额财产,成为特权阶层一分子。他们掌握许多关键岗位,能够影响决策,操纵媒体。

在10年以来与中国新自由主义极右瓜分派的斗争中,新左派形成了自己基本的理论主张——

在发展问题上,以大国理论为基础研究中国特殊的大国崛起路径;坚决进行利益格局的调整,防止中国退化到拉丁美洲化的道路。

在开放问题上,探讨全球化背景下的国家安全与民族崛起路径,打破资本逻辑,改变没有外部敌人的假设,主张以国家安全为核心进行战略调整;非主流经济学家多年来坚持的动态比较利益,爱国主义,国家安全,大国崛起,发展战略产业,自主创新,逐步为社会和决策层接受。中国共产党十六届五中全会,采纳了经济学非主流和爱国主义学者的大量观点。

在改革问题上坚持改革公平性,理论上超越左右翼,打破计划经济和市场经济两种教条和原教旨主义,提出新的改革指导思想,比如在企业改革问题上超越制度与产权之争,国有私有之争,军工民用之争,采取"国家战略产业"的概念,争取把上述种种统一起来。特别是要指导民营企业家，从民营经济上升到民族经济。

新左派代表人物对两派论争的评价自然有失偏颇，但其所提出的问题本身及理论取向还是很有价值的。

有意思的是，发展中国家的权贵阶层（权力精英、经济精英和知识精英等）普遍都拥护经济全球化和国际化，奉行新自由主义；而普通民众则大多怀疑甚至恐怖全球化和国际化，更倾向于维护本土、本国的利益，倾向于新左派和新民族主义。抛开意识形态和价值观不谈，其现实利益方面的原因可能是，权贵阶层在经济全球化进程中受益最大，更进一步，他们不特别需要本国政权的保护，就能够在国际全球化浪潮中游刃有余，哪怕是做发达国家的“买办”和“附庸”，也能过上富裕的生活，他们所属的国家哪怕再弱小，也不影响他们在国内的强势地位。而下层普通民众在经济全球化进程中虽然也受益，但相对小得多，甚至部分群体利益受损，更进一步，他们的权利如果没有本国政权和文化的保护，则很难面对激烈的国际竞争。虽然我们不能就此得出富人和强者拥护经济全球化，而穷人和弱者反对经济全球化的结论，但这种现象仍值得我们深思。

新自由主义与新左派在全球化问题上的争论，在西方和中国都是很有价值的。尽管还有某种意识形态色彩，尽管还有教条主义和实用主义影响，尽管还有许多非学术因素的干扰，但我们应当公正地看到，双方的争论，无论是非对错，对于在对话争论中达成共识，对于现实决策中形成互补和制约的张力，对于形成学术交流和利益博弈的公共平台，对于思维和文化的多元化和民主化，都具有重要意义。

（四）全球化时代中国经济发展道路的反思与调整

1. 对中国 20 多年经济改革的反思与总结

中国从 1978 年十一届三中全会以后，走上了改革开放的经济发展道路，这可以说是中国不自觉地应对全球化和现代化挑战所做出的战略决策。1992 年社会主义市场经济体制确立，2001 年加入世界贸易组织，则标志着中国开始主动融入经济全球化浪潮，并成为国际多极中的一极的重要角色。

总结改革开放以来中国的经济发展我们看到，中国保持了持续高速的经济增长，各项事业取得了举世瞩目的伟大成就，人民生活水平不断提高，综合国力提升到世界第六位。这些成就任何人都不会否认，在此也不再赘述。但改革过程中也出现了不少问题、偏差和失误，存在很多不足，笔者认为主要表现在：

第一，在改革理论上，缺乏系统、长远、公正的改革理论做指导。

在改革开放初期，邓小平同志提出的很多富有创见的、深刻的理论和观点，像白猫黑猫论，摸着石头过河论，少数人先富起来论，发展就是硬道理论，意识形态不争论，等等，对于指导当时中国改革开放实践起了至关重要的作用。然而，这些理论更多的并非是指导国家长远发展的战略理论，主要还是一些大的思维原则和指导具体工作的方法、策略和思路，因此，还不能说邓小平同志的这些理论就是系统的改革理论体系，否则他也不会提出要摸着石头过河。而在改革开放后期的实际工作中充当了思想理论体系的，实质上还是主流经济学家们从国外照搬来的西方经济学理论。

1979 年至今，中国的改革可以大体分为两个阶段。

第一个阶段是基于经验的“经验主义”式改革。大致相当于 20 世纪 80 年代。基本特征是以邓小平为代表的一大批经验丰富的老一代领导人作为改革的领袖，他们了解当时中国旧体制中存在的问题，试图“摸着石头过河”，采取不成体系的、具有较强经验性色彩的修补办法，逐步予以妥善解决。基本调子是“联产承包责任制”和个人利益激励机制。

第二个阶段是基于书本的“教条主义”式改革。基本覆盖了整个 90 年代，至今仍有影响。基本特征是一大批受过高等教育的干部成为改革领袖，一大批缺乏基层经历和实践经验但学习过西方经济学的专家成为改革智囊。很多专家智囊照抄照搬西方经济学课本，亦步亦趋地试图用西方经济模型来重塑中国经济，同时也没有忘记对强势利益集团保持足够的政策弹性。基本调子是经济“民营化”和社会“市场化”，于是许多地方政府在很短的几年内就摆脱了国有企业、免费教育、公费医疗、福利住房和赤脚医生之类的“历史包袱”。

可以看出，改革的第一个阶段是具有试验性质的，因为它意在探索经济和社会发展的未知领域。而改革的第二个阶段则具有非常典型的实验性质，因为它试图用强制性的行政手段，完整地复制某种非本土内生的外来经济社会模式，忽视了人类行为的复杂性，更忽视了政治、法律特别是文化等条件的不可复制性，以及移植性制度与内生性制度的效果差异①。

第二，在改革目标上，没有理顺甚至颠倒了改革的目的与手段的关系。

本来，改革开放的最终目标是实现强国富民，实现人的自由全面发展和社会和谐进步，改革开放只是为达此目标的一种阶段性、历史性手段。而我们从政府到民众，往往把改革开放本身作为一切工作的目的，忽视了改革的根本目标，为改革而改革，改革成为一种意识形态，甚至成为一种迷信崇拜。曾几何时，很多人天真地认为，只要改革开放就是好的，不管什么样的改革开放都可以达到国家的富强和人民的幸福，某种改革有了成绩是改革的成功，有了失误和挫折则是必须承受的改革的“代价”或“阵痛”，总有一天会得到偿还。这与在很多宗教信仰中，把现世的幸福和来世的期待都寄托在上帝身上，是何其相似?！在这样一种迷信观念支配下，改革不出问题才怪。

第三，在改革主体上，始终由政府主导，“精英”参与，自上而下，广大民众特别是基层民众几乎没有参与改革决策和实施的机会与权利，成为“沉默的大多数”，直到互联网这个公共信息平台出现后，“沉默的大多数”才开始有了部分话语权。“中国改革一开始就是在政府主导下进行的，政府是改革方案的设计者和推动者，当改革改到政府头上时，很难想象政府部门会自觉地放弃手中的权力。改革的这一特点使

① 参见网文“地球村过客”:《改革不是目标，驳“改革攻坚”说》，http://www.xinhuanet.com，2005年11月25日。

改革在一定程度上异化为利益主导型的改革，而地方利益、部门利益、行业利益和官员利益主导下的‘改革’，是不可能不走形变样的。”①这样，当民众的利益受损时很容易产生被剥夺感和不满情绪，又没有正当的表达和发泄渠道，因此产生了严重社会问题。孙志刚事件、王斌余事件、胡文海事件等都是明证。特别是政府、精英与民众之间的裂痕越来越大，改革的共识日趋破裂，很多民众和学者从改革之初对改革的无条件认同，转变为对进一步改革的不认同甚至恐惧。学者赵晓曾借用当年美国独立候选人佩罗在竞选美国总统的时候曾经提出的一句很有煽动力的口号“让全球化停下来，我要下车”来概括部分人对改革的心态——“让改革停下来，我要下车”。

刘军宁认为中国在改革问题上出现了两个界限分明的阵营，一个是以主张市场化改革的经济学家和体制内改革派为主的第一阵营，这个阵营有一定的主流、官方色彩。第二阵营以郎咸平、非主流经济学家、平民知识分子、国企改革的受害者、农民、愤怒的年轻人和网民组成。这个阵营有一定的民间、非主流的色彩。医改失败和顾雏军被捕，使得两个阵营之间的天平几乎完全倾向第二阵营一边。第一阵营的人士通常认为自己是现实主义者，他们的判断是，既然中国不可能实行一步到位、彻底的、全面公正的改革，那么，为了继续推动改革，对其中出现的扭曲、不公正和负面现象，也要加以容忍，扭曲的改革也胜于完全停顿的改革，因此他们在改革中常常向旧制度、旧利益和旧意识形态做出很大妥协。第二阵营在中国的改革方向上并无整体的思路，是共同反对第一阵营所主张的扭曲的改革使他们走到一起。他们指责第一阵营假改革之名行不公正改革之实，大搞官商勾结、官学勾结、学商勾结，造成国有资产大量流失，致使许多普通人的利益在这样的改革中受损。他们的立场是：不要扭曲的、不公正的改革，应当全面反思改革，确立改革的新方向、新目标和新战略。

第四，在改革具体模式上，“单项突进”、“两个归结”——把“以经

① 邓聿：《改革走上了正确的方向》，2006 - 03 - 28 07：52：00，来源：东方网。

济建设为中心”原则简单化、绝对化，把经济社会发展简单归结为经济增长，把经济增长简单归结为GDP(国内生产总值)的增长(被称为“GDP中心主义”)，放松甚至忽视了社会、政治、文化、人等其他领域的改革和发展，这种模式一方面确实基本建立了社会主义市场经济体制①，另一方面，却导致在经济数据增长和繁荣的表面背后，整个社会没有得到协调进步，人与自然、人与社会、人与人的各种矛盾日益积聚，“坐到了火山口上”，经济改革也不断遭遇瓶颈。

第五，在市场经济发展过程中，由于一系列认识的偏差，特别是在“效率优先，兼顾公平”和片面“先富论”的理论指导下，实践的结果是只注重效率，而忽视甚至人为损害了公平，只强调“先富”，而忽视了“共同富裕”，导致城乡之间、区域之间、社会各阶层之间的两极分化日益严重，出现了所谓“既得利益阶层”与“弱势群体”之间的尖锐对立。改革开放以来，我国由基尼系数所反映出来的收入差距，呈现不断上升的趋势。据世界银行的统计数字，我国的基尼系数在改革开放前为0.16，2003年已经至0.458，超过了国际公认的警戒线0.4，到达危险的边缘。2004年已超过0.465，并将在2005年逼近0.47。这显示中国经济高速增长的成果未能被社会各阶层共享，绝大部分聚集在少数人手里②。

贫富分化并不可怕，强弱的分化、规则的失序以及心态的失衡才可怕。“这一切都表明改革进程已进入了又一个临界点，是走向公平竞争的市场经济，还是陷入‘不公平的伪竞争’与‘反竞争的伪公平’的怪圈，就看我们此时的选择了。”③

第六，在经济增长模式上，奉行粗放式增长，单纯依靠消耗丰富而

---

① 不久前出版的《中国市场经济发展报告》表明，2002年中国经济的市场化程度达到69%，高于国际上判断市场经济国家60%的临界水平。中国基本成为一个市场经济国家的共识已经形成。

② 《中国基尼系数逼近0.47　缩小收入差距七大对策》，2006－03－13 22:16，文章来源：新华网。

③ 秦晖：《中国改革的经验教训》，http://bbs.talk.163.com/board/rep.jsp? b=talkease&i=21989。

廉价的劳动力和资源，走劳动密集型和资源密集型道路，生产出在国际产业链中处于中低端的低技术含量、低附加值、低质低价的产品，结果既没有提高自主创新能力，又付出了惨重的环境资源代价和社会代价。

第七，在对外开放上，无原则无条件地对外开放，以招商引资为目的，"以市场换技术"，"造船不如买船，买船不如租船"，导致中国成为"世界血汗工厂"、"跨国公司的加工分部"，经济、科技、文化的自主自立和安全有丧失的危险。

第八，在文化价值上，全社会普遍地盛行一种机会主义、实用主义价值观，其突出特征是为达到某种目的（往往是短期、局部利益）而不择手段。"在这种机会主义、实用主义的价值观中，没有任何原则是神圣不可动摇的，能否得到眼前的利益就是最高标准，为了这种眼前的利益，即使破坏了原则和程序也在所不惜。甚至完全没有破坏了原则和程序也是一种代价，甚至往往是一种更大的代价的概念。"①

总之，过去改革的问题和失误可以概括为"失衡"、"失序"、"失效"、"失态"。"失衡"是指在经济改革与社会发展之间、城乡之间、区域之间、社会各阶层之间（特别是强势群体与弱势群体之间）、人与自然环境之间、国内国际间的均衡被打破，而新的均衡没有建立起来。"失序"是指维持社会生活正常运转的最基本秩序和规则（法律的、伦理的、人性的）被侵蚀和毒害，盛行所谓"潜规则"②，孙立平称之为"底线失守"。"失效"是指经济社会各因素没有合适有序地运行，在本该生效的地方失效了，在本不该生效的地方起了坏的效果。比如公权力和市场，在本应起作用的领域"不作为"，在不应起作用的领域"乱作为"。"失态"是指人们心态和观念的误区。由于改革开放中出现种种矛盾和问题，而普遍民众又没有合理正当的表达和发泄渠道，保证强弱双方平等互动的规则不断弱化，强者越来越蛮横霸道，弱者越来越无助

① 孙立平：《新改革观》，2006－02－26，http://talk.163.com/06/0226/16/2ATBD01S00301JAK_5.html，来源：中青在线。

② 吴思把"潜规则"定义为"隐藏在正式规则之下、却在实际上支配着中国社会运行的规矩"。

不满转而仇恨。2006 年初的小区业主李刚维权被打事件就是强弱失序的典型反映①。

2. 对一些指导和推动改革的改革理论的反思与评价

要全面反思改革，必须对一些在改革实践中起到指导和影响作用的理论进行深入反思与评价。这些理论主要有三种情况，有一些是对正确理论的片面理解和歪曲应用，主要表现在对邓小平理论关于改革开放的论述上；还有一些是具有阶段性和特定适用范围的经济学、社会学理论；再有一些是基本错误的改革理论。

比如“市场万能论”。

市场万能论实质上是一种市场原教旨主义。其实大多数西方学者都承认，就像计划不是万能的一样，市场也不是万能的，市场经济也不是万能的，不是绝对“善”的。钱颖一曾在《市场与法治》一文中提出了好的市场经济与坏的市场经济的概念。他说，当今世界上既有好的市场经济，也有坏的市场经济，而后者多于前者。建立一个好的市场经济，防止滑入一个坏的市场经济是我们应该认真思考的问题。很多人曾经天真地认为，只要建立市场经济就好了，不管是什么样的市场经济都能保证经济的昌盛和人民的幸福。但实际情况并不是这样，市场经济有好坏之分的，从计划经济到市场经济的转轨过程中，往往会出现岔路和弯路。比如偏离规范的、法治的市场经济的方向，演变为所谓的权贵资本主义（经济学家吴敬琏语）。一个缺乏规范和法治，自由放任、无序竞争、权钱交易，甚至贪污腐败盛行的市场经济就是坏的市场经济。

好的市场经济至少要求体制的完善、法治的健全、社会的均衡。“一个好的市场经济至少包括下面这三部分内容：从经济的角度说，标

① 2006 年 2 月 15 日，广州华南新城小区业委会筹委李刚因为带领小区业主维权，被怀疑是发展商和物管指使的打手入室暴打至重伤，被摘除脾脏。事件引起强烈反响，至今未息。事件引发人们对和谐社区建设，政府、房地产商和业主关系，业主维权的法律和政策困境，媒体良知和责任，政府舆论宣传导向，网络民意等重大问题的深刻反思。

志是市场经济的体制是否相对完善，相对完善的是好的市场经济，否则是坏的市场经济；从法治的角度说，标志是法治是否基本健全，法治基本健全的是好的市场经济，否则是坏的市场经济；从社会的角度看，标志是市场经济条件下的利益均衡机制是否建立，形成了这种利益均衡机制的是好的市场经济，否则是坏的市场经济。”①

比如“代价论”、“阵痛论”、“学费论”。

有人认为，改革必须付出“代价”，经历“阵痛”，交“学费”，即现在已经由改革初期的人人受益的阶段进入一些人要付出代价的阶段。这样的说法从理论上没错，因为改革要涉及利益关系的调整，调整就要有人付出代价。但我们看到，目前一部分群体所付出的，显然既不是为改革所必需又不能在未来得到补偿的，而我们全社会为经济增长付出的生态环境的代价更是无法挽回的。我们要问，是不是任何代价都是必需的、不可避免的？应不应该控制代价的成本？为什么是这一部分群体而不是另一部分群体为所谓的改革付出代价和牺牲？为什么要大多数人付学费让少数人学习？如果我们的改革一定要付出社会和谐与环境恶化的沉重代价，那么这样的改革有什么意义？对此胡锦涛总书记有明确的回答：“人的生命是最宝贵的。我国是社会主义国家，我们的发展不能以牺牲精神文明为代价，不能以牺牲生态环境为代价，更不能以牺牲人的生命为代价。”②

比如“试错论”——改革允许犯错误，犯了错误再改。

中国的改革从一开始就是一个在实践中摸索的过程，邓小平同志说：“我们的全面改革是一种试验，中间一定会有曲折，甚至大大小小的错误，那不要紧，有了错就纠正。”③“对的要坚持，错的要纠正，不足

① 孙立平：《新改革观》，2006－02－26，http://talk.163.com/06/0226/16/2ATBD01S00301JAK_5.html，来源：中青在线。

② 《胡锦涛强调：坚持以人为本　切实把安全生产工作抓细抓实抓好》，http://news.xinhuanet.com/politics/2006－03/28/content_4356597.htm，2006年03月28日21：24：12，来源：新华网。

③ 中央文献研究室编：《邓小平年谱（1975—1997）》，中央文献出版社2004年版，第1060页。

的要加点劲。”[①]这些话多么普通而富有哲理。然而我们实际工作中很多人特别是某些领导干部却片面理解“试错”，或者不认为自己会犯错，或者犯了错死不承认，或者以错误的不可避免性推卸责任。是不是要明知错而故犯，明知某项改革的复杂性，可能会出错而丝毫不进行全面深入的事先评估、咨询、考察，以及让民众广泛参与讨论？是不是对改革中某些具体的决策失误可以不负责任？

比如“先富论”——改革要让一部分人先富起来，以带动后富。

这本来也没有错，事实上绝对地均富（绝对平均主义）是不可能也不必要的，要达到共同富裕的目标，必须经过一部分人先富的阶段。但在实践中，有些人往往把这一理论绝对化、片面化，只强调“先富”的手段，忽视“共同富裕”的目标，甚至为先富而不择手段，用“先富论”为一切合法的非法的“原始积累”张目。这是对邓小平理论的严重曲解。邓小平同志说：“社会主义的本质，是解放生产力，发展生产力，消灭剥削，消除两极分化，最终达到共同富裕。”[②]“社会主义的目的就是要全国人民共同富裕，不是两极分化。如果我们的政策导致两极分化，我们就失败了；如果产生了什么新的资产阶级，那我们就真的走了邪路了。”[③]与人们的习惯看法不同，邓小平同志极为重视防止和解决贫富两极分化的问题。2004 年出版的《邓小平年谱》首次披露了南方谈话和党的十四大前后，邓小平同志多次发人深思地谈到社会分配和两极分化问题。1992 年他指出：“中国发展到一定的程度后，一定要考虑分配问题，也就是说，要考虑落后地区和发达地区的差距问题。不同地区总会有一定的差距。这种差距太小不行，太大也不行。如果仅仅是少数人富有，那就会落到资本主义去了。要研究提出分配这个问题和它的意义。到本世纪末就应该考虑这个问题了。我们的政策应该是既不

---

① 中央文献研究室编：《邓小平年谱（1975—1997）》，中央文献出版社 2004 年版，第 1280 页。

② 《邓小平文选》第 3 卷，人民出版社 1993 年版，第 373 页。

③ 《邓小平文选》第 3 卷，人民出版社 1993 年版，第 110—111 页。

能鼓励懒汉，又不能造成打‘内仗’。”①1993年9月，他又意味深长地指出：“分配的问题大得很。我们讲要防止两极分化，实际上两极分化自然出现。”“少部分人获得那么多财富，大多数人没有，这样发展下去总有一天会出问题。分配不公，会导致两极分化，到一定时候问题就会出来。这个问题要解决。过去我们讲先发展起来。现在看，发展起来以后的问题不比不发展时少。”②现在看来，邓小平同志在刚刚确立市场经济时提出的这些思想，是多么令人叹服的远见卓识！对照某些学者和决策者的误解和歪曲，以及现实中产生的问题，实在是令人无限感慨。

比如“不争论”。

公平地讲，邓小平当时提出“不争论”对于有效地破除旧体制和意识形态的束缚，统一全民共识，在实践中探索改革的道路，是有历史合理性和必要性的。但在改革过程中，这一理论却成为改革主导者忽视民众意见和利益的尚方宝剑，甚至成为独断专行的理由。往往是一把手负责制加摸着石头过河，一做错了就是学费论代价论，面对别人的质疑就是意识形态不争论。“在中国改革的过程中，不争论、只做不说曾经成为缩小改革意识形态代价的一种有益策略，但这决不意味着事关全体国民利益的事情，可以用暗箱操作的方式来进行。”③

比如“后发优势”。

许多经济学家认为中国的改革具有“后发优势”，可以利用丰富而廉价的劳动力和资源等优势，在技术、资本、信息等方面从发达国家“借光”，无需完全靠自己，在经济上反而能成为后起之秀。问题在于，这种所谓优势只在某些阶段、某些领域、某种意义上存在，不是必然的。

① 中央文献研究室编：《邓小平年谱(1975—1997)》，中央文献出版社2004年版，第1356—1357页。

② 中央文献研究室编：《邓小平年谱(1975—1997)》，中央文献出版社2004年版，第1363—1364页。

③ 孙立平：《新改革观》，2006-02-26，http://talk.163.com/06/0226/16/2ATBD01S00301JAK_5.html，来源：中青在线。

我们对此应有清醒的认识:我们不能永远吃“后发优势”的老本,不能永远满足于做“世界工厂”,永远处于国际分工的低端,甚至成为西方发达国家永远的附庸。

还有“改革要利用腐败和贿赂”、“改革要补偿既得利益阶层”、“领导干部受损最大论”等等高论,不是出于学术良知探求学术真理,为民众和公共利益代言,而是用学术话语权为某些利益集团辩护,在此不值一驳,说轻点是观念糊涂,说重点是强盗逻辑。

3. 新改革共识的达成与新改革目标的确立

20 世纪 80 年代早期,全社会对改革的共识度非常高,几乎“全民赞同、全民拥护”。这种拥护和赞同主要是基于对弊端丛生的旧体制的不满,而几乎所有人都在对旧体制的破除中得到了某种好处,成为或多或少改革的受益者。于是,改革的实际优势压倒了意识形态的阻力,改革得以顺利推行。由于改革中出现的种种问题,90 年代后,改革进入深水区,涉及深层次的结构调整和利益博弈。“全民拥护改革”的改革共识已经破裂,改革的动力——人民日渐分裂,甚至改革的合法性受到质疑。2005 年底,在网上广泛流传着这样一篇帖子《我是含着眼泪写这段话的:去你妈的“阵痛”!》,文中说道:“如果说,80 年代的改革还有拨乱反正的味道,那么到了 90 年代,改革已经完全异化为少数特权阶层对劳动人民进行巧取豪夺的工具。”话虽说得有些偏激,但反映的问题确是值得深思的。

在学术界,2004 年,香港经济学家郎咸平激烈批评国有企业改革导致国有资产被瓜分,一石激起千层浪,掀起了改革反思和争论的序幕。“主流经济学”(“新自由主义”)与“非主流经济学”(“新左派”)两派学者围绕国有企业改革、教育医疗住房等公共事业改革,以及改革的新方向和新策略等重大问题展开了充分的论争,其间经济学中的马克思主义学者、“老左派”、“老自由主义者”,社会学、政治学、哲学、法学、历史学、文化学等各人文社会科学领域学者,以及其他各界和代表基层民意的广大网民纷纷加入论战。从 2004 年“郎顾之争”(“国有企业产权改革大辩论”)到顾雏军被捕,从“主流经济学家”的集体失语到各种“非主流”声音的众声喧哗，从刘国光的“经济学领导权之争”到皇甫平强调改革不可动摇，从张维迎、吴敬琏、高尚全与杨帆、左大培、程富恩等学者的针锋相对的论争，从网民的积极参与到社会各界对教育、医疗、住房改革（被喻为“新三座大山”）的热议，这场论争在很短时间内不断深入，不断扩大，掀起一轮又一轮高潮。与学术界基本势均力敌形势不同，代表基层民意的网民几乎一边倒地支持和同情“非主流派”而嘲讽“主流经济学”。

需要强调的是，绝大多数人都没有否定改革本身和改革所取得的成就，我们对中国过去的经济发展道路和改革开放政策进行全面的反思与总结，绝不是什么“反对改革”、“否定改革”，而是要反思和追问为谁改，怎么改，改什么，是要针对改革中出现的偏差、失误、漏洞，进行调整和创新，开创一条改革的新路。用马克思主义的历史辩证法来看，改革开放有阶段性和历史性，并没有绝对的对错之分，更没有一成不变的固定模式。历史阶段不同了，国内国际环境不同了，民众素质不同了，改革的方向、理论、动力、机制、政策必然要与时俱进，不断调整。过去某些全民拥护的政策现在看来不尽合理，而现在看来很多不合理、不公正，甚至是错误的政策在特定历史阶段也有其合理性和必然性，但如果实践中已经出现了问题也认识到问题的严重性还不允许批评和纠正，就不对了。某些学者把这场改革的争论归结为“坚持改革”与“反对改革”的对立，某些学者和决策者把自己理所当然地看成改革的代言人和设计者，任何人对改革的具体政策有任何怀疑和反对意见，就扣上“反对改革”、“否定改革”的帽子，把改革本身变成一种不容置疑不容反思的意识形态，这是一种改革的教条主义，是“改革的异化”，是话语霸权的体现，也正体现了其作为改革中的既得利益者的身份。这也就难怪，皇甫平在1991年写的一组文章和2006年《改革不可动摇》一文，调子和内容基本一样，为什么当时受到人们普遍的赞同，而这次却挨了那么多的批评。总之，反思改革绝不是要否定改革，而是要在新形势下确立改革的新方向、新理论和新策略，把改革开放推进到更公正、更健全、更理性的新阶段。

如果说改革的第一阶段是基于经验的“经验主义”改革，第二阶段是基于书本的“教条主义”改革，那么，改革的第三阶段则应该是基于国情的“浪漫现实主义”改革。它之所以浪漫，是因为它带有人文主义的理想成分，追求“公平”、“以人为本”、“人的全面发展”等社会目标，而不是一味强调 GDP 或者物质数量的增长；它之所以现实，是因为它趋向于充分考虑大众的呼声，让最广大的人群分享经济发展的成果，而不是一味主张“让一部分人先富起来”。在这个阶段，“经验”和“教条”都开始褪色，无论是个人的判断还是西方的学说，都必须向中国的现实让路，为中国的现实服务①。

事实上，自党的十六大以来，从民间到政府高层，都对过去的改革开放政策进行了全面的反思和总结，针对其中出现的问题，提出了一系列重大的战略调整和新方向。

第一，超越“左”与“右”意识形态的争论，树立新的思维方式，开展理性、务实、建设性的讨论，达到新的改革共识。

要重建改革的共识与动力，应当对改革特别是 90 年代以来的改革进程进行建设性的反思，要破除意识形态化的僵硬对立，树立多元共赢的新思维方式，开展全民之间的理性、务实、建设性的充分讨论。过去 20 多年中，我们的基本思维方式就是两分法，“左”和“右”，社会主义与资本主义、计划与市场、封闭与开放、新自由主义与新左派、政府与民间等等。这两极重叠起来，好像一端代表了旧体制，是保守的，另一端代表了新体制，是激进的。其实问题远不是这么简单，这种简单化的思维方式以及意识形态化是改革理论和实践所产生问题和困境的总根源。

比如，孙立平认为，西方经济学的经典理论有一个基本假设，就是把权力和市场看成两个截然对立、此消彼长、互相监督、互相制约的因素，但是“现在中国的问题就是权力和市场结合到一起了，于是就出现

① 参见网文“地球村过客”：《改革不是目标，驳“改革攻坚”说》，http://www.xinhuanet.com，2005 年 11 月 25 日。

了人们所说的权贵结合的问题。在这个权贵的结合中，市场是权力在当中起作用的市场，权力是在市场中行使的权力……不平等不是权力或市场固有的特征，而是看它的位置。”[①]只有权力与市场各得其所，各尽其用，互相制约，才能最大限度地保证经济的协调和社会的公正。换言之，市场经济中存在的许多丑恶现象不是市场抑或权力本身的问题，而是由于两者位不正，互相错位、互相勾结的结果。所以也就不奇怪，会出现那么多权钱交易、权力寻租、扭曲的劳资关系、“血汗工厂”和“血汗矿山”。

通过理性讨论和利益博弈，我们可以在分歧中寻求共识。改革开放发展到今天，出现不同利益诉求乃至不同利益群体，是很正常的。但在利益分化的今天，不是不需要共识，而是迫切需要达成某种共识，共识不是高度一致和同一，更非“不是东风压倒西风，就是西风压倒东风”，而是对某些基本目标和战略的基本认同，对具体理论和政策的相互制约、相互补充。这些基本共识对于进一步的改革开放和社会发展，是非常必要的。“一个基本的事实，就是大家都对现状不满，要求社会进行变革。其中有的主张，表面上看是对改革的批评，实际上要表明的是对改革的更进一步的要求。这些都是共识的基础。”[②]

第二，改革要树立长远的、公正的、系统的、前瞻的目标。

改革如果没有正确的目标和方向，就像“盲人骑瞎马，夜半临深池”，走得越快反而越危险。“摸着石头过河”是改革初期的阶段性策略，“不争论”对于有效地破除旧体制和意识形态的束缚，在实践中探索改革的路，有历史的必要性。然而，改革到了今天，有了这么多国内国际的经验教训，有了这么多深刻的反思和总结，如果还是盲目地“摸”下去，还是“头疼医头脚疼医脚”地修修补补，不但事倍功半，而且可能背道而驰。事实上，中央已经充分认识到这一点，提出“科学发展

① 孙立平：《破除改革争论中的意识形态迷雾》，《南方都市报》2006 年 3 月 21 日 A03 版。

② 孙立平：《破除改革争论中的意识形态迷雾》，《南方都市报》2006 年 3 月 21 日 A03 版。

观”就是树立新的改革目标和方向。

第三,全面树立科学发展观和公平协调的改革观。

党的十六届三中全会指出“坚持以人为本,树立全面、协调、可持续的发展观,促进经济社会和人的全面发展”,按照“五个统筹”——“统筹城乡发展、统筹区域发展、统筹经济社会发展、统筹人与自然和谐发展、统筹国内发展和对外开放”的要求推进各项事业的改革和发展。建设资源节约型、环境友好型、自主创新型社会,促进人的全面发展和社会的和谐进步。

针对过去改革“失衡”、“失序”、“失效”、“失态”的误区,应当树立“平衡”、“有序”、“高效”、“常态”的改革观。平衡,就是在人与自然、人与社会、人与人之间确立动态平衡;有序就是经济社会领域确立和维护法律的、道德的、价值的规则与秩序;高效就是经济社会各因素各得其所、各行其是、互相监督、互相制约,共同发挥高效作用;常态就是人们的心态和观念保持理性、宽容、开放、多元的正常状态。

第四,转变经济增长方式。

“九五”期间提出经济增长方式由粗放型向集约型转变,“十一五”规划进一步提出经济增长方式的两大转变:一是“大力发展循环经济,建设资源节约型、环境友好型社会,切实走新型工业化道路”;二是把增强自主创新能力作为科学技术发展的战略基点和调整产业结构、转变增长方式的中心环节。

第五,改革由政府主导型转向民众参与型。

中国的改革一开始是政府主导的“自上而下”式改革,民众一直处于“跟着走”的状态,而现在,不同阶层民众的利益诉求越来越明确和清晰,他们已不再满足于“跟着走”,而是越来越强烈地要求发出自己的声音,参与到改革的讨论和决策中去。信息网络的产生为民众的政治参与提供了一个极佳的平台。普通民众第一次有了公共话语权,可以相对自由地表达自己的声音和诉求,形成网络民意,对改革的具体政策施加着越来越大的影响。从中央到地方,政府决策层越来越重视网络民意与决策民主化。这一点,从 2006 年“两会”温家宝总理记者招待会前出现“网民热问总理”的热潮中就可见一斑。政府决策部门应该确立人民群众的改革主体和动力地位，充分发扬民主，关注民意，开发民智，解决民生，建立制度性的公共参与和民主决策机制，真正让改革为了人民，由人民作主，成果由人民共享。而知识阶层也应该承担起维护公共利益、为民众代言、寻求共识、维系社会主流价值的使命。应当改变过去那种政府主导，经济学家唱独角戏，而其他领域的学者有意无意地“缺席”的不正常状况，今后的改革，“社会学家、政治学家、哲学家、法学家甚至文学家，将不能继续缺席”①。每一个民众更不能缺席。《南方都市报》的一篇社论指出：“在时下充满着‘改革异化’、‘改革淡化’的质疑声中，如果要问改革的方向何在、动力何在？就在于民众提出的医疗、教育、养老、腐败、贫富差距、司法公正等迫切需求中。让这些要求充分地表达出来，让理性的代言和辩论持续下去，让主流的价值取向进一步明确起来，让实事求是研判问题的原则稳定下来，让民众参与，利益博弈的机制因此渐渐成形生长完善。未来的改革可能不会再有整齐划一的意见，但至少这些应该已经可以成为我们的新共识。”②

第六，积极稳妥地推进政治体制改革，建设社会主义政治文明。

改革目标和策略的转换以及民众对改革的参与，都需要以政治体制改革为条件。事实上，无论是贯彻科学发展观，进一步推进经济改革，还是建立和谐社会，行政体制和政治体制的改革——对公共权力的监督和制约——都是一个绕不过去的坎。如何寻找一种有利于社会进步和长治久安的变革模式，不会重蹈其他国家的覆辙，中国任重道远。

2006年3月，中央最高层表达了非常明确而坚定的信号，给这场改革反思和论争定了调，为未来改革提出了新方向和新战略：

胡锦涛强调，要在新的历史起点上继续推进社会主义现代化

① 仲伟志：《2005中国改革交锋录》，2005－10－12 15:31:07，http://www.eobserver.com.cn/ReadNews.asp?NewsID=15111，经济观察报网站。

② 何雪峰：《民众的要求就是改革的方向与动力》，《南方都市报》2006年3月24日A02版。

> 建设，说到底要靠深化改革、扩大开放。要毫不动摇地坚持改革方向，进一步坚定改革的决心和信心，不断完善社会主义市场经济体制，充分发挥市场在资源配置中的基础性作用，同时努力加强和改善宏观调控，保证经济社会又快又好发展。要不失时机地推进改革，切实加大改革力度，在一些重要领域和关键环节实现改革的新突破，同时注重提高改革决策的科学性，增强改革措施的协调性，使改革兼顾到各方面利益、照顾到各方面关切，真正得到广大人民群众的拥护和支持。要不断提高对外开放水平，着力转变对外贸易增长方式，优化引进外资结构，支持有条件的企业对外投资和跨国经营，同时注意维护国家经济安全。①

令人欣慰的是，中央最高层并没有陷入具体的争论，而是立足宏观，立足长远，认清了改革论争的实质，认清了中国改革开放取得的成绩和存在的问题，既坚定了继续深化改革的决心和意志，又适时地调整了改革的方向和策略，为这次改革反思和论争画上了一个比较圆满的句号，更为未来新一轮更艰巨的改革指明了方向。

论争并未落定，改革继续前行。这场论争堪称中国改革开放以来"第三次思想解放运动"，与以往的学术论争和思想解放运动相比，它有新的特点：全民参与、利益博弈、直面现实、影响决策，对于学术研究、政府决策、民意表达、民主参与、思想解放，乃至全民理论素养的提升、思维方式的转变、新型价值观的确立，都有着不可低估的意义。比具体理论和政策的是非对错更为重要的是，它打破了学术精英对理论的垄断，促进了政府决策的民主化，提升了民权民智民意，开创了全民公平、理性、建设性地参与理论探讨和公共决策的平台。也许，我们还"不识庐山真面目，只缘身在此山中"，在不远的将来，我们回顾这场论争，才能更看清它对于中国的改革开放乃至整个现代化和全球化进程做出的

① 胡锦涛：《坚持改革方向毫不动摇并实现新突破》，http://news.sina.com.cn/c/2006-03-06/21178375118s.shtml。

贡献和深远的意义。

二、全球化的技术基础

自全球化进程萌芽的时候起,科学技术就充当了动力和基础作用。每一次重大的科技革命,都成为全球化发展新阶段的助推器和加速器。从科学技术的发展进程看,当代科学活动已从基础研究领域扩展到应用研究与开发研究领域,形成了"科学—技术—工程—生产—经济"的模式,真正成为"第一生产力"。如前所述,18 世纪,以蒸汽机的广泛应用为标志的第一次技术革命直接导致机器大工业取代了工场手工业,推动了生产力的发展和世界市场的开辟,形成了全球化的第一个阶段。19 世纪末,以电力与通讯交通技术为标志的第二次技术革命,直接推动了资本主义的全球扩张和经济、技术、文化的全球化进程,是为全球化的第二个阶段。在 20 世纪中期以来的第三次科技革命推动下,从科学理论到技术发明,再到产业化应用的转化速度不断加快,转化周期不断缩短,科学技术的发展速度之快、规模之大、作用范围之广、影响之深远都是空前的,高度分化与高度综合的趋势日益明显。以微电子与信息技术为核心,包括生命科学与生物技术、空间技术、激光技术、通信技术、环保技术、新材料技术、新能源技术等形成了一系列高新技术群。这些高新技术群向传统产业和其他社会领域的广泛渗透,改变了现代全球化的技术基础,人类社会由工业时代进入了信息时代。"全球化在通讯技术和科技发展中所遇到的障碍是最小的。因为通讯技术在当今已几乎不可能被置于某一个人的控制之下。"①20 世纪末,以国际互联网为代表的第二次信息革命是信息技术的高级阶段,基本上消除了各国各地区各民族之间的时空阻隔,把整个地球连为一个"地球村",

① [英]E. 霍布斯鲍姆:《国家与全球化》,邓浩译,《现代外国哲学社会科学文摘》1998 年第 8 期。

使全球范围内的人、国家、民族、文化、市场、资源、技术、信息联为一个整体，标志着全球化的真正形成，为实现“自由人的自由联合”的共产主义理想社会提供了技术上的可能性①。

一句话，以信息网络技术为核心的当代高新技术群是当代全球化的技术基础。

（一）信息网络时代扫描

人类正在从工业时代向信息网络时代迈进，或者说正在经历从A到B或D，即从原子（atom）时代向比特（bit）时代或数字（digital）时代的变革。而这一切应当归功于20世纪下半叶以来，以互联网（Internet）为代表的现代信息网络技术革命。与历史上其他技术革命相比，这一次的变革范围更广，影响更深，具有更强的渗透性。网络的浪潮正在且必将把世界上每一个人（如果他不拒绝当代文明的话）和每一个角落（网络的全球化普及只是时间问题）卷入其中，正在改变每一个地球村村民的存在方式。

我们简要地回顾一下网络技术和产业的发展历程。20世纪40年代以来，以计算机的诞生为代表的第一次信息革命对人类社会产生了空前的影响，信息产业应运而生，人类开始迈向信息社会。但在当时，计算机技术与通信技术是不统一的，计算机与计算机之间的信息交流仍很不畅通。20世纪80年代以来以信息网络技术为代表的第二次信息革命解决了这一问题。网络技术是计算机技术与通信技术的结合，以国际互联网（Internet）为代表。有趣的是，代表当代科技进步和文明成果的国际互联网却是产生于冷战的需要。国际互联网的前身是美国军方于20世纪60年代发明的“阿帕网”（ARPAnet），是在冷战期间为防止核打击而创建的，其最基本思路是“分布式”结构和信息的“编码打包传输”，就是改变过去那种“中央集权式”信息网络结构（这种结构在面临核战争时是最不安全的），建立“分布式”信息网络结构，使信息

① 关于这一点，笔者将在第七章展开论述。

可以通过任意的路径传输，最大限度地保证了信息传输的开放和多元，并通过对每条信息用数字的形式编码、分块打包，保证了信息传输的完整和安全。见下图。

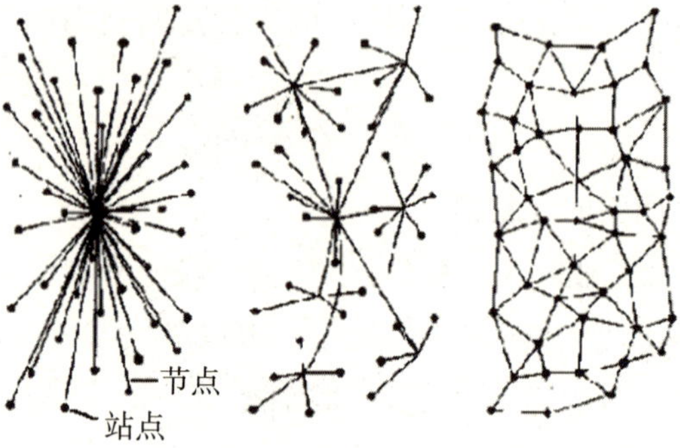

集中式网络系统（A）　非集中式网络系统（B）　分布式网络系统（C）

图 1－1　分布式网络与非分布式网络比较

集中式网络系统的典型代表是电视。非集中式网络系统的典型代表是电话，两者都是一种等级式网络系统。分布式网络系统彻底打破了信息传播的等级，实现了信息传播的多元化和交互性。

这种原本用于军事用途的新网络"歪打正着"，人们发现核战争一时打不起来，而这种新网络结构却非常适合用于教学和科研，于是在美国，很多大学和研究机构开始建立这种新型网络。互联网的真正发展是从 20 世纪 80 年代中期美国国家科学基金会（NSF）利用阿帕网的技术建立 NSF 开始的。NSF 网逐渐向商业和更广阔的领域扩展，并陆续与其他一些国家和地区联网。1992 年，互联网协会（ISOC）成立，作为全球信息通讯工具的互联网正式形成，并逐渐商业化，得到飞速发展和广泛传播。据统计，从开始应用到拥有 5000 万用户，无线电花了 37 年的时间，电视花了 15 年的时间，而互联网仅用了 3 年多的时间。

随着网络技术和产业的快速发展，世界各国都纷纷制定了相应的信息网络发展战略。欧共体 1985 年 2 月制定《欧洲信息技术研究与开发战略计划》，1993 年 12 月公布《德洛尔白皮书》，建议开发欧洲信息网基础设施。1992 年，日本科学信息中心兴建了科学信息网（SInet）。

1993 年,美国提出“信息高速公路”计划,制定《国家信息基础结构:行动计划》(NII)和《全球信息基础结构》(GII)。1995 年,西方七国集团在布鲁塞尔召开“七国信息技术部长级会议”,第一次从政治上确定了“全球信息社会”的构想和方向。1997 年 1 月,在瑞士达沃斯召开的世界经济论坛第 27 届年会的中心议题是“建立网络”,会议认为网络的应用已渗透到社会的方方面面,正在改变传统的生产和生活方式,网络社会的到来已不可避免。1998 年 1 月,美国副总统戈尔提出了“数字地球”的设想,用数字化手段来处理整个地球的信息,最大限度地利用资源,为人类的生存、可持续发展和日常生活服务。1999 年 11 月,第一届“数字地球”国际会议在北京举行,通过了《数字地球宣言》。宣言的主题是“迎接 21 世纪信息社会,为全球可持续发展服务”。新世纪将会是一个以信息和空间技术为支撑的全球知识经济的时代,世界各国应该加强合作,共建“数字地球”,共享信息资源,共创人类美好的家园①。

中国的信息网络建设时间并不长,但发展迅速。1987 年 9 月 20 日,钱天白教授发出我国第一封电了邮件“越过长城,通向世界”,揭开了中国人使用 Internet 的序幕。1991 年 6 月,中国科学院高能物理所建成中国第一条与 Internet 联网的专线。此后,迅速在教育科研、生产实践和经济商贸领域广泛应用。在 2004 年中国国际教育科技博览会暨中国教育信息化论坛开幕仪式上,我国第一个 Ipv6 主干网 CERNET2 试验网正式开通并提供服务,成为中国第一个全国性第二代互联网主干网,代表了中国互联网发展的最新方向。2006 年 1 月 17 日,中国互联网络信息中心(CNNIC)发布《第十七次中国互联网络发展状况统计报告》②,截至 2005 年 12 月 31 日,我国网民③人数达到 1.11 亿,比 2004 年末增加了 1700 万,网民普及率达到 8.5%,而目前全球网

① 参见汪致远等编著:《决胜信息时代》,新华出版社 2000 年版,第 39—42 页。

② 详见 http://www.cnnic.net.cn。

③ 网民(互联网网民)定义:平均每周使用互联网至少 1 小时的中国公民。

民约9.7亿,平均普及率为15.2%。我国网民人数仅次于美国,居世界第二,但整个社会的信息化水平还不高,发展也很不平衡,城乡之间、东中西部之间显现出数字鸿沟。城市网民大约有9168.6万人,普及率为16.9%;而乡村网民1931.4万人,普及率仅为2.6%,这一水平相当于世界上网民普及率最低的非洲网民普及率。东部网民数占到了全国网民数的57.8%,超过了中西部网民数总和;东部IP地址数占全国总量的62.4%,超过了中西部总和的1.6倍;东部拥有域名数和网站总数则分别占到了全国总量的78.5%和79.9%,接近中西部总和的4倍。

中国的信息网络建设是政府主导、全社会参与的事业。1993年12月,国务院成立"国民经济信息化联席会议"。1996年4月,改组为"国务院信息化工作领导小组"。1997年4月召开第一次全国信息化工作会议,邹家华提出了"统筹规划、国家主导、统一标准、联合建设、互联互通、资源共享"的中国信息化建设指导方针。早在1984年,邓小平就提出"开发信息资源,服务四化建设",江泽民明确提出"四个现代化,哪一化也离不开信息化"。中国还是发展中国家,工业化的任务尚未完成,又面临实现信息化的艰巨任务。我们的信息网络化战略是:在完成工业化的过程中注重运用信息技术提高工业化的水准,在推进信息化的过程中注重运用信息技术改造传统产业,工业化与信息化并举,以信息化带动工业化,发挥后发优势,努力实现技术和社会的超越式发展。基本方针是积极发展,加强管理,趋利避害,为我所用,努力在全球信息网络化的发展中占据主动地位。十一五规划纲要更提出要"掌握一批事关国家竞争力的装备制造业和信息产业核心技术,使制造业和信息产业技术水平进入世界先进行列"。

从广义上看,网络不只是指国际互联网,它包括三个层面的含义:(1)技术层面,是信息的普遍联系与交流,具有作为技术工具的意义;(2)社会文化层面,是人的普遍联系与交往,人的关系通过网的关系来体现,具有人学的意义;(3)核心理念是开放、多元、自由、创造等,具有精神价值的意义。因此,网络不仅包括信息技术上的网络,还包括经济、社会、文化、观念等意义上的网络。一句话，网络就是物质、信息和人之间的普遍联系的基本形式，是存在于一切相互联系、相互作用的事物或系统中的关系的实质，体现了开放、多元、自由、共享的精神价值①。

信息网络具有开放性、普遍性、多元性、中介性、交互性、创新性、虚拟性、复杂性、分布性和超限性等基本特征。

（二）信息网络化与全球化

信息网络技术与传统技术的显著不同之处在于它的强大的渗透性：它早已溢出了自身的范围，渗透到其他技术领域乃至整个社会领域，正在导致人类社会生产方式、生活方式、交往方式、组织方式和思维方式的全面变革。所谓信息网络化就是指这些变革的过程和趋势。信息网络化对于推动当代全球化进程有重大作用：

1. 信息网络化促进了资源流通和合理配置

信息网络化使人才、物质和信息资源在全球范围内的无障碍流通和合理配置成为现实，为经济、贸易、金融、工业的一体化提供了强大的技术支持，特别是电子商务与电子政务的兴起，使商品跨国流转、资本跨国转移、人才跨国流动更加便捷，从根本上加快了经济全球化进程。

2. 信息网络化带来了主体的全新变革

在信息网络交往过程中，传统认识和实践活动中的“主体—客体”二元对立模式被彻底打破，每一个参与者不再是单纯的信息的发送者或接受者，而是交互主体，主体间性（Intersubjective）被极大地突显出来。所谓网络主体间性，是指不同网络主体间的关系特性，也就是“我”、“你”和“他”，以及“我们”、“你们”和“他们”间的关系特性。犹太哲学家马丁·布伯曾经以“我—你”关系为基础建立了一种“相遇”哲学。他认为，“我—它”关系是主—客体之间的工具性、手段性关系，

① 参见常晋芳：《网络哲学引论：网络时代人类存在方式的变革》，第一章，广东人民出版社2005年版。

而“我—你”关系应是以“爱”为核心的“相遇”性关系，人应该不断超越“我—它”关系，而达到“我—你”关系的境界。这一学说虽然有基督教神学意味，但对于重建当代主体间性和网络交往有一定的启示意义。

3. 信息网络化开拓了更宽广的可能性世界

人们除了认识和改造物质世界之外，现在可以认识和改造信息的虚拟世界，“当人们能够虚拟地把全世界都拉到人们眼前，人类把握可能性世界就增大了机遇，人类对于未来生存与发展的预测和前瞻的能力就得到了增强”①。

虚拟世界(或称虚拟实在)对人类的实践活动和生存方式具有重大的意义：第一，人类将越来越成为人工经验的产物。技术和实在越来越趋同了，技术创造实在，并且其本身越来越成为实在。第二，虚拟实在以一种更加基本的方式改变了我们与信息的关系。它是第一种让人主动利用自己的身体来探求知识的智能技术。人类借助于这种技术将越来越脱离其起源的生物界而加速文化发展的进程。第三，虚拟实在的哲学意义在于，计算机创造和生成了一种新的实在，它表明了世界的多元性、系统性和网络性②。

4. 信息网络化带来一种全新的数字文化，或称为“赛博文化”(cyberculture)、“赛博空间”

此概念最早见于20世纪80年代初威廉·吉布森(William Gibson)的科幻小说《新浪漫者》(*Neuromancer*)，作者在书中描写了计算机网络化把全球的人、机器、信息源都联结起来的新时代，一个由计算机所构筑的、虚拟的、没有具体客观实体的世界。“赛博空间既改变了人们以往接受、处理和发送信息的方式，也改变了信息本身的产生和存在方式，既拓展了人的交往的空间，也重新调整了人与人、人与社会乃至人与自然之间的关系。赛博空间的出现，涉及到整个人类社会、文化发

① 贺金瑞：《信息化·网络化·全球化》，《开放导报》(深圳)2000年第12期。

② 参见刘吉、金吾伦等：《千年警醒：信息化与知识经济》，社会科学文献出版社1998年版，第140—141页。

展的深刻变革。”①

5. 信息网络化作为人与人交流的公共平台，为人的自由全面发展提供了前所未有的自由、公正、平等的平台

“互联网的民主”作为公民社会的重要组成部分，越来越强烈地推动了经济的平等、政治的民主、社会的和谐、人的全面发展。

6. 信息网络化与全球化越来越成为一体两面

信息网络化是全球化的技术基础，全球化是信息网络化的社会目标；信息网络化是全球化的实质内涵，全球化是信息网络化的空间表现。“如果说早期的局域网还不足于构成一个社会的基础，那么，以全球性的、开放性的、全方位的信息高速公路为基础的网络社会，则正在改变传统社会生活的基础，网络使人类进入了一个新的世界普遍交往和社会化、国际化实践时代。”②

（三）技术全球化与技术本土化

在当代全球化进程中，始终存在着两种力量之间的冲突与互动：全球化力量和民族国家；全球化与反全球化；国际化与本土化；全球主义与民族主义③。这两种力量之间的关系非常复杂，时而互动，时而冲突，互动中有冲突，冲突中有互动。随着全球化进程的深化，两者的冲突有加剧的趋势。在当代技术的发展中，也存在着技术全球化与技术本土化两种趋势的冲突与互动，以及由此出现的技术全球主义和技术民族主义两种理论和策略的矛盾和争论。究竟技术全球化与技术本土化存在怎样的冲突与互动？怎样理解技术全球化中的“双重标准”？在技术全球主义和技术民族主义的两极之间是否可以找到一种中间的技术理论和策略？民族国家特别是发展中国家应当怎样应对技术全球化的挑战？这些问题均需要作出合理的回答。

---

① 曾国屏：《三思文库 · 赛博文化系列 · 总序》，江西教育出版社 1999 年版。

② 贺金瑞：《信息化 · 网络化 · 全球化》，《开放导报》（深圳）2000 年第 12 期。

③ 姆林纳尔和阿尔杰是首创“全球——本土”研究方法的学者。

1. 技术全球化与技术全球主义

所谓技术全球化主要表现在三个方面。(1)技术发展在全球化过程中起着越来越重要的促进和推动作用。当代技术,特别是信息网络实现了人、信息、物质的全球无障碍流通,成为经济全球化的重要基础,也成为技术全球主义流行的基本前提。(2)全球范围的技术交流与合作日趋广泛和深入。由于交通和通讯技术的发展,特别是信息网络的发展和普及,以及技术发展本身的需要,技术研究开发越来越突破了国家、地域、专业的界限,跨国跨地区的合作越来越广泛,科技人才的跨国交流越来越普遍,许多重大科技项目可以吸引全世界各地有兴趣的科学家参与其中,并在全球范围展开研究。如"人类基因组计划",欧洲核子中心、尤里卡计划等。(3)技术产业化的全球分工协作格局正在形成。技术研究开发的全球化促使跨国公司将其技术生产和服务活动从母国转移到其他国家和地区,而跨国公司的全球性研究开发活动反过来刺激和推动了跨国公司的全球市场开拓。发达国家跨国公司的非核心技术通过各种渠道转移到发展中国家,从而形成一种技术生产和服务活动的国际分工。如美国微软公司在英国、中国和印度都设有研究院或研究中心。

在技术全球化的现实基础上,出现了技术全球主义思潮。所谓技术全球主义(techno-globalism)是指:"在当今的政治经济一体化的世界中,受全球市场和企业技术战略推动,工业活动出于技术需要而表现出国际化的发展趋势。技术发展不是一种零和博弈,而是一种各个民族国家能够也应该合作开发关键技术,以维持持续经济增长的加和博弈。按照这种观点,随着高技术企业的日益全球化,企业和技术的民族性日渐式微,那种仅仅支持'国内'企业的技术政策已经过时,技术创新主要受全球市场力量的推动,而很少受到政治和民族界限的限制和干扰。"①

① 李三虎:《技术全球化和技术本土化:冲突中的合作——两种技术空间进路的交互关系分析》,《探求》2004 年第 3 期。

技术全球主义最基本的理论基础来自技术决定论和技术无国界论，前者认为技术是决定社会发展的核心动力，技术的知识、工具、技能和成果改变着人们的生活和世界，甚至创造着全球历史；后者认为技术是自主自足的，技术可以在空间维度上任意转移和流动，甚至不受民族国家边界、政府政策力量、文化价值和伦理道德的限制——科学技术无国界。技术全球主义也是经济自由主义在技术问题上的延伸。

技术全球化浪潮确实方兴未艾，技术全球主义确实符合全球化的某些事实和趋势，但我们必须清醒地看到，技术全球主义存在两大误区。

其一是理想化和盲目乐观，夸大了技术在全球化进程中的地位和力量。技术全球主义赋予经济全球化和全球主义以技术上的合法性，似乎技术已使全球化和全球主义潮流不可逆转，希望消除经济技术全球流动的一切障碍，取消国家和政府的一切限制，为技术的全球自由发展扫清障碍。它有意无意地忽视了技术与经济、政治、文化等因素的复杂关联，忽视国际技术合作与竞争格局的复杂性，在国家内部很容易重蹈技术决定论甚至技术崇拜的覆辙，在国际上为发达国家的技术扩张与垄断提供合法性，往往使发展中国家失去独立自主发展本国技术的机会。

其二是把技术意识形态化。部分西方学者及西方发达国家政府极力倡导和推行技术全球化和技术全球主义，其目的并不像他们标榜的那样真心帮助发展中国家发展高新科技，实现全球科技的一体化和平等化，而是通过某种程度的低层次技术转让和分工，更多地占用发展中国家的市场，吸纳优秀人才，维持或强化其在国际科技格局中的强势地位，为跨国公司和国家战略服务。以美国为代表的西方发达国家在国际技术交流与竞争中，实行一种双重标准：一方面批评技术民族主义作为一种政府力量限制着技术全球主义的拓展，批评民族国家的贸易和技术保护主义；另一方面对本国核心技术的转让和国际研发多加限制，甚至对发展中国家的高新技术引进实行封锁。即使有向发展中国家转让技术，也大多是低层次或过时的技术，核心技术从来都是牢牢控制在自己手中的。举个很典型的例子：长期以来，中国的电脑 CPU 芯片被美国的 INTEL 和 AMD 两家公司垄断，其核心技术从未做过任何转让。而就在中国成功研制出自主知识产权的芯片——“龙芯 1 号”后，AMD 却宣布将低功耗 X86 微处理器“核心技术”转让给中国。其背后的目的是什么？究竟是核心技术还是边缘技术？会不会影响我国自主研发“龙芯”？非常值得我们深思。

总之，由于其理论上的缺陷和实践上的误区，技术全球主义受到技术民族主义的越来越多的批评。

2. 技术本土化与技术民族主义

对技术全球主义的批评产生了促进技术发展的本土化和民族主义趋势，这就是所谓技术本土化和技术民族主义（techno-nationalism）。“技术民族主义一般是指这样一种政府公共政策，即瞄准战略性产业（通常是指高技术产业），给予多种政府支持：政府所得、进口限制、出口补贴、研究开发补贴、研究开发税收信用、外国对内直接投资控制、知识产权保护、政府资助研究开发计划等等。所有这些支持都仅仅是针对国内企业（即国家公民拥有的企业），目标是加强国内在世界市场上对抗国外对手的产业竞争力。”①简言之，就是要防止过度的技术国际流动，维护民族国家利益。

技术民族主义是伴随着对技术全球主义的反思和批评而产生的，而且各民族国家交往越是频繁，国际经济技术交流越是发达，技术民族主义问题就越是突出。很多学者指出，技术全球化必然要考虑国家民族利益，否则就只能是理想和抽象的全球乌托邦。技术全球主义者在过分夸大技术全球化力量时，忽视了经济技术发展背后的政治、社会、文化背景，忽略了国家和政府在推动技术创新和科技产业发展方面扮演的角色，特别是忽视了发展中国家政府和人民在技术全球化浪潮中的地位和处境。即使在技术全球化的今天，民族国家作为最有效的现代政治形

① 李三虎：《技术全球化和技术本土化：冲突中的合作——两种技术空间进路的交互关系分析》，《探求》2004 年第 3 期。

式，仍然为技术经济发展和国际竞争提供着安全保障，而且世界各技术行为主体的发展很不平衡，当技术实力强势的国家强调技术全球化和主权观念过时，试图将其经济技术强势向全球推广时，其他许多国家（包括一些发达国家）不得不冷静选择，如何既参与国际技术交流与合作，又维护自己的国家和主权利益，不致丧失自己的技术自主能力。

技术民族主义的核心理论有——

（1）技术非独立性。技术不是如技术全球主义者认为的那样，好像只是来自某一“真空”的孤立、自主的东西，它是社会化的产物，其产生、创造、发展和应用都与特定时间空间内的经济、政治、文化、传统、资源、人的素质等因素密切相关，受到其他因素制约。

（2）技术地域性。尽管全球化技术（如通讯和信息技术）大大降低了交通和运输成本，但技术生产活动的实际定位，即技术的创造者和使用者的物理距离仍然无法完全消除。科学和技术仍然有空间向度，具有地域特征。科学和技术虽然没有国界，但科学和技术的创造者和使用者有国界。

（3）技术主权性（techno-sovereignty）。国际经济技术竞争日趋激烈和严峻，西方发达国家以技术全球主义及技术无国界等意识形态对发展中国家的技术主权提出了严峻挑战。发展中国家必须根据自己的国情提出自主、开放、远大、合理的科技政策和战略，应对不平衡的国际经济技术发展，在激烈的国际竞争中立于不败之地。

（4）技术民族性。技术民族性是指任何技术及其创造主体都不是超民族、超国家的，同相关民族以及知识、文化和意识形态背景有很强的关联性。这就是技术史家所谓的“路径依赖”现象。技术创新的实现，除了国际交流与合作外，与各民族国家的经济社会状况、教育科学发展水平、科技发展战略、历史文化传统、人文素质等有着很强的相关性。技术的全球化合作与交流并没有从根本上改变这一点，相反往往因为国际竞争的加剧而得到强化。

3. 技术全球主义与技术民族主义的冲突与互动

技术全球主义和技术民族主义显然属于两极对立的理论。国际技术发展的现实越来越清楚地表明，将技术全球化和技术本土化看做两种互相对立力量的二分法不再适合于理解今天的现实，我们应当超越两极对立，真正树立多元、开放、自主、共赢的技术观。事实上，任何民族国家的技术发展战略都不是单一的，而是一种混合体，是一种包含各种互补因素的复杂混合体，并且这种混合体处于不断的变化调整中，以应对新形势，解决新问题。处于经济技术发展强势的国家更多倾向于技术全球主义或技术全球化，处于弱势的国家更多倾向于技术民族主义或技术本土化。同一国家的不同发展阶段也有不同的政策倾向，当一个国家在面对国际激烈竞争时，技术民族主义就会增长；而在经济繁荣期间，技术全球主义就会活跃。

技术全球化和技术本土化是一个硬币的两面，是一个既有冲突和差异又存在互动和合作的过程。“如果说技术全球化是跨国界的技术扩散的话，技术本土化就是特定地理区域的技术积累。”①美国的硅谷、日本的筑波科学城、印度的班加罗尔、中国的中关村和台湾地区的新竹都既是技术本土化区域，又是技术全球化中心。不同国家和地区有各具特色的创新系统，有不同的优势技术，有不同经济的社会文化环境，理想状态是通过充分的国际技术合作与交流，实现不同国家地区间技术的优势互补与人才的交流互动。国际技术合作与交流还使一些非国家组织、跨国组织在技术研发和创新中的作用日渐重要。更重要的是，面对共同的“全球性问题”和危机，各国认识到，必须进行科技等方面的国际合作才能共同应对危机，共同解决问题。如防止气候变暖的《京都议定书》、《生物多样性公约》、《核不扩散条约》、保护臭氧层的《蒙特利尔议定书》、联合国环发大会通过的《二十一世纪议程》等。

对于发展中国家来说，全球化与本土化的合作和冲突并存，应当正确处理两者的关系，通过有条件的开放与交流，启动技术全球化的杠杆，确保国家核心利益。既要积极地吸收发达国家的技术资源，参与国

① 李三虎：《技术全球化和技术本土化：冲突中的合作——两种技术空间进路的交互关系分析》，《探求》2004年第3期。

际技术交流合作，促进自身的经济技术发展，同时也要鼓励本国的技术自主研发和自主创新，争夺全球技术资源和市场。

（四）中国科技发展的曲折历史与"自主创新"战略

新中国成立以来，科技事业在一穷二白的基础上取得了巨大成就，但在科技发展战略上走过一些弯路，简言之，就是在技术全球化与技术本土化之间两极摇摆。新中国成立初期，由于西方国家的封锁和制裁，以及封闭传统的影响，我国的国际技术交流合作非常有限，采用了完全独立自主、自力更生的民族科技发展战略，在很短时间内艰苦奋斗，"集中力量办大事"，取得了举世瞩目的科技成就，如"两弹一星"、运载火箭、大型喷气式飞机、核潜艇、大型计算机、人工合成牛胰岛素、断肢再植、"红旗"高级轿车、万吨巨轮、杂交水稻、银河－I 巨型计算机、同步通讯卫星……可以说，几乎现在的所有科技和工业基础都是那时打下的，新中国成立后 30 年所取得的重大科技成就比改革开放后还要多。当然，其代价是没有跟上世界科技发展的新潮流，忽视了轻工业及实用科技的开发和应用，造成技术发展和国民经济基础薄弱、缺乏后劲。

20 世纪 80 年代末 90 年代初，我国确立了社会主义市场经济体制，经济走上全面开放的轨道，科技开放与交流日渐兴起。但遗憾的是，过去独立自主、自力更生的科技发展战略被逐步抛弃，转向片面盲目地对外开放，出现了所谓"市场换技术"和"土地换技术"战略，以及"造船不如买船，买船不如租船"理论。据考证，"'以市场换技术'战略的实施以 1992 年修改《合资企业法》，允许外方控股并出任董事长为标志"①。这一战略实施了 20 多年之久。"实施'以市场换技术'战略的主要目标是通过开放国内市场，引进外商直接投资，引导外资企业的技术转移，获取国外先进技术，并通过消化吸收，最终形成我国独立自

① 董书礼：《以市场换技术战略成效不佳的原因辨析及我国的对策》，《科技与管理》2006 年第 6 期。

主的研发能力，提高我国的技术创新水平。应该说，该战略实施10多年来，对我国产业发展，生产能力和生产技术水平的提高起到了很大的推动作用。但也应看到，在外资企业获得了巨大市场份额，甚至垄断我国某些产业的同时，国内自主研发和创新能力的提高却进展缓慢，甚至在一些产业内形成了严重的技术依赖。”①

在以GDP为中心的发展观指导下，在“以市场换技术”、“以土地换技术”的技术发展战略指导下，再加上西方发达国家在高新技术上对我国的封锁，我们以最大限度地开放市场和廉价劳动力制造出在国际分工产业链中处于中下端的低技术含量、低附加值、低价低质的产品，在国际科技领域内始终处于劣势地位。市场开拓了，土地失去了，人才流失了，技术却没有换来，科技发展极不平衡，原有的自力更生的科技体系和自主创新能力受到严重损害。根据《中国科技统计年鉴》的统计，我国对外技术的依赖程度已经到了危险的境地：2003年我国大中型工业企业技术引进与消化吸收的比例仅为1:0.07，而日、韩两国技术引进与消化吸收的比例均保持在1:10左右。一大批经过多年培植和发展的中国自有品牌产品，慢慢被迫退出中国市场，吃掉它们的，就是“以市场换技术”战略，比如“中华”牙膏，“熊猫”电子，“飞跃”、“金星”电视机，“乐凯”胶卷，等等。我们放弃了跟踪微电脑芯片技术，放弃了独立发展数控机床，甚至还要向外国采购铁路机车车辆。能造火箭导弹，不能造飞机汽车，能造巨型计算机，不能造家用电脑芯片，能参与人类基因组计划，却造不出一种抗癌新药。而最为“悲壮”的，莫过于大型客机和轿车了。

1978年我国自主完成了大型喷气式客机“运十”设计。1980年9月26日，运十客机首飞成功，各项技术指标均处于世界先进水平。然而非常遗憾的是，这项利国利民的重大科技成就却因为所谓“技术不过关、没有经费、没有市场”的借口而被迫下马，导致我国航空工业在

① 董书礼：《以市场换技术战略成效不佳的原因辨析及我国的对策》，《科技与管理》2006年第6期。

大型喷气式客机研究中迎头赶上的15年时间又退了回去，结果现在中国的天上飞的都是波音、麦道和空中客车，导致“8亿件衬衫才换一架波音飞机”①。

目前，我国90%以上的轿车市场被大众、雪铁龙、本田、通用等几家跨国公司瓜分。以前，上汽、一汽都有汽车生产能力和一批研发队伍，可是引进外国轿车后，我们自己的品牌废掉了，研究队伍、研究平台没有了。技术引进需要高成本，引进技术不等于引进技术创新能力，真正的核心技术是买不来的。“以市场换技术”并不是我们的必由之路，对照科技发展比我们起步晚的韩国，当我们为成为“世界工厂”而欢呼的时候，韩国在一些科技领域已远远地走在我们前头了。韩国人把发展科学技术，提高民族的创新能力上升为国家的意志，并且以法律的形式固定下来。

盲目、短视的科技发展战略的结果是“关键技术自给率低，自主创新能力不强，特别是企业核心竞争力不强；农业和农村经济的科技水平还比较低，高新技术产业在整个经济中所占的比例还不高，产业技术的一些关键领域存在着较大的对外技术依赖，不少高技术含量和高附加值产品主要依赖进口；科学研究实力不强，优秀拔尖人才比较匮乏；科技投入不足，体制机制还存在不少弊端”②。

针对这种情况，一些有识之士开始深刻反思。2005年11月，中国科技部副部长刘燕华在“中国科学与人文论坛”上直指，“以市场换技术”的路走不通，发展科技只能靠自主创新。他说：“第一，市场是有限的，一旦让出去了，夺回来十分艰辛；第二，让了市场并不见得会得到技术；第三，让了市场则废掉了自己的技术；第四，让了市场又缺乏核心技

① 参见《悲壮运十》等网文，http://www.qglt.com/bbs/ReadFile?whichfile=986443&typeid=17&openfile=1。

② 胡锦涛：《走中国特色自主创新道路，为建设创新型国家而奋斗——在全国科学技术大会上的讲话》，新华社2006年1月9日电。

术,有可能发展成为依附型国家,最后受制于人。”①

2005年7月,由《世界经理人》杂志主办的“中国制造与中国创造”论坛嘉宾们一致认为,中国制造企业面临两大危机:一是缺乏核心技术,二是缺乏自己的品牌和渠道。“8亿件衬衫才换一架波音飞机”是中国制造业深深的痛,从“中国制造”向“中国创造”的转变已是大势所趋②。

在世界新科技革命推动下,科技和知识的创新日新月异,不进则退。科技竞争成为国际综合国力竞争的焦点。当今时代,谁在知识和科技创新方面占据优势,谁就能够在发展上掌握主动。世界各国尤其是发达国家纷纷把推动科技进步和创新作为国家战略,大幅度提高科技投入,加快科技事业发展,重视基础研究,重点发展战略高技术及其产业,加快科技成果向现实生产力转化,为经济社会发展提供持久动力,在国际经济、科技竞争中争取主动权。

历史和现实越来越清晰地表明,中国要想积极应对技术全球化浪潮的挑战而立于不败之地,实现和平崛起、强国富民的目标,迫切需要超越过去那种封闭与开放、依附与创新、全球主义与民族主义的二元对立思维方式,走出要么封闭地自力更生,要么开放地丧失自主的两极困境,以更高起点、更大视野,走出一条在开放共赢的前提下,独立自主、自主创新的新路。好在,这已经成为从上到下越来越多人的共识。从王选的“汉字激光照排技术”改变中国千年铅字印刷史,到中国大型飞机战略的重新出台,从奇瑞成功地制造出自主品牌轿车,打破20年汽车“合资陷阱”,到“龙芯一号、二号”的面世,从载人飞船“神五”、“神六”上天到中国基因组研究的重大进展,都标志着中国人和中国的科技事业正在超越传统,勇闯新路。

2006年1月9日,全国科学技术大会召开。胡锦涛总书记代表中

① 《“以市场换技术”此路不通》,http://auto. sina. com. cn/news/2005 - 12 - 07/1000156461. shtml,解放日报。

② 《“8亿件衬衫抵一架波音飞机”是中国制造业之痛》,http://tech. tom. com/1121/1861/200584 - 238121. html。

央提出“坚持走中国特色自主创新道路，建设创新型国家”的战略目标。要建设创新型国家，必须做好以下几方面的工作：（一）实施正确的指导方针，努力走中国特色自主创新道路；（二）坚持把提高自主创新能力摆在突出位置，大幅度提高国家竞争力；（三）深化体制改革，加快推进国家创新体系建设；（四）创造良好环境，培养造就富有创新精神的人才队伍。特别是要实施自主创新战略：

> 自主创新能力是国家竞争力的核心，是我国应对未来挑战的重大选择，是统领我国未来科技发展的战略主线，是实现建设创新型国家目标的根本途径。世界科技发展的实践告诉我们：一个国家只有拥有强大的自主创新能力，才能在激烈的国际竞争中把握先机、赢得主动。特别是在关系国民经济命脉和国家安全的关键领域，真正的核心技术、关键技术是买不来的，必须依靠自主创新。要把提高自主创新能力摆在全部科技工作的首位，在若干重要领域掌握一批核心技术，拥有一批自主知识产权，造就一批具有国际竞争力的企业，大幅度提高国家竞争力。①

2006年3月，十届人大四次会议通过了《国民经济和社会发展“十一五”规划》，使这一战略成为国家意志。

毫无疑问，“走中国特色自主创新道路，建设创新型国家”，标志着我国科技发展战略在走了许多弯路后终于走上了正途，是中国今后积极应对技术全球化浪潮的机遇与挑战而立于不败之地的必由之路。

三、全球化的文化背景

如前所述，全球化是一个复杂的多面体，具有多面多维属性。它除

① 胡锦涛：《走中国特色自主创新道路，为建设创新型国家而奋斗——在全国科学技术大会上的讲话》，新华社2006年1月9日电。

了有经济基础和技术基础外，也有复杂的多维多重文化背景。全球化不是孤立的经济和社会现象，它是在特定的文化背景中形成，在越来越多元、越来越复杂的文化背景中发展到今天。如果说，15 世纪全球化在欧洲刚刚兴起的时候，主要是近代西方文化的产物，是近代以启蒙理性和工具理性为核心的西方“现代性”文化的产物，那么，随着经济的全球化（表现为资本主义生产生活方式和资本主义文明的全球扩张），越来越多的国家和民族主动或者被动地融入到全球化大潮中，从前基本上独立发展的异质文化和意识形态在全球范围内的遭遇、碰撞、冲突、矛盾、交流、互动、融合，日益加剧、不断深化。虽然当代全球化的文化背景在很大程度上仍然由西方文化占主导，但其一元化的垄断格局已经被打破，全球化和西方文化的全球扩张非但没有消除不同文化之间的差异，实现其他文化的“西方化”，反而在不同文化的交流、冲突与互动中，日益呈现出一体化与多元化、国际化与本土化、普遍化和个性化、集中化与分散化并存的文化格局。不同文化之间以及文化的一体化与多元化趋势之间的交流互动日益加剧，而两者之间的矛盾冲突也日益加剧，两种不同过程同时并存，形成了表面上截然相反而实质上不可分割的奇异局面，不同的学者看到不同的侧面提出截然不同的理论解释。一方面，不同国家和民族的不同文化通过人、信息、知识、教育、科技等等的交流与合作越来越频繁，特别是全球互联网络把地球连为一体，乐观派（如丹尼尔·贝尔等）据此断言统一的全球文明即将到来，全球文明将从分散、对立、冲突、斗争走向和平、宽容、和谐、共存；另一方面，文化联系的日益紧密并没有必然导致全球文化的和谐一致，而是在很多情况下导致冲突和矛盾加剧，甚至引发文化、宗教和意识形态方面的“战争”，悲观派（如亨廷顿等）据此提出“文明的冲突”，认为全球化时代的文化冲突虽然不一定以殖民化与反殖民化、侵略与反侵略等暴力方式表现出来，而更多地以文化和意识形态的控制与反控制、渗透与反渗透的形式表现出来，但这种文化价值和意识形态的冲突关系到本民族的文明是生存与发展，还是被同化与消亡的关键问题，因此冲突的激烈程度恐怕比以往有过之而无不及。西方用麦当劳快餐和好莱坞电影向非西方输出文化，也许没有用坚船利炮输出来得激烈，但肯定更深远持久。这就是当代全球化的文化背景。

需要澄清的是，与文化的全球化常常混用的概念有文化的“一体化”、“趋同化”等。表面看来，它们与文化的全球化很相似，但这种相似只是一种表层现象，它们在实质上有根本不同。文化的“一体化”、“趋同化”等强调的是文化的一种普遍的“一致性”，这种“一致性”指的是质的同一性和单一性，是排斥差异、矛盾和冲突的，实质上是文化的“一元化”。而文化的全球化则不同，它所强调的乃是文化的一种普遍的“相关性”，这种“相关性”并不排斥差异、矛盾和冲突，而恰恰是建立在差异、矛盾和冲突的基础之上的“相互影响、相互制约、相互依存”。由此可知，文化的全球化不同于文化的一元化。

文化的全球化不会也不可能使各具特色的民族文化消亡，也不意味着各民族文化“统一”为一种文化，它与原有的以民族文化为基础的文化的多元化并不矛盾，它们之间是一种相辅相成的关系，文化的全球化以文化的多元化为前提和基础，并通过它表现出来，而文化的多元化则必须依据文化全球化的基本趋势调整自己的发展方向。

人类文化发展的未来前景，必将是文化的全球化与文化的多元化的并存共进，或者用著名社会学家费孝通先生的名言来概括就是“各美其美，美人之美，美美与共，天下大同”，就是各自以自己的文化为荣并发扬光大，尊重、宽容、欣赏其他文化，各种不同的优秀文化共生共存，目标是达到天下大同的理想。对于此，我们将在第六章和第七章详细论述。

从时空维度上看，当代全球化的文化背景有三个层面：在时间维度上，是前现代—现代—后现代的交错更替；在空间维度上，是不同民族和地域文化的交流、冲突与互动，是文化的一体化与多元化、国际化与本土化的对立统一；在内容和实质维度上，是从物质文化（坚船利炮、机器工业）到制度文化（宪政、民主、法制）再到精神价值文化（自由、公正、理性、宽容、多元、和谐等普世文化价值观）不断演进不断深化的过程。时间维度上前现代文化—现代文化—后现代文化的交错更替，空间维度上西方文化与东方文化、文化的国际化与本土化的冲突互动,内容维度上经济、政治、社会和文化的整体发展,交织在一起,构成非常错综复杂的全球文化格局。

前现代文化是指工业文明以前的农业文明,现代文化是指以理性化为核心的工业文明,后现代文化是指以反理性为核心的超越工业文明的所谓"后工业文明"(或称"信息文明"、"知识文明"等)。这三种文化形态在西方发达国家是历时演进的,而在其他发展中国家,由于西方强势文化的入侵和影响,自身独特文化发展链条被打破,或主动或被动地融入了西方文明为主导的文化全球化浪潮,所以前现代—现代—后现代三种文化形态在很多发展中国家的状况是同时并存的,乃至在很大程度上,文化从传统走向现代的时间过程变成了从本土走向西方的空间过程,不同阶段文化形态的历时演进变成了向以西方为主导的全球文化转移的空间运动。由此出现了这样的悖论(我们称之为"文化全球化的时空错位悖论"),许多发展中国家文化发展陷入这样一种两难困境:要么西方化而丧失自我,成为西方的附庸;要么以本土文化为本位而无法进入现代,无法融入全球文化。

20 世纪后期信息网络文化的兴起以及新全球化时代的新变化,更重要的是发展中国家经济社会的发展以及人民的文化自觉意识的增强,使得发展中国家超越这一悖论有了可能。人们越来越清楚地认识到,全球化不等于西方化,西方化不等于现代化,非西方文化可以也只能在本土文化的基础上,走出一条"非西方"的现代化道路,融入非西方主导的全球文化,只有这样,才能走出时空错位悖论。

中国文化的全球化正面临着这一两难困境,也正在为走出这一困境而努力。

第一,中国走向全球化面临三重文化背景:"前现代"、"现代"、"后现代"这三种在西方原本历时递进的文明形态,在中国却共时并存,杂糅交错,异常复杂。传统与现代、中国与西方、本土与全球的矛盾与争论伴随着中国文化从闭关锁国走向全球化的全部过程,只是不同时期有不同的表现形式和具体问题。特别是改革开放以来,中国开始全方位地走向全球化，中国人短短20余年就走过了西方人几个世纪的文化历程，前现代、现代、后现代的时空聚变共时并存于当代中国，使人们承受了难以承受的冲击与裂变，正所谓“多少事，从来急，天地转，光阴迫。一万年太久，只争朝夕”。一方面，对现代化、工业化、理性化的热烈拥抱已经成为主流意识形态，实现工业化和现代化成为建设的主要任务；另一方面，西方发达国家对现代性的反思及后现代文化的兴起，导致我们在文化取向上无所适从：我们刚开始现代化，人家就后现代了；我们刚完成工业化，人家已经信息化了；我们刚开始树立理性精神，人家已经反理性了；我们刚开始融入全球化，人家已经开始反全球化了；我们刚开始“以人为本”，人家已经要超越人类中心主义，走向生态文明了……网上流行一篇帖子，描述乡下人对城里人的几大不明白：俺们刚开始吃肉，你们就改吃野菜了；俺们刚吃饱穿暖你们又减肥了；俺们刚进城打工，你们又要到乡下找野趣了；俺们刚能歇会儿不用擦汗你们又去健身房流汗了；俺们刚能在电影院约会你们又改网恋了……在全球化浪潮面前的普遍中国人，颇有点像这些乡下人面对城里人时的感受。

第二，中国人对全球化的认识和应对也经历了从物质到制度再到精神价值，或者说从经济到政治再到文化的历程，从最初只学习西方的物质文明，实现工业、农业、科技、国防四个现代化，到建立社会主义市场经济，再到以人为本的科学发展观、和谐社会，我们越来越清楚地认识到，全球化不只是经济的变革，更需要政治、社会、文化和人的全面变革。有学者说得好：“20世纪80年代的中国人主动地登上全球化的列车，但在当初，也许只以为这是一辆经济列车；这几年，深入到全球化大风的中心，才逐渐地发现这辆车的车体可能是‘宪政’；现在呢，越来越多的中国学者开始认识到，这辆车的灵魂或者说发动机原来是文化。文化的前景将决定经济的前景。”①

---

① 赵晓：《置身于全球化的大风之中》，http://www.sohoxiaobao.com/chinese/_asp/articles_temp.asp?id=10000804。

无论赞成不赞成,喜欢不喜欢,愿意不愿意,中国走向全球化和现代化的方向已经不可逆转。在此过程中的希望与失望、拥抱与恐惧、兴奋与沮丧、快乐与痛苦、光荣与耻辱、成就与失误,必须由我们自己来承当。唯有理性的思考,积极的应对,审慎而坚定的实践,确立立足中国拥抱全球的文化坐标,树立自主自强又开放创新的人生定位,整合古今中西优秀文明成果的当代价值取向,海纳百川,壁立千仞,顺应潮流,勇闯新路,才能走上全球化和现代化的正途。这也正是本书的主题之一,我们将在第六章具体展开论述。

第二章

全球化的主体

人的依赖关系(起初是完全自然发生的)是最初的社会形态,在这种形态下,人的生产能力只是在狭窄的范围内和孤立的地点上发展着。以物的依赖性为基础的人的独立性,是第二大形态,在这种形态下,才形成普遍的社会物质变换,全面的关系,多方面的需求以及全面的能力的体系。建立在个人全面发展和他们共同的社会生产能力成为他们的社会财富这一基础上的自由个性,是第三个阶段,第二个阶段为第三个阶段创造条件。①

——马克思

因特网所展示的虚拟空间不仅为跨国公司的经济活动提供了几乎是无限的领地,而且为全球化创造了必要的社会条件。这种社会条件集中反映在人机结合而形成的新"人种"或者说"虚拟人"身上。②

——杨伯溆

---

① 《马克思恩格斯全集》第46卷(上),人民出版社1979年版,第104页。

② 杨伯溆:《全球化:起源、发展和影响》,人民出版社2002年版,第422页。

要全面了解全球化,全面分析全球化进程,应当首先认识全球化的主体。正如我们在导言中所追问的:作为社会历史主体以及全球化的主体——人的地位、生存、价值、自由在全球化进程中处于什么样的状况,未来会怎样?我们——作为全球化的主体,在全球化进程和话语中是被彰显弘扬了?还是被有意无意地遮蔽损害了?抑或我们中的哪一部分群体是全球化的宠儿,哪一部分群体是全球化的弃子?我们中的哪一部分因素被全球化的浪潮填满,哪一部分因素被全球化的浪潮抽空?本章我们将从社会学与哲学的价值视角来全面审察全球化的主体。

一、全球化主体的社会学考察

(一)全球化主体概况

毫无疑问,全球化的主体——推动者和承担者——是人。这个人不是抽象的人,而是现代的人。具体来说,凡是自觉不自觉地卷入全球化进程的所有人,无论其地域、民族、文化、宗教、阶层、身份、价值观如何不同和多样,他们都是全球化的主体。"当今的全球化是现代化的人的自我生成过程,是现代人的普遍存在方式与活动方式。现代化的人只有参与和主动选择全球化这种生存方式、生活方式、认知方式和实践方式,才能顺应时代潮流而日益自由全面地充实与发展自身。真正的全球化或者说全球化的正向价值追求,归根结底是为人的自由全面发展创造条件,除此之外,它没有自身特殊的外在于人甚至贬抑人的目标取向。现代化的人是全球化的主体,全球化又促成现代化的人的生成与发展。"①

从历史过程看,全球化的发动者迄今为止主要是西方发达资本主

① 郭利娟:《全球化背景下人的发展境域》,《河南师范大学学报:哲社版》2002 年第 5 期。

义国家,这是毫无疑问的。但是,今天的全球化不仅是西方发达国家主导,也包括更多的发展中国家积极参与甚至部分主导,全球化的影响已经遍及全球,各个不同国家、民族、组织和个人都以不同的方式参与和影响着全球化进程。由于全球信息网络的普及,全球化的主体发生了新的变化,“因特网所展示的虚拟空间不仅为跨国公司的经济活动提供了几乎是无限的领地,而且为全球化创造了必要的社会条件。这种社会条件集中反映在人机结合而形成的新‘人种’或者说‘虚拟人’身上”。

(二)全球化主体分类

全球化的主体不是铁板一块,由于利益主体的多元化和全球化进程本身的多元化,全球化主体呈现出高度的多样性和复杂性,必须对其进行多角度分类和分层。

从在全球化进程中的不同地位、作用和态度来看,全球化主体可分为全球化主导和推动者、全球化参与者、全球化研究者、全球化受益者、全球化受损者。

全球化主导和推动者是指西方发达国家的政府、跨国公司、大资产阶级、主流学者等,他们自始至终都是全球化理论和实践的鼓吹者、推行者、规则制定者,在很大程度上也是最大受益者。

全球化参与者是指发达国家和发展中国家所有主动或被动参与全球化进程的组织和个人。比如中国自改革开放以来,开始融入全球化进程,成为全球化的积极参与者。

全球化研究者是指从不同角度研究和反思全球化进程的组织和个人。全球化研究者又可以分为几大流派。

全球化受益者是指在经济和社会全球化过程中,在不同方面得到好处和利益的国家、组织和个人。在发达国家主要是政府、跨国公司、大中产阶级、主流知识阶层等。在发展中国家主要是部分政府、部分知识阶层、权贵阶层、中产阶级等。他们对全球化普遍持赞成和支持态度。

全球化受损者是指在经济和社会全球化过程中，在利益、权利、地位不同方面受到损害的国家、组织和个人。具体包括：在国际层面，多数最不发达国家是受损者；在国内层面，发达国家内部少数劳工阶层、农民、青年学生，发展中国家内部部分企业、农民、工人、知识分子等。全球化受损者又有绝对受损和相对受损两种情况。

从对全球化的不同态度来看，全球化主体可分为全球化拥护者、全球化怀疑批判者、全球化否定者。

全球化拥护者主要是全球化主导和推动者、受益者。

全球化怀疑批判者主要是全球化受损者及一部分虽然得到某种利益但对全球化的不合理现象有怀疑和批判的人。

全球化否定和拒斥者是指这些人：虽然客观上也处于全球化进程中，但从理论和实践上反对、否定全球化，拒斥全球化的影响。

从社会结构角度看，全球化主体可分为国际组织、民族国家（政府）、公司企业、非政府组织、个人。不同组织对全球化进程有不同作用和影响，而最终都要落实到个人身上。

（三）全球化主体间的冲突与互动

1. 西方发达国家与广大发展中国家的冲突与互动

西方发达国家是全球化的主导力量和推动者，甚至在很大程度上全球化就等于西化。他们主导、推动全球化进程，制定游戏规则，并从中受益，而大多数发展中国家被迫融入全球化进程，被迫服从不平等的游戏规则（所谓与国际接轨），其利益或多或少受到损害。两者之间的矛盾并没有因国际交流与合作的增长而减少，反而日趋激烈，在经济、贸易、金融、安全、政治、民族、文化、宗教、意识形态等各方面表现出来。具体体现为国际主义与民族主义、全球主义与本土主义、自由贸易与保护主义、一体化与多元化、霸权主义与恐慌主义等的矛盾与冲突。

2. 全球化受益者和受损者的冲突与互动

全球化的受益者和受损者首先在实际利益和权利方面有直接的矛盾和冲突，导致国际范围和国内范围的两极分化，强者愈强，弱者愈弱；

其次在对待全球化的态度上形成赞成、拥护与怀疑、反对的对立。值得注意的是，在传统社会物质占有两极分化的基础上，又增加了一种新的两极分化：信息和知识占有的两极分化。

1994年美国出版了一本颇具争议的书《钟形曲线：美国生活中的智能和阶级结构》。作者提出了一个“认知精英”（cognitive elite）的概念，就是指语文、数学和空间想象这三项能力特别强，我们平常称之为“智商高”的人。作者认为，20世纪初以来的世界基本上是按金钱、权力和地位划分阶级的，财富、文凭和才智越来越重要；而21世纪将开始一个以认知能力为决定性力量划分阶级的世界，现代技术社会对认知精英的需要越来越大，金钱和权力将越来越多地转移到认知精英身上，技术的进步使得现代社会从各个角落中筛选和抽取认知精英的能力越来越强，聪明人本来就与社会其他部分高度隔绝，而以后只能是更加隔绝而不可能逆转，政府对此将回天乏术。作者所举的一个验证高智商人群与社会其余部分高度隔绝的方法十分生动：想一想你的12个最亲密的朋友或同事，再看看他们的学历。大多数读者都会发现自己那12个最亲密的朋友或同事之中的大半是大学毕业生。但很多人都想不到，即使是在美国这个教育高度发达的国家，如果社会是高度流动的，12个人之中有6个是大学毕业的可能性也只有千分之六。然而，很多读者甚至看到12个人之中半数以上有研究生学历也觉得十分平常，实际上，这种可能性应该不到百万分之一。为什么？因为该书的读者都是高学历的人，而他们凑到了一个很小的圈子里。同时，在现今的美国高学历就等于高智商（反过来也一样）是极为明显的。

王小东在《信息时代的世界地图》中提出了信息时代的几个断层线——智商、种族、国家、文化，而智商是最根本的。

> 很可能，信息技术将打破人类社会迄今为止的金字塔式的层级结构。但取而代之的很可能不是人们原来设想的一张网结构，而是两张网结构。一张是小网，那是精英集团，他们互相之间没有层级结构而是平等的网状结构，但他们的这张小网是高高在上的；

另一张是大网，低低在下，绝大多数人都在这张大网里。①

3. 全球化不同结构主体的冲突与互动

国际组织、民族国家（政府）、公司企业、非政府组织、个人之间由于在全球化进程中的地位作用不同、得益受损不同，存在着非常复杂的矛盾和冲突。如主权国家和国际组织的矛盾（“人权高于主权”），政府与非政府组织的矛盾。

> 在全球化的卡巴莱表演中，国家跳的是脱衣舞。在舞蹈结束的时候，它（身上）只剩下一块遮羞布，那就是镇压的权力。在国家的物质基础被摧毁、主权和独立被废除、政治阶级被遗忘之后，它就成为超级公司的安全服务结构……②

全球化时代全球社会结构的最大特点是民族国家政府的权力和作用受到一定程度的削弱，国际组织（如联合国、世界贸易组织、国际货币基金组织等）、跨国公司及非政府组织（如绿色和平组织）的作用和影响越来越大。

4. 全球化主体与非全球化主体的冲突与互动

虽然我们已经处于一个全球化的时代，但仍然有很多群体和个人因为种种原因处于全球化之外，没有被“化”进来。如少数闭关锁国的国家（如朝鲜）、极少数原始部落、发展中国家少数偏远落后乡村、个别离群索居的个人。当然，从绝对意义上讲，全球化进程已经将全球每一个人和每一个角落卷入其中，任何闭关锁国的国家和离群索居的个人都不可能绝对不受全球化进程的影响，但在相对意义上和现象层面上，这些人称不上全球化的主体。这些群体和个人虽然不是全球化的主体，但毕竟是地球村的村民，他们的生存和发展权利，他们的意愿和诉

---

① 王小东：《信息时代的世界地图》，中国人民大学出版社 1997 年版，第 24 页。

② 转引自 Zygmunt Bauman：*Globalization*：*The Human Consequences*，Polity，1998，p. 66。

求，我们同样不能忽视和遗忘。是把他们纳入到全球化进程中来，还是尊重他们自己的意愿，保留一份属于他们自己的“非全球化空间”，这的确是个问题。

如果我们不调整全球化的方向，不遏止国际和国内两个层面的两极分化的趋势，不改变“损人利己”的发展方式，那么，可以预见，全球化的不同主体间的冲突与矛盾会日益严重，全球化的前景也将蒙上阴影。

（四）全球化主体的行为特征

由于全球化主体有不同的分类，不同类主体之间也存在诸多矛盾和冲突，所以要从中分析出一般的行为特征和模式比较困难。不过，就像表面上毫无规则的布朗运动背后却隐藏着规律性一样，表面上混乱的、冲突的全球化主体行为背后也隐藏着一般特点。

1. 利益的多元化

全球化主体不是铁板一块，全球化主体行为更不会整齐划一，而是在不同层面存在着非常多元的差异、个性、矛盾。与旧的全球化时代以西方资本主义文明的全球扩张不同，新全球化时代的显著特点之一就是利益主体的日益多元化。全球化利益主体的多元化既是以往全球化进程的结果之一，又是进一步全球化的原因之一。

2. 人格的个性化

所谓人格，是指人的性格、气质、能力等特征的总和。全球化主体人格的个性化表现在：在群体层面，民族国家之间的普遍交往使不同民族国家的独特文化得以发扬光大，独特个性得以全球范围内地展示和沟通。在个体层面，全球化的交通通讯系统，特别是互联网作为大众化的交往工具的广泛应用，使个人的主观能动性和能力得到最大程度的发挥，每个人都有机会、有条件、有能力创造并获取各类信息，进行各种法律许可范围内的活动，从而使自己的自由个性得到充分有效的发挥。全球化时代是一个崇尚个性、鼓励个性充分发展的时代，包括生产的个性化、消费的个性化、生活方式的个性化、价值的个性化等。正因如此，有些国外学者认为，随着全球化和信息技术革命的发展，“真正的个人化时代已经来临”。

3. 范围的全球性和超限性

全球信息网络的普及使得除了一定的技术条件外，距离、性别、种族、出身、教育程度、文化、宗教等不再成为不同主体之间沟通的障碍，信息网络交往工具的方便和快捷性使得在理论上，全球的任何信息、所有主体的行为都有可能相互影响、相互作用，每一个个体的行为不但“接受”全球性的信息和个体行为的影响，而且也“发送”全球性的影响。全球化社会是一种高风险社会，“这既引出希望，也引出一种威胁。说希望，是因为哪怕是小的涨落也可能增长并改变整个结构。结果，个别活动不是注定不重要的。另一方面，这也是一种威胁，因为在我们的宇宙中，稳定的、永恒的规则的安全性似乎一去不复返了。我们正生活在一个危险的不确定的世界中”①。全球化的“蝴蝶效应”得到了最充分的体现。最初不过是某个个人、某个公司所引发的一次微小涨落，最后却可能导致某种全球性的政治和经济危机，例如索罗斯和亚洲金融风暴，例如“9・11”恐怖袭击。而且这种风险还在于，它们所包含的灾难、危险越来越难以预见，越来越难以进行效果控制，因为如果事情一旦“出错”的话，那就已经无可挽回了——例如核战争，我们没有试错而后改之的机会。再如20年前震惊世界的切尔诺贝利核电站事故直到今天仍然危害着全球的生态和人民的健康。

4. 身份的多样性和模糊性

与传统社会简单的狭隘的生活相比，全球化时代的个人不仅在活动范围上大大不同，而且更根本的是，身份日益多样化和模糊化。不仅由于利益共同体的多元化，还因为划分不同利益共同体的标准越来越多样，甚至相互交错纠缠，使同一个人不再仅仅从属于一个或少数几个共同体，同一个人可能拥有不同身份，当一个人所从属的不同利益共同

① [比]伊・普里戈金、[法]伊・斯唐热：《从混沌到有序》，上海译文出版社1987年版，第373页。

体有实际利益或价值取向上的冲突时，当他的不同身份有冲突时，就发生了严重的身份认同危机。“在一种全面、复杂而快速变换关系的旋涡中，身份成为一种跳跃（hopping）、即时（just in time）的东西，个体往往迷失了自己的方向，一些古老的问题重新出现：我从哪来？身在何处？——归结起来即是追问：‘我是谁？’这就是身份认同的危机。”①通俗一点说，就是“站队”问题。传统的社会中，可供人们选择的“队”很少，你只能主动或被动地选择某个队，虽然不那么“自由”，但也不存在“危机”。现在，可供选择的“队”越来越多，甚至相互交错纠缠，你如何来选择，如何为自己的选择负责任，的确是个非常麻烦的问题。比如大多数台湾人，比如美国籍的阿拉伯裔人。在中国，由于全球化境遇的异常复杂性，中国人所遭遇的个体认同危机更为突出。

在互联网络上，这种现象更为突出，因为人的身份在网络上彻底虚拟化了。由于一个人拥有多个身份（名称）的存在，使得个人在不同场合、不同情况下可能表现出不同的人格，这些人格特征甚至可能是互相矛盾的。这就使网络主体的权利、责任和义务无法统一于特定个体身上。这既表现为互联网的自由，也表现为合理秩序的丧失。

5. 方式的交互性和虚拟化

交互性是全球化打破了许多传统社会的等级结构，个体的生存与交往在很大程度上不再是单向的，而是多向互动的。这点在互联网上表现最为明显。

虚拟化指全球化主体间的交往行为可以不通过物理空间，不进行身体接触，只通过数字化的媒体就可以实现。

6. 价值的多元性

全球化主体的价值观是多种多样的。一般而言，诸如开放、自由、民主、共享等价值是普遍公认的。但具体到不同的阶层和个人，价值观的差异是非常明显的，传统的价值冲突在全球化进程中得到聚集和放大。例如社会主义、民族主义、自由主义、保守主义、个人主义、集体主

① 沈湘平：《全球化时代的个人：自由、危机与责任》，《宁夏社会科学》2004年第4期。

义、生态主义、无政府主义等，多元共存，并行不悖。

7. 思想意识的整体化和网络化

全球化时代，不但人的社会关系、交往方式、生活方式开始全球化，而且人类个体的思想意识正在逐步摆脱个体的局限，日益互联为一个整体，这种整体不是同一的整体，而是包含差异和冲突的整体，正是因为人与人、国家与国家之间在利益、价值等方面的多样性和差异日益显著，人们也越来越清楚地认识到，人类只有一个地球，要想使如此复杂多样的不同群体和个体的差异和冲突以及人与自然的冲突不至于使世界毁灭，我们必须改变传统的非此即彼、你死我活的思维方式和价值观，树立亦此亦彼、求同存异，共生共存、和而不同的思维方式和价值观。

二、全球化主体的哲学反思

（一）全球化主体性

主体和客体是哲学的基本范畴，每个时代的哲学都要关注该时代的主体状况。主体是指从事着实践和认识活动的人，客体是实践和认识活动的对象和载体。在实践和认识活动中，主体将本质力量对象化于客体，认识并改造客体，同时也把客体的属性、规律内化为自己的本质，充实和发展自己的本质力量。主体性指主体自身的状况、特性和主客体发生关系的方式。全球化主体性是指全球化主体在其实践活动与行为中所表现出来的一般特性。全球化时代，以信息网络技术为代表的全球化交往工具使主体发生了深刻变化。

1. 实践主体性

通过各式各样的全球化生产工具，大多数人能够从繁重的体力劳动实践中解放出来，劳动者的主体地位得到进一步确证，劳动者的积极性和创造性进一步发挥，劳动者的综合素质进一步提高。

2. 交往主体性

全球化的交往工具，极大地拓展了人的交往范围，加深了人的交往程度，改善了人的交往条件，使人的交往的主体性在质和量上都有了显著提高。

3. 认知主体性

全球化时代和信息时代带来的不仅仅是知识和思想数量的增加，还使个体零散的知识和思想集中化成为可能，并使个体的思想间的快速和无障碍传播成为可能。而且，由于全球性的多媒体、超文本等技术的应用，使人的认知活动更加个性化、互动化，真正做到了科学性、思想性、趣味性、娱乐性融为一体。

4. 价值主体性

全球化也塑造了全新的价值主体。全球化时代开放、创造、民主、自由、理性、诚信等价值观念日益深入人心，使价值主体的自主性和能力得到显著提高，一种新的全球时代的价值观或者全球伦理正在形成。

5. 审美主体性

审美活动是人对世界的一种艺术掌握方式，“审美活动更完整、更深刻地表达了人类文化实践的自由与创造本性。通过艺术形式对人生的审美观照，能使我们深入到人生的极深处，去体验生命的价值与意义，去把握真、善、美统一的理想”①。

通过全球性的媒体平台，审美者的主体性得到强化和激发，审美主体的艺术创造和艺术欣赏活动个性化、大众化、民主化。技术和艺术的进一步结合，极大地丰富了艺术创造的手段，降低了艺术创造的门槛，人人都可能成为“艺术家”。而且，运用信息网络可以实现各种形式的艺术作品的全球范围内的低成本、快速传播，加强了艺术家、欣赏者、研究者之间的交流和联系，为艺术活动的繁荣创造了物质条件。“我们已经进入了一个艺术表现方式得以更生动和更具参与性的新时代，我

① 邹广文:《文化哲学的当代视野》，山东大学出版社1994年版，第193页。

们将有机会以截然不同的方式，来传播和体验丰富的感官信号。”①

（二）全球化主体间性与主客体间性

无论是何种主体，都是主客体相互关系中的主体，也只有在这种相互关系中，主体才能确证自身、发展自身。考察全球化时代的主体状况，必须到主客体的相互关系中去。这些相互关系包括人与人、人与自身、人与社会、人与自然等不同形式，其中前两者又可称为主体间性，后两者又可称为主客体间性。所谓全球化主体间性，是指不同全球化主体间的关系特性。也就是“我”、“你”和“他”，以及“我们”、“你们”和“他们”间的关系特性。犹太哲学家马丁·布伯在《我与你》和《人与人之间》等著作中，以“我—你”关系为基础建立了一种“相遇”哲学。“我—它”关系是主—客体之间的工具性、手段性关系，而“我—你”关系应是以“爱”为核心的“相遇”性关系，人应该不断超越“我—它”关系，而达到“我—你”关系的境界。这一学说虽然有基督教神学意味，但对于重建当代主体间性有一定的启示意义。

在传统哲学中，人们总是把人的认识和实践活动理解并描述为一个主—客二元模式，即一方面是认识和实践主体，而另一方面则是认识和实践客体，并以 S—R（刺激—反应）模式来解释认识和实践的本质。近年来，哲学界开始引进“主体间”关系，力图以“主—主”模式部分取代传统的“主—客”模式。但是，这种“主—主”模式是外在于“主—客”模式的，即只不过是强调在主体认识客体的认识活动中，主体之间的关系占有重要地位和发挥重要作用，而不是（也不可能）把“客体”本身“主体化”。

具体而言，主体间性与主客体间性包括以下几方面：

1. 人与人的关系

人与人之间的关系是任何一个社会的基本关系，人与人的矛盾也贯穿人类社会的始终，这一矛盾源于实践过程中个体的实现主体性的

---

① ［美］尼葛洛庞帝：《数字化生存》，海南出版社 1997 年版，第 262 页。

要求与共同资源(包括自然资源、社会资源、精神资源等)的相对有限性之间的矛盾。在以往的社会形态中,一个人主体性的实现往往以危及他人的主体地位为代价,生存竞争使人与人互为工具,互为手段,其结果是客观上每个人都被降低为手段,谁的主体性都不能得到很好的发挥。马克思曾深刻批判过资本主义工业社会中人与人关系的异化。全球化时代可以在一定程度上改变这一状况。

经济文化的全球化缩短了人与人之间的自然距离,也缩短了人与人之间的心理距离,“人与人之间的交往不再呈线性延伸状,而是成网络扩散状,每一主体都与他人进行直接交流,减少了中间环节,拉近了心理距离”①。人与人之间的相互依存、相互影响和相互作用日益突显,使人们越来越清楚地认识到,人们生活在同一个“地球村”中,人之间合作高于竞争,只有共同发展、共同进步才是最理想的目标。用哲学的术语说就是,主体间性的发展是主体性发展的前提之一。

2. 人与社会的关系

人与社会的关系是建立在人与人关系基础上的。马克思基于对个体与社会(类)的辩证关系的思考,提出“个人的全面发展”的社会理想,这种“全面发展”的实现有赖于个体与人类社会的和谐关系的确立。他特别强调:“正像社会本身生产作为人的人一样,人也生产社会”,“应当避免重新把‘社会’当作抽象的东西同个人对立起来。个人是社会的存在物”②。

以大卫·格里芬为代表的建设性的后现代主义者提出的整体有机论认为,所谓“整体”是“完整的整体”或“流动的整体”;整体包含于每一部分当中,部分被展开为整体;由于整体包含于每一个部分之中,从某种程度上也可以说是其他部分以某种形式包含于每一部分中③。这种观念比较符合人与社会关系的本质。

---

① 万林艳:《网络时代的主体状况》,载《中国人民大学学报》2000年第2期。

② 《马克思恩格斯全集》第42卷,人民出版社1979年版,第121—122页。

③ [美]大卫·格里芬:《后现代科学》,中央编译出版社1995年版,第8页。

全球化时代，每个人的主体地位提高了，个人面对庞大的社会整体将不再是一个弱小的个体，而成为真正意义上的主体，他将自身的本质赋予社会，使社会为了个人而存在，同时将社会的本质内化于自身，使自身成为全面的社会主体。全球化也加强并改善了人与社会的联系。主体性不仅仅是个人的主体性，更是社会的主体性。与工业社会相比，理想的全球社会将赋予主体的人更多意义上的自由。自由是一个主体性范畴，是人的主体性的充分体现。全球社会中，每个人都是社会这张大网上的一个结，任何一个结的发展状况都会影响整张网。因此，全球社会必须也能够为每个人的全面发展提供全方位的网络环境，在尽量保证每个主体自由而全面发展和主体间协调合作的基础上，实现全社会的协调共同发展。

3. 人与自然的关系

自然是人类生存和发展的物质基础，是人的本质力量和主体性的确证。但近代以来，随着人类征服自然的能力日益增强，“人类中心主义”的价值观也日益增强，人的物质方面的主体性得到过度发扬，一方面人类的物质欲望得到越来越大的满足，另一方面这种满足又进一步刺激了人的物质欲望的无限膨胀，推动着人类去无限度地开发自然资源，使工业化和现代化的负面效应——人与自然的严重对立渐渐突显出来：环境污染、生态失衡、能源危机、气候恶化、物种消失……面向未来，人与自然的冲突矛盾能否协调，人与自然能否和谐相处，将直接影响到未来人类的生存与发展。

马克思曾经说过，自然界是“人的无机的身体”①，他把人与自然的统一作为共产主义的一个重要的尺度：这种共产主义，作为完成了的自然主义，等于人本主义，而作为完成了的人本主义，等于自然主义；它是人和自然界之间、人和人之间的矛盾的真正解决。它是历史之谜的解答，而且它知道它就是这种解答。当代人与自然的矛盾，实际上反映了人类社会不同群体之间、代际间的发展机会的不平等和发展状态的不

---

① 《马克思恩格斯全集》第 42 卷，人民出版社 1979 年版，第 95 页。

平衡，如不及时采取措施，长此以往，人类将会彻底失去自己的“无机的身体”，失去生存的前提和基础，还奢谈什么主体性的实现。

现在，全世界范围内，人们已经逐渐认识到这一根本性危机，并已采取了各种对策，如调整发展战略，提出“可持续发展观”和“科学发展观”，建设“资源节约型社会”和“环境友好型社会”，开展解决全球性危机的全球合作等。但是这些还远远不够，还需加大力度。全球化的兴起为解决人与自然的矛盾提供了可能的契机，全球性的信息网络可以使自然资源在全球范围内得到合理的再分配，更重要的是，人们将更充分地意识到人类价值利益对自然环境的依存性和人类实践活动的有条件性，真正领悟到人与自然共生共存的道理，改善人与自然之间的关系。

4. 人与自身的关系

人的主体性不仅体现在人与人、人与社会、人与自然的关系中，更体现在人与自身的关系中，反思和反省是人与自身发生关系的主要方式。反思是主体对自身理性化的自我认识、自我设计和自我预期。主体反思的对象不仅仅是孤立的自身，还包括与自身相关联的他人、社会、自然等一切事物和行为。反省是主体对自身在价值层面的自我认识和自我评价。

经济文化的全球化为主体的自我反思和自我反省提出了挑战也创造了条件。社会丰富多彩又瞬息万变，主体要在社会中立足，要进行各种实践活动，必须自觉地进行反思和反省。首先必须掌握尽可能多的准确的信息，综合考虑各种因素，对自身行为和观念迅速做出判断、调整，对未来的行为做出合理化设计。同时主体必须时时刻刻对自身的价值观念和行为进行自我评价和自我反省，“吾日三省吾身”，既清楚地了解自己“能够”做什么，尽可能发挥自己的理性能力，又清楚地了解自己“应该”做什么，保持自己的价值合理性，这样才是一个全球时代的健全人。

总之，人与人、人与社会、人与自然的关系如何，即主体间性与主客体间性的状况如何，很大程度上取决于个人对于这些关系的认识，及时地反思和反省这些关系及其观念,可以及时调整这些关系,使之在瞬息万变、纷繁复杂的全球化进程中达到最佳状态,达到人的主体地位、社会的进步和人与自然的和谐。

三、全球化主体的价值评价

上文我们充分肯定并详细论述了网络对于人类主体和主体性的积极意义,然而正如任何事物都有它的两面性一样,网络也不例外,网络作为技术性很强的存在物,必然会在某些方面影响人的主体地位,造成一些新的矛盾和冲突,对此我们必须进行全面合理的价值评价。

1. 个性与共性(多元与一元)的二律背反

全球化时代主体个性的表现既取决于个体自身,也取决于个体所处的特定社会和文化环境的制约和限制。

经济文化的全球化一方面为人的个性发展提供了条件,另一方面又形成"大一统"的世界,把社会各方面、世界各地区和民族形成一个统一的信息体系;既增加了个性产生和发展的机会,又给个性带来"威胁";人与人的交流可以达到相互理解和共识的产生,但也可能形成一种无个性的东西从而丧失了"自我"。而且,个性的形成除了一定特殊的环境之外,也需要保持一定形态的稳定性。世界变化太快,这也加深了形成个性的困难,使人们压力不断增大,"不是我不明白,这世界变化快"(崔健歌词)。这就导致一个悖论:如果你想保持自己的行为习惯和方式,发展自己的个性,那么你很可能很快就会被"更先进"的事物所抛弃,如果你要想追上新事物的脚步,那么你就得不断放弃原有的东西而接受新东西。另外,从人类整体看,毕竟还有许多人没有或者不愿意进入全球化时代,许多人被强迫进入这样一个时代,他们的个性的发展不可能是健全的,他们必然会经历主体性的丧失。也许这些人仅仅是少数,但社会不应该忽视少数人。我们无法专门为他们提供一个全球化之前的生存环境,但我们至少可以尊重他们的观念,并以此反观自身，尽量避免全球化可能对主体造成的危害。

2. 个体的新型“异化”

在旧的全球化时代，由于资本主义生产方式的私有性质与社会化大生产之间的矛盾，产生了人的物化和异化，导致社会关系的不平等和人与自然关系的不平衡。马克思早在一百多年前就全面深刻地批判过这种异化。在新全球化时代，这种基于生产方式的异化虽然在发达资本主义国家大为改善，但在某些发展中国家，由于必须完成某种不可超越的历史任务，这种旧的“异化”现象仍然大量存在，甚至有重蹈覆辙的危险。

而更为重要的是，无论在发达国家还是发展中国家，都产生了新型异化现象：某些人在摆脱经济、政治等物质层面的异化之后，却陷入对技术、信息、价值等精神层面的异化，某些人更甚，两种异化集于一身。比如网络主体身份的“空心化”以及网络沉溺现象，比如“数字鸿沟”、“信息霸权”，比如价值的迷失。这些现象，毫无疑问，都不符合人的自由全面发展的时代要求。

3. 个体行为与社会伦理的矛盾和冲突

在个体与社会（群体）的关系上，由于主体的个性化和多元化，传统的社会秩序和社会控制模式日渐失效，甚至主权国家这一传统社会最强大的组织力量的权力和地位也受到削弱。再加上适应新的全球化时代的政治、经济、法律、伦理等规则和秩序没有建立起来，这导致个体行为与他人的冲突、个体行为与社会公共利益的冲突、个体与人类整体利益的冲突，出现了极其复杂的局面和许多“灰色状态”，互联网上出现的法律和伦理真空就是全球化时代规则和秩序缺失的最典型的例证。

如何兼顾个人自由与社会规范的平衡，如何在个人全面自由发展的基础上实现社会的公共利益和人类的整体利益，这是全球化时代给我们提出的重大挑战。

4. 人与技术（科技与人文）的矛盾和冲突

前文说过，全球化在很大程度上是技术主导的时代，技术的变革不仅是全球化的客体推动力量，而且也是全球化发展阶段的标志之一。全球化时代的人一方面充分享受了技术带来的日益丰富多彩的物质生活，另一方面面临陷入技术崇拜和技术统治的危机。不仅我们的日常生活离开技术寸步难行，而且，技术发展带来的许多问题（如生态问题）还必须靠技术的进一步发展来解决。技术与人以及深层次的理性与价值之间的分裂和冲突已经严重影响人类的生存和发展。展望未来，人是做技术的主人，还是成为技术的奴隶，电脑会不会取代或统治人脑，这些问题恐怕不只是《黑客帝国》等科幻片的主题，有可能成为未来人类必须面临的重大抉择。

正如康德为理性和价值、哲学和信仰划定界限一样，我们也应该为人和技术（科技与人文）划定各自的界限，使二者分工协作、各尽所能、共同进化。

要解决这些全球化主体面临的危机与困境，必须切实树立未来主体发展的价值目标，这就是人的自由全面发展。

四、全球化与人的自由全面发展

"我们从哪儿来？我们是谁？我们到哪儿去？"这的确是60多亿地球村的"村民"都应当认真思考的问题。

面向未来，悲观主义者如是说："虚拟世界的最终目标是消解所泊世界的制约因素，以便我们能够起锚，起锚的目的并非漫无目标的漂流，而是去寻找新的泊位，也许寻找一条往回走的路，去体验最原始和最有力的另一种选择，它根植于莱布尼兹提出的问题：究竟为什么在者在而无反倒不在？"①

乐观主义者如是说："人类不但不会被压平而成为单调一统的群

① ［美］迈克尔·海姆：《从界面到网络空间：虚拟实在的形而上学》，金吾伦、刘钢译，上海科技教育出版社2000年版，第142页。

体,反之,还将在社会各方面走向空前的多样化。这个新社会,这个目前正开始形成的超工业社会,将促进实现一种充满狂乱而瞬息万变的生活模式。”①

也许这两种看法都有些极端,我们只能走中间道路:既要对人类未来命运有充分的自信,又要时刻保持清醒的头脑;既要有悲天悯人的人性关怀,又要不断提高科学技术的水平;既要促进个人的自由而全面的发展,又要保持社会和自然的协调进化。

(一)马克思关于人的自由全面发展思想

要理解全球化时代的人的自由全面发展,有必要重新解读马克思的相关思想。

1. 自由是人的最高本质

马克思说:“一个种的全部特性、种的类特性就在于生命活动的性质,而人的类特性恰恰就是自由的自觉的活动。”②许多研究者把这解读为劳动和实践是人的本质。而从人学角度,将自由视作是人的本质的解读,也是可行的。后者和前者实际上表达的是相同的含义。唯有人是一种自由的存在物,人才得以为人。人既以类的形式存在,也以个体的形式存在。自由,不仅是人的类本质,同时也是人作为个体存在物存在的本质。

既然人之所以为人,他的本质在于自由,那么,自由到底是什么呢?“自由”源出拉丁文,原意是从被束缚中解放出来。马克思认为,自由是具体的,在不同的历史时期有其不同的内容。同时,自由也是有阶级性的,不同的阶级对自由又有着不同的理解和要求。自由作为哲学范畴时,含义极为丰富,它体现了客观必然性和人的主观活动之间的关系。马克思主义的自由观主张,自由首先是对必然的认识和对客观世

---

① [美]阿尔文·托夫勒:《未来的冲击》,孟广均等译,新华出版社1996年版,第254页。

② 《马克思恩格斯全集》第42卷,人民出版社1979年版,第96页。

界的改造。恩格斯说,自由不在于幻想中摆脱自然规律而独立,而在于认识这些规律,从而能够有计划地使自然规律为一定目的服务。只要认识了客观必然性,人们将无需再做自然的奴隶,而可以遵循客观必然性去发挥能动作用,改造自然、改造社会,可以有所作为地去达到目的,这就是自由。积极自由和消极自由是马克思自由观的两方面,前者指人内在的自我决定自我创造自我实现,后者只是人摆脱外在束缚和强制的自由。

把自由和实践联系起来是马克思自由观的一大特色。自由是以实践为基础的。人之所以被称为自由的存在物,深刻的原因在于:他是以实践的方式存在的存在物,实践与自由在马克思实践唯物主义中是相互阐释的。自由既是人的实践所具有的特征,也是人的实践所导致的可能性结果。人的实践是人打破与摆脱外部世界与自身本能的限制束缚的前提与方式。

在马克思看来,"全面"有四层含义:身心全面发展;人的需要的全面满足;人的能力的全面发展;人与自然的全面关系的和谐统一。

2. 人的自由而全面发展是人类社会发展的根本目的,是共产主义社会的本质

在《1844年经济学哲学手稿》中,马克思首次把人类解放和人的自由全面发展当做无产阶级的未来目标。在《德意志意识形态》中,马克思和恩格斯共同指出:个人的全面发展"正是共产主义者所向往的"。①在《共产党宣言》中,则说:"代替那存在着阶级和阶级对立的资产阶级旧社会的,将是这样一个联合体,在那里,每个人的自由发展是一切人的自由发展的条件。"②《资本论》中,马克思指出未来共产主义社会是"一个更高级的、以每个人的全面而自由的发展为基本原则的社会形式"③。

① 《马克思恩格斯全集》第3卷,人民出版社1982年版,第330页。
② 《马克思恩格斯选集》第1卷,人民出版社1995年版,第294页。
③ 《马克思恩格斯全集》第23卷,人民出版社1982年版,第649页。

3. 人的自由而全面发展的内涵和主要内容

马克思将人的自由而全面发展理论的内涵概括为“人以一种全面的方式,也就是说,作为一个完整的人,占有自己的全面的本质”①。这个理论的内容主要有:

(1)提倡人的全面发展,反对片面畸形发展。

在马克思看来,人的需要是多方面的,人与自然和社会的关系也是多方面的。但在私有制的生产关系下,人的需要难以得到全面的满足,人与自然和社会的关系也难以得到全面发展。在《1844年经济学哲学手稿》和《资本论》中,马克思曾多次批判私有制所造成的人本质的异化和片面发展,但同时也辩证地指出在人类历史发展的一定阶段人的片面发展又是不可避免的,这是一个积蓄力量的阶段,人的全面发展是一个人类共同的理想,但它的实现不是无条件的,人类有史以来的社会历史形态,都是为这一理想做的某种准备。

(2)反对物化和异化,通过扬弃物化和异化实现人的自由全面发展。

异化是指人所创造的物在其发展过程中不为人所用,反过来支配人奴役人,制约了人的发展。异化是自由的反面。马克思认为,异化与异化的扬弃是同一个过程,人类发展一定阶段所出现的异化,恰恰在某种意义上来说是为扬弃异化和人的自由与解放准备条件。共产主义是人的自我异化的积极扬弃,是通过人并且为了人而对人的本质的真正占有,是人与自然、与社会之间矛盾的真正解决,也是存在和本质、个体和类、自由和必然之间抗争的真正解决。

(3)人的自由而全面发展思想是历史地发展的,它是内在地贯穿于三大社会形态理论中的价值理想。

马克思指出:“人的依赖关系(起初完全是自然发生的),是最初的社会形态,在这种形态下,人的生产能力只是在狭窄的范围内和孤立的地点上发展着。以物的依赖性为基础的人的独立性,是第二大形态,在

① 《马克思恩格斯全集》第42卷,人民出版社1979年版,第123页。

这种形态下，才形成普遍的社会物质变换，全面的关系，多方面的需求以及全面的能力的体系。建立在个人全面发展和他们共同的社会生产能力成为他们的社会财富这一基础上的自由个性，是第三个阶段，第二个阶段为第三个阶段创造条件。”①

在三大社会形态理论中，马克思考察的是人与物以及人与人的关系，还有人的个性与能力的发展。这一理论比五大社会形态更根本更深刻，给我们更多启示。

(4)必然与自由。

马克思在《资本论》中有详细论述，概括如下：第一，自由在于超越外在事物的制约，内在地自我决定；第二，物质资料生产领域属于自然必然性的领域，因为活动是为满足人的生理需要而非自由意志的决定；第三，在物质生产领域仍可能有这个领域的相对自由，其极致是社会化的人和联合起来的生产者合理地调节与自然之间的物质变换，即生产力水平的提高；第四，真正的或更高意义的自由是作为目的本身的人的能力的发展；第五，无论何种自由，生产力水平的提高和劳动时间的缩短是根本条件。

(二)全球化时代人的发展的现状

马克思关于人的自由全面发展思想对全球化时代的人的发展有重要的启示意义。全球化时代，人的发展有新的状况。全球化极大地促进了人的自由全面发展。

人的发展史是一部不断走向自由、获得解放的历史，全球化正是人类实践活动在时间和空间上突破自然局限、获得更大自由的过程。人类生产力的发达、生产关系的改善、交往的发达、生活水平的提高、价值观念的更新，都使得人类的自由达到一种新的高度。

全球化对个人而言，“单个人才能摆脱种种民族局限和地域局限而同整个世界的生产(也同精神的生产)发生实际联系，才能获得利用

① 《马克思恩格斯全集》第46卷(上)，人民出版社1979年版，第104页。

全球的这种全面的生产(人们的创造)的能力”①。个人活动不断突破时间、空间的局限,个人真正成为世界性的、普遍的个人,在世界的意义上获得了自己的独立性与自由。

与此同时,人们从政治法律的角度越来越强调对个人自由权利的保护。1948年《世界人权宣言》的发表是一个重要的标志。在当代社会中,有学者认为,“完整的自由”包含五个方面:独立、隐私、能力、机会和权力②。尽管人们对这些权利的具体限度的理解存在着分歧,但没有人反对自由本身,对个体人权和自由的尊重已成为一个社会、政府合法性的标准:“无论社会接受什么样的政府,都必须以人类自由——即为保证每个人类个体在经济上、社会上以及文化上最大限度地发展他或她的个性的那个自由为基础。”③

经济和技术全球化的支撑,政治法律权利的保障,价值观念的树立,使人类和个人的自由在全球化时代达到前所未有的程度。

全球化是一个充满矛盾的发展过程,它在积极推动人的自由全面发展的同时,也给人的自由发展带来许多负面影响。

在经济领域,资本、技术、金融等的全球快速流动,使竞争更残酷,一些企业可能顷刻间破产,众多工人一夜间失去饭碗;新的国际分工导致新的不平等;全球性的激烈竞争和巨大的变革浪潮,使部分劳动者更难主宰自己的命运,更难实现自己的主体性;不合理的国际经济政治秩序将不少发展中国家的民众置于更为艰难的境地,使他们重新沦为“新殖民主义”的对象;全球化同时会造成人的新的物化和抽象化。所谓物化,就是指全球化在造成普遍的经济联系的同时,也造成了具有物化社会关系的全球扩散,进一步制造和强化了人对物的依赖;所谓人的抽象化,主要指全球信息网络的数字化和虚拟化在实现人与人的普遍交往的同时,也使部分人的发展越来越抽象化、片面化,成为数字化信

① 《马克思恩格斯选集》第1卷,人民出版社1995年版,第89页。

② [美]乔·萨托利:《民主新论》,东方出版社1998年版,第341页。

③ [美]保罗·库尔兹:《21世纪的人道主义》,东方出版社1998年版,第64页。

息网络的奴隶。

在政治领域，全球性不合理的国际经济政治秩序使得许多发展中国家民众的生存权都面临威胁，发展权、人权更无从保证。没有了发展权、人权，人的全面发展是奢谈。南联盟和伊拉克就是生动的例子。某些国际性经济政治组织，特别是跨国公司对发展中国家的操纵、控制，也使得这些国家的主权受到一定威胁，国家主权对普通民众的政治、经济、文化权利的保护能力削弱，因而人们难以自由全面地发展。

从文化领域来看，全球化传播的主要是西方文化产品和价值观念，这潜移默化地动摇着人们本民族的生活方式、行为准则和价值观念。面对西方文化的冲击和渗透，所有发展中国家都面临着两难境地：一是不能被“格式化”；二是又不能完全“封闭化”①。这种挑战直接影响到发展中国家人的发展方向。与此同时，人的文化认同与归属也遇到严重问题。西方文化的冲击和侵入使发展中国家的许多民众对本民族文化逐渐失去了自尊与认同，以致失去了文化归属，“我是谁”成了严重问题。比如中国改革开放过程中出现了许多黄皮白心的“香蕉人”，就是生理上还是中国人，而心理上、生活上和文化认同上已经彻底西方化。这种现象对于发展中国家和民族的发展，对于人的正常发展是非常危险的。

在日常生活领域，全球化中的社会同时是一个网络社会。网络一方面为人的自由全面发展提供了前所未有的新平台，给人的发展提供了技术保障和自由空间；另一方面又对人的发展带来新的问题：人的信息和技术异化；人与人心灵距离的拉大，人与人关系的疏离和隔膜；网络身份的虚拟化和分裂错位；网络沉溺与网络孤独症。总之，网络在变得越来越“人性化”的同时，却又隐含着“非人性化”的可能性。

在个人领域，全球化的个体及个体的关系日益复杂化，出现了许多个体的困境。如自我认同的危机，个体道德失范，个体的精神空虚和价值迷失，等等。个人在获得空前的自由的同时，也为彻底颠覆这种自由

---

① 丰子义：《全球化与人的全面发展》，《天津行政学院学报》2004年第4期。

埋下了隐患。我们既不能以抛弃自由的方式重返闭关锁国的过去，也不能放任自流，等待一个分崩离析的前途。

在更深层次的人性和人的生存方面，也发生了深刻的变革。全球信息网络为人类生存开辟了一个新平台和新领域，其中空间与在场的分离弥合了在场与不在场的界限。吉登斯认为现代社会发展中出现的时空分离乃是"现代社会生活的独特动力本质"，机械时钟、地图等不仅使现实的时间和空间发生分离，而且使社会"虚空"化、抽象化，从而使主体生存的时空被分离，主体的生存抽象化。主体生存与时空的统一遭到更大的破坏，人的存在开始超越时空的局限，以"虚空"化的方式走向一种普遍性。这意味着我们在任何一个信息端口所观察到的影像都可能是虚拟的，这种虚拟的结果影响着"预先存在的社会实践和行为模式"①，用尼葛洛庞帝的话说就是主体存在于一个"没有空间的地方"②，不仅消解了主体的具体时空特性，而且也消解着现实社会中时空对主体和事件的社会控制机制（如户籍制度、区域划分制度等）功能发挥。人们正是通过对时空限制和各种既存社会规范的限制不断跨越，使许多在过去难以实现的行为目标得以实现或难以实现的价值规范更易实现；在主体交往过程中，由于主体身份的模糊化和虚拟化，交往主体不能真实感知对方的真实存在和现实在场，只能感知到与主体可能有关的一连串符号，这样，使主体能够抛开现实社会中形成的各种面具，主体不再需要掩饰自己，而以一种本能性的存在方式展开活动，展示一个真实的自我，同时带来主体责任的弱化；网络所构成的虚拟环境，可以使主体在其提供的存在和发展的各种可能性中进行体验和做出选择。

总之，全球化对人的发展有利有弊。从长远看，全球化是人的自由全面发展的必经途径，人的自由全面发展是全球化的最终目标。离开

---

① [英]安东尼·吉登斯：《现代性与自我认同》，赵旭东、方文译，三联书店1998年版，第17页。

② [美]尼古拉·尼葛洛庞帝：《数字化生存》，胡泳、范海燕译，海南出版社1997年版，第194页。

全球化讲人的自由全面发展只能是句空话,离开了人的自由全面发展谈全球化,全球化也将走上错误方向。

(三)全球化时代寻求人的自由全面发展的具体途径

第一,确立主体的自主、自立和自觉,把握全球化进程的主动权。

在全球化条件下,如果一个国家、民族在人的发展上失去了自主性,完全让别人牵着鼻子走,那么,就无从谈及人的全面发展。所以,确立人的自主、自立和自觉发展是我们面临的首要任务。要实现人的自主、自立和自觉发展,关键是要实现国家政治、经济和文化上的自主、自立发展。没有国家的自主、自立发展,人的自主、自立、自觉发展只能是一句空话。全球化国家主权观念的淡化和主权的削弱对于处在全球化结构强势地位的发达国家可能有利,但对于处在全球化结构弱势地位的发展中国家却很危险。对于大多数发展中国家的人们来说,维护民族国家的界限、主权以及与之相联系的利益,比之超越和消解它更为重要,在利益差别和强弱对比明显存在的情况下,要急于取消民族国家的界限和主权,只能使弱势的发展中国家在经济、政治和文化上处于被动以至依附的地位,一旦国家的发展失去了自主性,人的自主、自立、自觉发展也就无从谈起。

迄今为止,全球化进程的主导权仍然在西方发达国家和一些跨国组织手中,但这种主导地位受到越来越多的挑战。中国虽然短期内不可能也不必要夺取主导权,但积极参与全球化的主动权必须牢牢抓在手中,如果丧失主动权,丧失自我,只是被动地适应西方主导的全球化规则和秩序,就只能永远处于弱势地位,甚至有被奴役、排斥和抛弃的危险。对此,我们过去的教训很多,现在已经开始认识到其重要性,已经开始转变发展战略,比如“自主创新”。

第二,重新认识和把握个体与群体的自由与责任。

要解决上文所述个人与群体的矛盾,自由与责任的悖论,必须确立自由与责任统一原则、自律与他律统一原则。前者是指个人享有的自由应当与他应承担的责任统一起来,两者都不能偏废。后者是指除了外在的伦理道德和法律规范的制约外,更根本的是个人的自律。我们的理想目标是既保障每一个人的自由权利,又促进整个社会的和谐健康发展。

第三,促进人的知、情、意和真、善、美的全面发展。

要克服以往由于理性主义思维方式和科学技术的统治给人造成的单向度化、片面发展,树立人自身知识、情感和意志的和谐统一的原则,确立人的真善美和自由的理想目标。需要强调的是,这一点不能停留在口头上和意识中,必须落实在教育科学文化事业上,真正施行全面素质教育,自然科学与人文科学相协调,培养既有丰富知识,又有创新能力,既有社会生活素质,又有高层次人文价值追求的人才。

第四,促进经济社会文化的协调发展,为人的自由全面发展创造合理的现实基础。

全球化的竞争,主要是综合国力的竞争。生产力是社会发展的最终决定力量,也是人的全面发展的最终决定力量。生产力本身就是人们实践能力的反映。生产力的不断发展,物质文明水平的不断提高,会使人民的物质生活日益得到改善,从而为人的全面发展提供坚实的物质基础。事实表明,在人们基本的吃穿住行需要还不能满足时,根本不可能获得全面发展,甚至连这种全面发展的要求也很难提出来。今天我们之所以要提出人的全面发展的目标,正是由于解决了温饱问题、开始全面建设小康社会的需要,是广大人民群众的根本利益所在。因此,要在全球化条件下促进人的全面发展,必须大力发展生产力,使人的发展有更雄厚的基础和更高的平台。

第五,正确制定人才的发展战略。

随着全球化的深入发展,各国都在重新制定实施发展战略,包括人才的发展战略,因为国际竞争说到底是人才竞争。用电影《天下无贼》的台词说:“21 世纪什么最贵? 人才。”西方发达国家非常注重人才发展战略,其目标就是要牢牢控制全球人才流向和使用的主导权。发展中国家也必须有一种强烈的战略意识和危机意识,有一套切实可行的应对战略,包括人才的培养、使用、交流、发展等战略,否则,人才资源的流失和浪费对整个国家、民族的发展所造成的影响是非常严重的。网上流行一种说法，说中国最好的两所大学——清华和北大，现在已经沦为“留美预备学校”，越来越多学生把出国留学当做大学学习的最高目标，而且多数留学生学成后不愿回国服务。更极端的说法是：北大为美国培养媳妇，清华为美国培养工程师。这些说法虽然有些极端，但也道出了值得我们深思和反省的严重问题。

第六，全面落实以人为本的科学发展观①。

我国提出的科学发展观的内涵是：

> 树立和贯彻以人为本、全面协调可持续发展的科学发展观，统筹城乡发展、统筹区域发展、统筹经济社会发展、统筹人与自然和谐发展、统筹国内发展和对外开放，更加注重解决民生问题，更加注重克服发展的不平衡性，更加注重解决发展中存在的突出矛盾，致力于走科技含量高、经济效益好、资源消耗低、环境污染少、人力资源优势得到充分发挥的新型工业化道路，推进经济建设、政治建设、文化建设、社会建设协调发展，努力实现生产发展、生活富裕、生态良好的文明发展格局。②

科学发展观是对以往“不科学”的以生产力为本的发展观的反思和转变，是在总结中国现代化建设经验、顺应时代潮流的基础上提出来的，也是在继承中华民族优秀文化传统的基础上提出来的。胡锦涛在耶鲁大学的演讲中指出：

① 我们非常赞同“科学发展观”的基本内容和价值取向。然而有意思的是，这种发展观原意是对旧的发展观的批判和调整，应为“合理的”、人本的发展观，而将其称为“科学”的发展观，就是把“科学”等同于“正确”、“合理”，恰恰还是科学理性主义（新发展观反省和批判的对象）的体现。

② 胡锦涛：《在美国耶鲁大学的演讲（2006 年 4 月 21 日，纽黑文）》，http://news.xinhuanet.com/newscenter/2006-04/22/content_4460879.htm。

> 中华文明历来注重以民为本,尊重人的尊严和价值。早在千百年前,中国人就提出"民惟邦本,本固邦宁"、"天地之间,莫贵于人",强调要利民、裕民、养民、惠民。今天,我们坚持以人为本,就是要坚持发展为了人民、发展依靠人民、发展成果由人民共享,关注人的价值、权益和自由,关注人的生活质量、发展潜能和幸福指数,最终是为了实现人的全面发展。保障人民的生存权和发展权仍是中国的首要任务。我们将大力推动经济社会发展,依法保障人民享有自由、民主和人权,实现社会公平和正义,使13亿中国人民过上幸福生活。①

在全球化的背景下重新理解和促进人的发展,以人学的视角和思维方式批判和反思全球化进程,进而理解人与社会、人与世界的关系及其时代特征,解决其中的矛盾和问题,正是当代哲学的重要使命之一,也正是本书的主题。在我国,全球化与人的发展问题的讨论,是继20世纪80年代开始的关于人的问题的人学大讨论的延续,这场讨论重点探讨了全球化背景下的人类困境以及现代化过程中出现的人的问题,尤其是我国改革开放过程中出现的人的问题,对于我国改革开放和现代化建设的健康前进,对于我国在全球化浪潮中立于不败之地,对于促进中国人的自由全面发展,都具有重要的理论意义和现实意义。

---

① 胡锦涛:《在美国耶鲁大学的演讲(2006年4月21日,纽黑文)》,http://news.xinhuanet.com/newscenter/2006-04/22/content_4460879.htm。

第 三 章
全球化与人的生存方式

各个相互影响的活动范围在这个发展进程中愈来愈扩大，各民族的原始闭关状态则由于日益完善的生产方式、交往以及因此自发发展起来的各民族之间的分工而消灭得愈来愈彻底，历史就在愈来愈大的程度上成为全世界的历史。①

——卡尔·马克思

人类生存战略的变迁，将从最大限度地推进经济增长，转向通过生活方式的变化而最大限度地保证生存和幸福。②

——阿尔文·托夫勒

人是历史性的存在，也就是在历史中变革自己和重塑自己的存在。任何一个可以称为时代性的变革，从根本上说，都是人的自我变革与重塑，也就是人的存在方式的变革。反过来说，没有人对自己的历史性的变革与重塑，没有人的存在方式的变革，也难以称之为时代性的变革。

---

① 《马克思恩格斯全集》第 3 卷，人民出版社 1960 年版，第 51 页。

② ［美］罗纳德·英格尔哈特：《变化中的价值观：经济发展与政治变迁》，《国际社会科学》1996 年第 13 期。

人们之所以能够在时代性变革的意义上把新的时代称作全球化时代，从根本上说，就在于全球化进程正在深刻地变革和重塑人自身，深刻地变革人的存在方式。所谓存在方式，是指人类存在①和发展的活动、现象、方式和特征的总和。全球化的存在方式，是指全球化时代人类存在和发展的活动、现象、方式和特征的总和。人的存在方式主要包括生存方式（生产方式和生活方式）、交往方式和思维方式。我们将在第三、四、五章展开讨论。

一、人的生存方式的哲学与历史界定

（一）生存方式范畴的哲学界定

生存方式，一般指人类生存和发展的活动方式，包括生产方式和生活方式。生存方式的概念，学术界较少使用，一般是把生产方式和生活方式分开使用和研究的。

生产方式是马克思主义哲学特别是历史唯物主义的基本范畴之一，一般有三种含义：（1）指社会生活所必需的物质资料的谋得方式，在生产过程中形成的人与自然界之间和人与人之间的相互关系的体系。在马克思和恩格斯的著作中首见于《德意志意识形态》。他们把生产方式称为“社会物质生活”（或“直接生活”）的生产和再生产方式。生产方式包括生产力和生产关系两个方面，是两者在物质资料生产过程中的统一，是劳动的自然过程和劳动的社会过程的统一。生产力是生产方式的物质内容，生产关系是生产方式的社会形式。生产方式是人类社会赖以存在和发展的基础，决定社会制度的性质，制约着整个社会生活、政治生活和精神生活的过程，是划分社会类型的基本标志。（2）指劳动方式。马克思在《经济学手稿》（1861—1863 年）中指

① 这里的“存在”不是与“思维”相对的狭义概念，而是指所有人类物质和精神现象的总和。

出:“工场手工业(与机械工场或工厂不同)是一种特殊的与分工相适应的生产方式或者说是一种工业形式。”①恩格斯在《英国工人阶级状况》中也有“工厂生产方式”的提法。这里的生产方式即劳动方式,是劳动资料组合方式和劳动社会组织方式的统一。可将生产方式分为手工生产方式、机器生产方式、农业生产方式、工业生产方式、自给自足生产方式、商品生产方式、市场生产方式、社会化生产方式等。(3)指生产关系。如马克思在《资本论》第一卷中说,“历史上一定的社会生产方式即商品生产的生产关系”②。本书主要在第一和第二种含义上使用生产方式范畴。

生活方式范畴有广义和狭义两种解释。广义是包括生产活动在内的人类全部生活活动的现象、方式和特征的总和,包括劳动生活、经济生活、政治生活、文化生活、艺术生活、宗教生活、精神生活、家庭生活、娱乐生活等。可见,广义的生活方式包括生产方式。狭义则是指除了生产活动之外的人类社会生活活动的方式的总和,也就是指个人及其家庭的日常生活的活动方式,包括衣、食、住、行、用以及闲暇时间的利用等。“生活方式是在一定的社会历史条件下,历史地形成的人类生活活动形式的总和,它说明人们在何种条件下,结成何种关系,以何种形式来利用生活资料,它反映了人们社会生活活动的内容、特征和形式。”③本书主要在狭义上使用生活方式范畴。

生活方式的基本构成要素由生活主体、生活资料、生活时间和生活空间、生活样式四部分组成。生活方式主要由生产方式所决定。生产方式不仅是生活必需资料的生产和人们肉体存在的再生产,“人们用以生产自己的生活资料的方式,首先取决于他们已有的和需要再生产的生活资料本身的特性。这种生产方式不应当只从它是个人肉体存在的再生产这方面来加以考察。它在更大程度上是这些个人的一定的活

① 《马克思恩格斯全集》第47卷,人民出版社1979年版,第338页。
② 《马克思恩格斯全集》第23卷,人民出版社1972年版,第93页。
③ 王伟光、李忠杰等:《社会生活方式论》,江苏人民出版社1988年版,第39页。

动方式，是他们表现自己生活的一定方式、他们的一定的生活方式。个人怎样表现自己的生活，他们自己就是怎样”①。生活方式的形成和发展还受其他一些因素的影响，即使在同一社会发展阶段中，由于自然环境、社会制度、风俗习惯、科学文化、世界观、价值观、人生观的不同，人们的生活方式也各不相同。生活方式的发展是共性与个性的统一，质和量的规定性的统一，民族性与时代性的统一，综合性、稳定性与变异性的统一。

（二）人类生存方式的历史变革

我们可以从时代变革的角度把人类生存方式的发展大体上分为四个阶段：

1. 原始时代的生存方式

据考古学家发现证实，在大约二三百万年前，人类就开始了自己的生活，即开始了原始时代的生产和生活方式。早期为原始公有制社会，后期为奴隶私有制社会。原始时代的生存方式的特点是：(1)主要生产方式是游牧和渔猎。后期出现了初级的农业和手工业的分工。生产力水平总体上低下，发展速度很缓慢，生产工具简陋（主要是石器和铜器），生产资料贫乏，生产经验不成熟。(2)集体劳动生活是原始社会生产和生活的基本内容。(3)在早期原始公有制社会，实行平均分配，共同消费生活资料。在后期奴隶社会，产生了私有制，产生了对立的两个阶级——奴隶主阶级和奴隶阶级。(4)氏族公社和部落是早期原始公有制社会经济组织和生活组织的统一体，是原始人共同生产、共同生活的共同生活体，既反映了原始人的生产关系，又反映了原始人的生活关系。后期奴隶社会产生了政治生活、国家生活、城市生活等生活方式的特殊形式。(5)脑力劳动和体力劳动逐渐开始分工，原始宗教和原始文化艺术等精神生活开始萌发，但是它仅仅是对原始人劳动生产和生活的补充。

---

① 《马克思恩格斯选集》第1卷，人民出版社1995年版，第67—68页。

2. 农业时代的生存方式

农业时代的生产和生活方式的特点是:(1)生产力水平大为提高,生产工具改进,生产资料更加丰富,社会经济生活以农业为主,手工业也比较发达。但生产力的绝对水平仍不高,发展也比较缓慢。(2)生产关系是封建土地私有制。地主阶级掌握了土地所有权,也就占有了基本生活资料。这就决定了地主与农民的统治与被统治、剥削与被剥削的关系,决定了农民对地主的人身依附关系。(3)政治和社会生活具有专制性、等级性和保守性。家国一体,地主阶级不但是生产资料的占有者,也是政治统治者和伦理道德的领导者。(4)自给自足的自然经济。(5)存在着严格的宗法式的等级制度,这种等级制度贯穿于经济、政治、社会、交往、宗教和文化等各个领域。中国的男子,普遍要受三种有系统的权力的支配,即:政权、族权、神权。而女子除了受这三种权力支配之外,还受男子的支配(夫权)。这四种权力——政权、族权、神权、夫权,代表了全部封建宗法的专制制度。

3. 工业时代的生存方式

工业时代的生存方式在共时态上又存在资本主义社会和社会主义社会两种。其特点是:(1)创造了比过去一切时代都高的生产力,生产力的水平、层次、发展速度都是前所未有的,创造了非常丰富的物质财富和精神财富。生产工具由自然能源、蒸汽发展到电气、电子。(2)生产关系发生了显著变化。资本主义生产关系冲破了封建的宗法制度和等级制度,产生了两大社会阶级:资产阶级和无产阶级。资本主义生产关系的特征是雇佣劳动制,工人被剥夺了生产资料,资本家占有生产资料,占有工人剩余劳动所创造的生活资料。而社会主义生产关系实现了在社会化大生产条件下的公有制,劳动人民共同占有生产资料。(3)工业时代创造了现代化的物质生活条件,提高了人们的物质生活资料的消费水平,增加了闲暇时间,丰富了精神文化生活,提高了人们的科学和文化素质。(4)工业时代的生活方式是建立在社会化大生产和商品经济基础上的,具有社会化、普遍化、标准化等特征。由于存在着生产关系的私有制及各种社会差别,不同阶级和阶层之间的生活方式差别较大。

4. 后工业时代的生存方式

20 世纪中叶以来，出现了不同于工业社会的新型社会类型的雏形，学者对此有不同的概括：从全面超越工业社会的时代特征看，称为后工业社会和后工业时代；从生产和生活的时空变化的角度看，可称为“全球化社会”和全球化时代；从以信息网络技术为代表的新技术革命改变了整个社会面貌看，可称为“信息社会”①或“网络社会”、信息网络时代；从知识取代资本成为社会最重要资源的角度看，又可称为“知识社会”和知识时代。总之，人类生存方式发生了深刻而全面的变革，体现在生产力、生产关系、交往、日常生活、工作学习、休闲娱乐等各个方面发生着深刻的变化。随着全球化进程的不断深化，知识创新和技术创新的不断推进，物质生产与知识生产相结合，传统经济与信息网络技术相结合，将形成推动 21 世纪经济和社会发展的强大动力。

对于后工业时代生存方式的变革，中国学者刘吉和金吾伦等提出用“科业革命”②来概括。他们认为以信息网络技术为主导的新技术革命引起了生产力的变革与突破，从而导致产业结构的革命，即产业革命或经济革命。产业结构或经济基础发生革命性变化，从而必然导致和决定政治文化等上层建筑的革命，构成了全面的社会革命。另一方面，生产关系、社会制度、上层建筑也促进了这场革命。可以用表 3－1 表示。

---

① 丹尼尔·贝尔认为农业、工业和信息社会的区别在于：在农业社会，竞争和对抗存在于人与大自然之间；在工业社会里，让人与人造的大自然进行竞争；在信息社会里，竞争与对抗出现在人与其他人的相互作用之中，这是人类文明有史以来的第一次。

② 见刘吉、金吾伦等：《千年警醒：信息化与知识经济》第十五章《科业革命论》，社会科学文献出版社 1998 年版。

表 3－1　人类社会发展与产业革命①

产业革命类别	狩业革命	牧业革命	农业革命	工业革命	科业革命
技术革命的标志性技术	火、石斧	铜炼、人工饲养技术	冶铁、育种技术	蒸汽机及一系列工具机	微电子技术
社会主导产业	狩业	牧业	农业	工业	科业
社会主导物质生产产品	野生动物	家畜家禽	植物类粮食和经济作物	各类工业品	知识、信息及其物化产品
社会劳动主力	体力劳动者	体力劳动者，但出现脱离生产的脑力劳动者	体力劳动者，但脑力劳动者增多	脑力劳动者逐渐与生产相结合，并取得优势	脑力劳动者
生产力社会	狩业革命	牧业革命	农业革命	工业革命	科业革命
生产关系社会（社会形态）	原始社会	奴隶社会	封建社会	资本主义社会	社会主义社会

应当强调的是，以上历史阶段的划分只是就生存方式在不同历史时期的主导形态和典型特点而言的，它们的区别只是相对的。新的生存方式产生后，旧的生存方式并不会消亡，而是以新的形式继续存在和发展，形成新旧生存方式共存的局面，比如，农业时代也有游牧和渔猎生存方式，工业时代也有农业生存方式，后工业时代也有农业生存方式和工业生存方式，只是在不同时代，占主导地位和具有发展前景的生存方式不同而已。

（三）生存方式变革的特征与趋势

从上文对人类生存方式的历史演变的简要考察中，我们可以简要

---

① 刘吉、金吾伦等：《千年警醒：信息化与知识经济》，社会科学文献出版社 1998 年版，第 460 页。

地概括出人类生存方式变革的特征和趋势。

一是从历时态看，人类生存方式的历史是阶段性与连续性的统一。不同历史时期和社会发展阶段虽然有不同的生产力、生产关系和生活方式，但是，每一历史阶段的生存方式都是建立在前一阶段基础之上的，是对前一阶段的生存方式的辩证否定，人类生存方式总体上呈现波浪式前进和螺旋式上升的发展过程。

二是从共时态看，人类生存方式是共性与个性、普遍性与特殊性的统一。不同的国家和民族虽然在同一历史时期和同一社会发展阶段有相同的生存方式类型，但由于地理环境、社会发展水平、文化传统等的差异，每一国家和民族的生存方式都有个性特点，即使在全球化的今天，民族的特色仍然很鲜明。

三是在生存主体方面，不断趋于个性化和多元化。人作为生产和生活的主体，在生产和生活实践的历史发展中，不断提高自己的能力和素质，逐渐从以群体性为主，到以分立的个体独立性为主，现在发展到建立在个体独立性基础上的多元联合。

四是在生存客体（生存的对象、资料）方面，不断趋于扩展化和复杂化。由于人类认识和改造自然的能力不断提高，生产力水平不断提高，劳动对象和生活世界得到不断的拓展和深化，从自然到人生、从宏观到微观、从太空到夸克、从现实到虚拟，无不成为人类认识和改造的对象，成为人类生活世界的一部分。

五是在生存中介工具和手段方面，种类越来越复杂，水平不断提高，功能更加丰富。从古至今，生存工具经历了手工工具时代（包括石器、铜器、铁器）、蒸汽时代、机械时代、电气时代、电子时代，现在又进入信息网络时代。以计算机网络为代表的现代中介性工具在人类生产和生活中的地位和作用越来越重要。

六是在生存时空方面，时间性维度上由过去取向到现实取向，再到未来取向；空间性维度上由封闭走向区域开放，再走向全球化开放。

七是在生存价值方面，由奴役走向自由、由专制走向民主、由封闭走向开放。

二、全球化时代人的生产方式变革

全球化是当今时代我们认识和解决人的存在方式问题的基本视角和出发点。

(一)全球化的生产力

生产方式包括生产力和生产关系。广义的生产力指人控制和改造自然的物质的和精神的、潜在的和现实的各种能力的总和。狭义的生产力指人类在生产过程中与自然界之间的关系,是人类控制和改造自然的客观物质力量。马克思主义认为,生产力是由劳动者、劳动资料、劳动对象以及参与社会生产和再生产过程的其他物质技术要素所构成的一个复杂系统。劳动对象和劳动资料合称生产资料。科学技术在生产力发展中起着重要作用,它渗透到劳动者、劳动资料、劳动对象、生产管理等生产的各个因素中去,转化为物质生产力。生产力和生产关系的统一,构成社会的生产方式,生产力是其中最活跃、最革命的因素,它决定生产关系并进而决定全部社会关系,是人类社会发展的最终决定力量。①

全球化时代生产力变革的最大特点是科学技术成为第一生产力。在当代社会化大生产的过程中,科学技术、知识信息、组织管理、文化价值等要素在生产力中所起的作用越来越大。在实践方面主要表现在:以信息科技为代表的新科技革命方兴未艾;科学技术已经成为社会生产的主要推动因素;科学技术向现实生产力转化的速度、程度极大提高;信息产业在整个产业结构中的比重和作用日益扩大。1996 年,美国软件业的产值第一次超过汽车、石油和钢铁等传统产业,成为美国第一大产业;现代企业的生产过程和结构发生了革命性变革;劳动者的科

① 参见《中国大百科全书·哲学卷》“生产力”条目。

技和文化素质不断提高。在发达国家,“白领工人”的数量已经超过“蓝领工人”,产品科技含量越来越高,生产方式从机械化走向自动化、智能化,企业内部的科技研究机构在企业组织中越来越占有主导地位,企业管理走向自动化和信息化。美国《未来学家》1994 年 1—2 月号载文指出,到 2010 年,信息技术应用范围将涉及 90% 的劳动力,大大促进经济的发展,改变人们的生活和工作方式。

在西方发达国家,对于知识、信息(非物质)生产的重要性的思考和强调早已成为一种强大的思潮。丹尼尔·贝尔早就把理论知识成为“中轴原理”作为“后工业社会”的八大基本标志之一,认为后工业社会是围绕着知识组织起来的。美国管理学家彼得·德鲁克明确提出:“知识生产力已成为生产力、竞争力和经济成就的关键因素,知识已成为最主要的工业,这个工业向经济提供所需要的重要中心资源。”奈斯比特在其名著《大趋势:改变我们生活的十个新方向》中把从工业社会到信息社会作为“改变我们生活”的第一个大趋势,指出:“新的权力来源不是少数人手中的金钱,而是多数人手中的信息。”①经济合作与发展组织在 1996 年发表了《以知识为基础的经济》(*The Knowledge-based Economy*)一书,引起了全球性的“知识经济”的浪潮。欧盟委员会在《走向知识化的欧洲》中宣布,以物质产品的生产为基础的文明已经一去不复返了,欧盟将成为一个“知识社会”。

实际上,马克思是最早看到科学技术在社会生产发展中的巨大作用的人,他早在 19 世纪中期就写道:“当巨大的自然力和自然科学并入生产过程,必然大大提高劳动生产率”,“生产力中也包括科学”②,“科学的力量也是不费资本家分文的另一种生产力”③。他提出这是工业革命后社会化大机器生产发展的必然结果。“随着资本主义生产的扩展,科学因素第一次被有意识地和广泛地加以发展、应用并体现在生

① [美]奈斯比特:《大趋势:改变我们生活的十个新方向》,中国社会科学出版社 1984 年版,第 15 页。

② 《马克思恩格斯全集》第 46 卷(下),人民出版社 1980 年版,第 211 页。

③ 《马克思恩格斯全集》第 47 卷,人民出版社 1979 年版,第 553 页。

活中，其规模是以往的时代根本想象不到的。"①邓小平总结了近代以来人类社会实践的经验，在1978年全国科学大会开幕式上讲话提出："当代的自然科学正以空前的规模和速度，应用于生产，使社会物质生产的各个领域面貌一新。特别是由于电子计算机、控制论和自动化技术的发展，正在迅速提高生产自动化的程度。同样数量的劳动力，在同样的劳动时间里，可以生产出比过去多几十倍几百倍的产品。社会生产力有这样巨大的发展，劳动生产率有这样大幅度的提高，靠的是什么？最主要的是靠科学的力量、技术的力量。""现代科学技术的发展，使科学与生产的关系越来越密切了。科学技术作为生产力，越来越显示出巨大的作用。"②在此基础上，他在1988年进一步提出了"科学技术是第一生产力"的论断："马克思讲过科学技术是生产力，这是非常正确的，现在看来这样说可能不够，恐怕是第一生产力。"③这是对马克思主义生产力学说的重大发展。江泽民更完整地概括了科学技术是第一生产力的思想："科学技术是第一生产力，而且是先进生产力的集中体现和主要标志。科学技术的突飞猛进，给世界生产力和人类经济社会的发展带来了极大的推动。未来的科技发展还将产生新的重大飞跃。我们必须敏锐地把握这个客观趋势，始终注意把发挥我国社会主义制度的优越性，同掌握、运用和发展先进的科学技术紧密地结合起来，大力推进科技进步和创新，不断用先进科技改造和提高国民经济，努力实现我国生产力发展的跨越。"④

在这种实践和理论的时代背景下，传统生产力理论已经不能适应生产力和社会的变革。有学者认为，现代生产力要素应该按结构功能划分为四种。一是载荷型要素——劳动者、劳动资料、劳动对象；二是强化型要素（附着性和渗透性要素）——科学；三是媒介型要素——技术、教育和信息等；四是运转型要素——生产管理。用公式表示为：

① 《马克思恩格斯全集》第47卷，人民出版社1979年版，第572页。
② 《邓小平文选》第2卷，人民出版社1993年版，第87页。
③ 《邓小平文选》第3卷，人民出版社1993年版，第275页。
④ 江泽民：《论"三个代表"》，中央文献出版社2001年版，第156页。

生产力=[(劳动者+劳动资料+劳动对象)+教育+信息+管理]×科技①

无独有偶,有学者提出生产力公式变化的三个不同阶段——

农业社会自然经济的生产力公式可以表达为:

生产力=劳动力+劳动工具+劳动对象

在工业社会社会化大生产的生产力公式改写为:

生产力=劳动力+劳动工具+劳动对象+管理

科业社会的生产力公式则是:

生产力=(劳动力+劳动工具+劳动对象+管理)×科学技术②

有学者认为:"劳动资料信息属性在生产中占据主导地位,标志着现代社会生产已由工业化时代进入到信息化时代。劳动资料信息属性的增长,正是第五次产业革命带有根本性的历史特征。"③"生产"本身的含义也发生了根本性的变化:"生产的含义正在从某些属于物理上的东西转向某些属于人的东西。正如罗伯特·海里斯所说:'在未来公司和现在公司之间最明显的不同,将不是他们制造的产品或他们使

---

① 参见孙小礼、冯国瑞主编:《信息科学技术与当代社会》,高等教育出版社2000年版,第105页。

② 刘吉、金吾伦等:《千年警醒:信息化与知识经济》,社会科学文献出版社1998年版,第436页。

③ 王寿云、于景元等:《开放的复杂巨系统》,浙江科学技术出版社1996年版,第5页。

用的设备——而是谁将工作,他们将如何工作,他们为什么工作和工作将对他们意味着什么。’”①

全球化时代生产力变革的又一个特点是生产的全球开放。社会化大生产变成了全球化的大生产。生产者(人才)、生产资料、市场、产品、技术等的全球流动和配置使各国的生产突破了国家地域和行业的限制,成为全球性的活动。开放和普遍交往既是生产全球化的前提,又是生产全球化的结果。

(二)全球化的生产关系

生产关系是指人们在物质资料生产过程中所结成的社会关系,是生产方式的社会形式。马克思、恩格斯在1846年合写的《德意志意识形态》一书中首次使用,但又在很多地方表述为“交往形式”、“物质交往”,后来在1847年的《哲学的贫困》一书中基本确定下来。生产关系是适应生产力的一定发展水平建立起来的物质的社会关系,是一切社会关系中最基本的,是社会的经济基础,其余的政治、法律、道德等各种社会关系都是它的上层建筑。生产关系的具体内容包括生产资料的所有制形式,生产资源、生产资料和生产过程的配置、管理和经营的形式,不同社会集团在生产中的地位和相互关系,产品分配形式。这几方面相互联系、相互作用,形成有机的整体。其中生产资料所有制形式是生产关系的基础,决定生产关系的性质,其他因素又反过来影响生产资料所有制形式。

从生产关系的总体性质上,可以分为公有制和私有制。以生产资料公有制为基础的生产关系,包括原始公社的生产关系、社会主义的生产关系和共产主义的生产关系。以生产资料私有制为基础的生产关系,有奴隶制生产关系、封建制生产关系和资本主义生产关系。在新旧社会形态更替时期,还会出现过渡性的生产关系。

---

① Rogert D. Harris, *Post Capitalist Society*, HarperCollins, New York, 1993,转引自姜奇平:《21世纪网络生存术》,中国人民大学出版社1997年版,第123页。

从经济学的生产过程角度考察，生产关系包括四个环节：生产、交换、分配和消费。此外，有人认为，生产关系具有二重性结构：(1)纵向结构，是人们对个别劳动的占有关系，包括劳动过程开始前对生产条件的占有关系，劳动过程中人们相互间的职能分工关系，以及劳动过程结束后的产品分配关系。在一定历史阶段，它表现为阶级对抗关系。(2)横向结构，是个别劳动与社会总劳动的关系，这是很多个别劳动之间的社会物质变换过程，人们对个别劳动的占有转化为对社会劳动的占有，实现最终的消费。它发生在各种个别劳动之间或不同经济单位之间，是生产者之间的社会关系，在一定历史阶段，表现为异己的物化关系。生产关系的纵向结构决定生产的社会性质，即决定生产关系是采取人剥削人的形式，还是采取人人平等合作的形式。生产关系的横向结构决定社会的经济形式，即决定社会生产是自然经济、商品经济，还是计划经济。这也就是我们常说的"五形态说"和"三形态说"。

从生产关系的横向结构看，当代社会无论是资本主义还是社会主义，都还处在市场经济阶段（商品经济的高级阶段）。但是，由于生产力和科学技术的革命性变革，一种全新的生产关系形式已经初露端倪，它是以全球信息网络技术为基础的，我们可以称之为"全球化的信息生产关系"。

全球化时代生产关系的最大特征是生产关系的知识化和创新性，也就是知识经济的兴起。与农业时代和工业时代的物质资源不同，在知识经济时代，知识资源是一种可以重复使用的资源，它在使用中不仅不会耗损，还会不断地增值和创新，知识创新要求最大限度地开放与交流，吸收人类的一切优秀文明成果，也就是说，知识经济的前提是把知识作为全人类共享的财富和资源，这必须建立在全球化的基础之上。全球化不仅意味着资本、商品和市场的全球无障碍流通，更意味着知识、信息、智慧的全球无障碍交流。而知识信息的全球无障碍交流必然会促进知识的创新。全球化还突现了市场在其中的重要作用，从某种意义上说，全球化即是全球市场的形成。市场不相信眼泪，只相信能力，能力作为人的基本素质构成创新活动的前提，对能力的追求必然会将人们引导到对创新的追求上来。

全球化时代生产关系的变革主要体现在知识经济和网络经济中。在网络经济中，人们经验着以往时代完全不同的网上营销、购物、电子单据、无纸贸易、电子货币、电子签名、网上银行等经济活动方式，原来很多实体化的经济活动现在只要有一台电脑和网线，只要用鼠标轻轻一点就可以完成。

（三）全球化生产方式的本质特征

"现代经济的火车头已由机械电子改变为信息网络，工业革命时代的几乎所有生产方式正在或已经成为传统。高科技正以千万倍于传统工业方式的效率和能量引领新世纪的世界经济潮流，而它最具魔力的地方还远远不止于经济的效率，还在于其无所不及且几乎是无所不能的普世力量。"①与传统生产方式相比，全球化生产方式有以下基本特征：

1. 生产方式的人本化和劳动者的智能化

美国未来学院院长扬·莫里森在《第二曲线》一书中，把工业社会比作"第一曲线"，把信息社会比作"第二曲线"。第一曲线依赖于金钱，在其间，资金、利润、成本和售价的差额是最重要的，它是公司或个人手持现金的基础。相反，第二曲线更多的是围绕人，它在相当大的程度上依靠个人的知识和能力，而不仅仅是资金。

与以往时代相比，全球化时代对劳动者的综合素质的要求不断提高，劳动者既要具有一定的生产经验和劳动技能，更要有智力和知识，并且能不断更新自己的知识，掌握最新的信息。"未来的知识生产模式，将是生产者与消费者在互动中共同创造知识。一个人在网络进行交流和探讨时，他提供意见时是在进行知识生产，而在倾听反馈时，就是在进行知识消费。反过来说，一个人在共享知识时，由于始终伴随着意见的发表，从而成为知识生产；而在发表意见时，由于旨在赢得人们

---

① 万俊人：《文明对话：跨世纪的"现代性"谋划》，《东方文化》2001 年第 4 期。

的回应，又成为一个知识消费过程。”①更重要的是，全球化经济的核心资源——信息具有非稀缺性，但是人的时间和注意力却具有稀缺性，而信息内容的供给可能过剩。“人们的注意力，而不是用来消费注意力的内容，将成为商业价值的源泉。将会冒出太多的内容，而没有足够多的人有时间消费所有这些内容。这将改变我们对一切事情的看法；它将使我们重新思考如何尊重人，尊重个人的注意力、尊重服务以及尊重人与人之间的互动。”②

理想状态下，劳动者将作为全球化的“知识人”或者“网络人”而成为全球化社会的主人。尽管现阶段劳动者的发展还很不全面，很不自由，劳动者之间地位也不平等，但全球化时代的劳动者的发展已经为理想社会准备了条件。

2. 生产资料的信息化

在农业社会中，生产资料主要为自然物质和材料，工业社会则为能量和动力，信息社会又增添了新的生产资料，即信息和知识。产品形式为信息和知识产品，不同于以往社会的农产品和工业产品（当然在信息社会里，这两种产品仍然存在）。生产资料的扩展必然促使产业门类增多，使传统的工农业生产自动化和智能化水平大大提高，劳动生产率也随之大大提高，从而给社会生产力带来新的活力和飞跃。信息资源的广泛利用扩展了人类在资源利用上的方向和范围，即通过对丰富而便捷的信息和知识资源的开发和利用来弥补物质资源的不足，以减少物质资源对人类经济活动的限制与约束，从而使经济生产可能性的边界大大地向外扩展，使人类未来经济发展的基础更加牢固，经济发展的机制更加灵活。

3. 生产范围的全球化

全球性交通通讯技术的广泛应用大大推进了世界产业、贸易、金融

① 姜奇平：《通过知识获利自由——兼谈共享权的生产意义》，转引自鲍宗豪主编：《网络与当代社会文化》，上海三联书店 2001 年版，第 310—311 页。

② ［美］埃瑟·戴森：《2.0 版：数字化时代的生活设计》，海南出版社 1998 年版，第 182 页。

和服务的全球化。世界各国生产方式的生产、流通、分配和消费各环节已经突破物理时空的界限,日益连为一体,每一个具体的生产者、每一种具体的生产组织、每一项具体的生产活动都受到全球环境的影响,参与全球性的资源配置和流通,参与全球性的市场竞争。

4. 生产过程的直接化

直接化是指生产、交换、流通和消费过程的统一。从人类社会生产过程的历史变化看,农业经济阶段的生产、交换和消费过程是合一的;工业经济阶段的生产、交换和消费过程是分离的;网络经济阶段的生产、交换和消费过程将重新统一。在第一阶段,只有简单再生产,增值过程缓慢,自给自足的生产、交换和消费直接合一,是一种社会化程度很低的直接经济;在第二阶段,财富的增长主要来自分工,来自生产起点到消费终点之间增加的诸多中间迂回的环节,包括生产资料的迂回,也包括商业流通中的商场、分销商的迂回,还包括金融、投资等信息服务的迂回,它不再是直接经济,而是社会化的迂回经济;第三阶段,财富的增长主要来自于生产、交换、流通和消费的统一过程或直接化过程,它直接、快捷地面向用户需求,是高层次的、社会化的直接经济。① “在迂回经济中,生产关系的核心,是实现对中间资源和中间迂回过程的控制。包括对生产资料的控制、对生产和经营过程的控制,对以物或货币中介形式出现的分配的控制。但随着迂回经济向直接经济转变,体现生产力的生产过程和商业过程被‘拉直’,必然对处于这个过程中的人形成制度上的冲击。”②

一句话,农业生产方式是直接生产方式,工业生产方式是社会化的迂回生产方式,而全球化时代的生产方式则是在更高程度上的社会化的直接生产方式。全球化时代的生产方式把工业生产方式的迂回的路径重新“拉直”,是对农业直接生产方式的否定之否定。

5. 生产竞争的灵捷性和合作化

所谓灵捷(Agile)的基本意思是“智能、快捷”。智能,意味着由过去完

① 参见王道平等:《网络经济》,河北人民出版社 2000 年版,第 1 页。
② 姜奇平:《21 世纪网络生存术》,中国人民大学出版社 1997 年版,第 51 页。

全依赖物质资本，转向在生产中加入信息和智能因素；快捷，意味着对顾客要求的快捷反应，通过对用户的直接反应克服迂回路径带来的弊端。灵捷竞争的实质是大工业的信息化战略。生产竞争的合作化是指在全球化大背景下，企业间合作多于竞争，良性竞争多于恶性竞争，在提高经济效益的同时，更加注重社会效益和环境效益。（参见表3－2）

表3－2　灵捷竞争①

	灵捷竞争	大量生产竞争
竞争的机制	1. 灵捷性（时变的综合能力）是决定性的因素	1. 最低单件成本是决定性因素
	2. 产品成本直接取决于物质产品、服务和信息组合输入价值	2. 产品成本直接依赖于原材料、劳力和制造过程的输入成本
	3. 对不同顾客提供不同产品与服务的可变价格政策，多测度的	3. 固定、标准化订货方式确定产品的价值，单一的测度
	4. 多品种、可变价格、多姿多彩的组合/集成销售与服务，对顾客友善	4. 单一或少品种、统一的价格，单调的销售与服务方式
竞争的基础	1. 智能化，不断创新与改进，以顾客订单为依据，重视人的作用	1. 一次创造和缓慢地改进，以市场调查为基础，重视非人的因素轻视人的作用
	2. 对顾客驱动市场需求的快速反应能力、高整体柔性，动态的	2. 低柔性、慢的反应能力，静态的
	3. 演进的质量历程与柔性技术	3. 固定的质量标准，不变的质量历程与刚性技术
	4. 动态公司组织、自组织管理	4. 静态不变的组织，塔形多层次独断型管理
	5. 环保职责，与社会协调和谐	5. 没有环保意识与同社会协调的意识

2005年在管理学界流行一本书，由韩国的W.钱·金和美国的勒妮·莫博涅合写的《蓝海战略》。作者提出，现有的市场战略可以比作红海，在红海中，每个产业的界限已被划定并为人们所接受，竞争规则也已为人们所知。在这里，企业试图击败对手，以攫取更大的市场份

① 姜奇平：《21世纪网络生存术》，中国人民大学出版社1997年版，第37页。

额。随着市场空间越来越拥挤，利润和增长的前途也就越来越暗淡。产品成了货品（commodities），残酷的你死我活的竞争也让红海变得越发鲜血淋漓。与之完全不同，蓝海战略是一种未来的市场战略。蓝海代表着亟待开发的市场空间，代表着创造新需求，代表着高利润增长的机会。尽管有些蓝海完全是在已有产业边界以外创建的，但大多数蓝海则是通过在红海内部扩展已有产业边界而开拓出来的，在蓝海中，竞争无从谈起，因为游戏的规则还未制定。从红海到蓝海的转变，将是竞争战略的重大转变。

6. 产业结构的信息化

信息网络经历了从信息论的出现到信息科学的形成再到信息技术的产生以及与其他新技术的融合等历史过程，与其他高新技术一起，彻底改变了原有产业结构，并逐渐成为未来世界经济的主导型产业。以信息产业为例，它包括硬件产业（计算机及设备、电子管、半导体、网络硬件等）、软件/服务产业（计算机编程服务、软件批发、软件零售、计算机集成系统设计、信息检索服务等）、通讯服务产业（电话电信服务、无线电、广播电视等）、通讯设备产业（家用视听设备、广播电视与通信设备、数字化通讯设备等）。目前在发达国家信息产业创造的价值已占GNP 的 45% ~60%；信息技术产业已成为全球最大的产业。社会产业结构从以制造业为主逐渐转向以信息服务业为主。信息产业的发展还带动了一批其他相关产业如新材料、新能源、生物工程、海洋产业等的迅速成长。各产业部门和行业之间也打破原有的经营界限，相互介入，相互渗透，形成一种全新的外部竞争网络。

7. 产品市场的社会化

全球化时代，市场摆脱了物理时空、行业、体制等的限制，扩展到全球，甚至扩展到虚拟世界。只要具备一定的平台、一定的用户群，任何社会场所都可以成为产品流通和交换的市场。

8. 分配制度的知识倾向性

在工业社会中由于产品高度商品化，物质产品交换是根据自由市场经济规律来定的，而信息社会中由于其产品形式主要是知识（信息)，主要包括先进的科学技术、管理方法和有价值的信息等等，其价值不是随劳动而增加，而是随知识而增加的。所以，产品的收益的分配越来越向知识产业、知识劳动者和知识价值倾斜，甚至导致了一种新的两极分化。

9. 消费的个性化

消费的个性化对人们的生产提出了个性化的要求，使生产不再像以往大工业时期的大型化、模式化，而越来越人性化、个性化，满足各种不同的客户需求。有报告说，某些国际知名服装品牌每季生产的某种时装，一个尺码只有一件。

三、全球化时代人的生活方式变革

(一)全球化生活方式的结构

全球化进程不仅改变了人类生产的方式，更深刻地改变了人们的日常生活的方式。“如果说作为工业化时代之象征的铁路、飞机和高速公路等已经极大改变人的生存空间，从而使人产生一种‘地球村’的感觉的话，那么今天计算机网络以及未来的信息高速公路，则更进一步把人们的生活世界缩小到一个小小的监视器屏幕和一只小小的鼠标上面。”①

日本学者增田米二在《信息地球村》一书中用图概括了电子信息革命对人类社会的各方面的影响(见图3-1)。

全球化时代人类生活方式的结构包括生活主体(全球公民)、生活客体(包括生活资料和生活时空)、生活中介(信息和知识)，以及生活样式。

① 贾英健:《全球化与人的存在方式》,《理论学刊》2002年第5期。

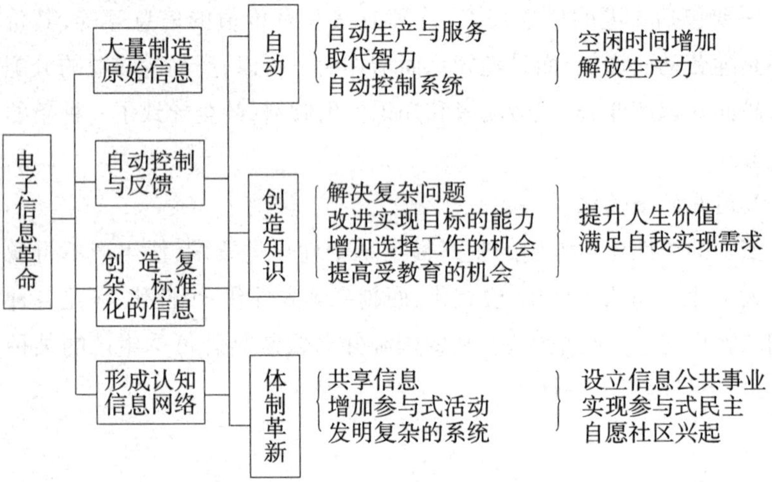

图 3－1　电子信息革命对社会的影响①

1. 生活主体②

全球公民是全球化时代人类生产和生活方式的主体。在一定程度上可以说，主体的状况决定了生产和生活方式的状况。全球化进程不仅改变经济活动，也改变了我们的社会结构、环境和人类本身。

2. 生活资料

全球化时代的生活资料一是物质生活资料，二是精神生活资料。生活资料与传统生活资料不同之处在于，无论是物质生活资料，还是精神生活资料，都实现了信息化和网络化。也就是说，无论是物质生活资料，还是精神生活资料，都以网络化的信息的形式存在，都要通过网络的平台和信息的中介来生产、流通、分配和消费。这并不是说全球化时代的生活资料只有信息而没有物质，而是说，物质资料虽然仍是（也许永远是）人类生活的基础，但是与传统社会不同，物质资料的生产、流通、分配和消费大多是以信息化的形式存在和运行的。

---

① 转引自严耕等：《网络伦理》，北京出版社 1998 年版，第 28 页。

② 关于生活方式的主体——全球公民的状况，我们已经在第二章有详尽论述，在此不再重复。

3. 生活时空

时间和空间条件是生活方式的必需条件。

人们一般把生活时间分为劳动时间和自由时间（闲暇时间）。自由时间是“使个人得到充分发展的时间，而个人的充分发展又作为最大的生产力反作用于生产力”，“自由时间，可以支配的时间，就是财富本身：一部分用于消费产品，一部分用于从事自由活动，这种自由活动不像劳动那样是在必须实现的外在目的的压力下决定的，而这种外在目的的实现是自然的必然性，或者说社会义务——怎么说都行”①。生活空间即人类生活的范围和环境，生活空间具有一定的区域界限，因而生活在一定生活空间内的人们具有共同的行为规范和心理特征。

劳动时间的缩短和闲暇时间的增多，是全球化时代的显著特点。目前，我国实行每周 5 天工作制，每个劳动力每年劳动 2040 小时，美国、日本年劳动约 1800—1900 小时，德国、法国为 1600—1700 小时，除每年有带薪假期外，每周工作 5 天。美国人年平均享有 12 天假期，荷兰人 32.5 天，意大利人是 32 天，德国人 30 天。②

下面重点分析一下工作与闲暇时间出现的一些重大变化。

（1）界限的模糊与重叠。全球化社会生产力的最重要的财富与资源是知识和信息。从事闲暇活动的“生活”时间客观上也就成了创造社会财富的“生产”时间。闲暇时间也将是个人“生产”社会资源（建立广泛的社会联系）和文化资源（掌握立足于社会所必需的知识和信息）的时间，而这种社会和文化的资源恰恰可以转化为经济资源和经济效益。正如麦克卢汉所说：“自动化结束了文化与技术，艺术与商业，工作与闲暇之间的对立。而在以前的机械时代，闲暇就是不工作，或者就是空闲。电子时代恰恰相反，由于信息时代要求我们同时发挥所有才能，因此，我们发现自己突然像艺术家一样，最紧张的工作也就是最悠

---

① 《马克思恩格斯全集》第 26 卷（Ⅲ），人民出版社 1974 年版，第 282 页。

② 参见《全球经济将出现五大浪潮》，载《参考消息》2000 年 2 月 2 日。

闲的时候。”①

(2)价值的位移和冲突。在生产力水平不高、人类社会处于维持自身生存和主要是解决物质生活需要的时候,该社会所确立的价值观必然是以劳动为本位的,早期资本主义社会就提倡“禁欲苦行主义”和“尽天职”的业绩精神。由于新技术革命加速了生产方式的自动化和信息化,劳动生产率大大提高,劳动时间大大缩短,人们开始更多地追求生活本身的价值和意义,加之享乐主义价值观的增长,人们的价值观发生了从劳动本位向闲暇本位位移的现象。未来的信息社会是以知识为基础的社会。知识具有共创性和共享性,知识的创造和应用本质上只能是人类的共同活动,而信息技术将以知识为媒介把人们联系在一起。人们将主要从事智力的、创造性的劳动,劳动将因满足人的高级创造性需要而变得富有意义和使人产生满足感,人们将更加可能从劳动活动中获得高级享受和成为主要乐趣。在未来的社会,各阶层之间在生产方式和生活方式上的差异,将在很大程度上表现在时间的利用方式上。

(3)工作与闲暇活动的合理配置。面向未来,人类能否合理安排自己的时间和配置好自己的活动,实际上涉及人类能否为自己的未来制定一个合理的发展战略和发展道路的问题。具体措施有:第一,在全球劳动本位价值受到冲击的条件下,继续强化劳动在实现社会全面进步、提高民族素质中的核心地位,倡导敬业精神,提高劳动时间的利用效率;第二,充分开发以闲暇形态存在的社会资源,提高闲暇时间的文明利用程度,消除闲暇活动中的单纯消费心理和“反文化”现象,并引导每个劳动者从自身的不同需要出发,建立起娱乐型和发展型活动、主动参与型和被动接收型活动、体能型和精神型活动、家庭内和社会场所活动之间的合理结构;第三,打破劳动与闲暇简单分割的二元结构利用方式,增强时间利用的弹性、灵活性和互相渗透性,形成结构严密、节奏

① 转引自李河:《得乐园·失乐园:网络与文明的传说》,中国人民大学出版社1997年版,第111页。

紧凑、各项活动功能分明又密切结合、高效的时间利用方式；第四，加强社会组织对时间的管理，提高全民族的时间观念和时间利用技能。①

4. 全球化的生活样式

全球化的生活样式可以分为就业方式（工作方式）、学习方式、休闲方式、消费方式、娱乐方式、家庭、住宅等。它们都是全球化生活方式的具体表现。

（二）全球化生活方式的具体表现

在工作方式上，实现了灵活工作与在家办公。有了信息网络工具，很多工作不再需要固定场所和固定时间，出现了 SOHO（Small Office 和 Home Office），工作薪酬方式也出现了除计时、计件外的计效制。

在教育和学习上，实现了寓教于乐与终身学习。知识文化的教育和学习不再局限在学校和书本中，全社会都成为“学习型社会”，一个人走出校门，走向社会，其学业并没有“毕业”，恰恰相反，他进入了一个终身学习的时代。唐·泰普斯科特提出了由广播式学习到互动式学习的八个转变（详见图 3－2）。

图 3－2　由广播式学习到互动式学习的转变②

① 王雅林：《人类生活方式的前景》，中国社会科学出版社 1997 年版，第 90 页。

② ［美］唐·泰普斯科特：《数字化成长：网络世代的崛起》，东北财经大学出版社 1999 年版，第 200 页。

在娱乐方式上,出现了网上娱乐、多媒体等工具,娱乐越来越个性化、数字化和大众化。娱乐和艺术的门槛大大降低,特别是在网络上,普通网民可以利用各种简单易学的工具创作小说、音乐、漫画、照片、DV(视频电影),在网络上,人人都是自己的电视台和制片厂。陈凯歌导演的《无极》与网民胡戈制作的网络短片《一个馒头引发的血案》之间的"血案"就是全球化网络时代文化和艺术大众化的鲜活例证。"超女"和京剧各行其道,"二人转"和交响乐同台演出。人们进入了雅俗共赏,人人各得其乐的时代。"我们已经进入了一个艺术表现方式得以更生动和更具参与性的新时代,我们将有机会以截然不同的方式,来传播和体验丰富的感官信号。因特网络将成为全世界艺术家展示作品的世界最大的美术馆,同时也是直接把艺术作品传播给人们的最佳工具。"①

在消费方式上,由于物质产品的极大的丰富,我们由生产型社会迈入了消费型社会,"生活方式与消费已不仅仅是一个经济的、实用的过程,更是一个涉及文化符号与象征偏好的过程,它传递的是一种生活方式的向往和信息"。② 其主要表现在:消费结构中的非物质含量扩大;消费的个性化趋势明显;消费取向中的精神需求加强;消费理念中的人文因素增加。家、量体裁衣统领了人们从生产到生活的消费理念。不过,消费文化及"消费主义"的一些负面效应日益显现,这点我们将在下节讨论。

在人居(住房)方面,向实现安居乐业理想大大迈进。工业时代,随着经济发展、生活水平的提高以及女性社会地位的提升,家庭的经济、组织和教育等功能都已经大大削弱了,出现了家庭规模的小型化和形式的多样化的趋势,乃至出现了家庭这一维系正常社会秩序的重要环节的衰落。而新全球化时代,家庭的作用和地位将重新受到重视,得

---

① 陆俊:《重建巴比塔:文化视野中的网络》,北京出版社1999年版,第180页。

② 方心清:《全球化视野下的生活方式变迁——也谈消费文化中的人文色彩》,《江浙学刊》2003年第5期。

到提升，主要表现在：

第一，信息网络技术在家庭的普及将打破工作、休闲、娱乐与学习之间的界限，通过各种网络远程通信工具，人们可以在家工作，在家学习，在家交往，不出户而知天下，不出户而交天下，不出户而行天下。

第二，以电脑为代表的各种现代信息化家用电器（电话、电视机、电冰箱、洗衣机等）进入家庭，将大大提高人们的日常生活水平和质量，家庭正在迎来一场电子网络革命，未来的家居将是“智能网络之家”。更重要的是，未来电脑及其他家用电器面临着人性化、信息化和智能化革命，它们将不再是冷冰冰的机器，而将具有良好的人性化界面，甚至会出现“电子管家”、“家政代理人”。

第三，住房本身的智能化和信息化。

第四，也是最重要的，人们将更加重视家庭在伦理和情感方面的价值。信息网络在家庭的普及使家庭的各种功能大大强化，人们呆在家里的时间可能增多，加强了家庭成员之间的相处和交流；家居的信息化和智能化也使家庭成员的科技文化素质得到不同程度的提高；网络的民主化和分权化倾向也有助于家庭内部夫妻、父母与子女之间的关系更加平等、民主、宽容，有助于家庭生活的稳定健康。

在健康和医疗方面，出现了“健康消费”与网络医疗。在全球化时代，人们对健康问题的关注日益增加。这是因为，物质生活水平的提高带来了许多由营养过剩和不良饮食习惯引起的疾病（所谓“现代富贵病”），紧张的生活节奏、激烈的竞争、重复性的工作压力等又造成“亚健康状态”①和精神心理疾病。哈佛大学研究报告指出，精神健康问题在“全球疾病负担”中占8.1%。长期从事电脑工作者的眼、耳、手、颈、肩、腰都受到不同程度损害。但另一方面，传统医疗保健服务的资源和能力非常有限，已远不能满足人民群众日益增长的需求。网络医疗的

① 所谓“亚健康状态”指介于传统意义上的疾病和健康之间的状态，表现为没有明显的生理疾病症状，也没有严重的心理疾病，但有睡眠不足、精力不充沛、情绪不稳定、心情不愉快等现象。亚健康状态的提出有重要意义，它使人们的卫生健康观念从“治标”转向“治本”。

出现和发展为解决这一问题提供了根本途径。全球化时代的网络医疗可以在全球范围内配置医疗资源，提高质量、降低费用、提高效率，更重要的、是将逐渐打破医生和病人的界限，打破医院和医生对医疗服务的"垄断"，实现"没有围墙的医院"、"所有医生的病人"和"所有病人的医生"，医生和病人之间有可能建立真正互动式的关系。

病人成为自己的医生，这并不是一个遥不可及的梦想，而是几千年来人们早就身体力行的一种保健措施。加州大学伯克利分校卫生计算机应用中心曾做过的一份调查表明：大部分到医院的人（50%—80%）其实并不真正需要医生的照顾；大部分健康问题（约70%—80%），如果你有正确的知识，就能够自己解决；大部分真的患了严重的疾病、需要医生治疗的人（约60%），在到医院去的时候，已经为期已晚，结果需要额外的治疗，忍受额外的痛苦，付出额外的金钱，乃至不治身亡；几乎所有最初的医学判断（约95%），都是由个人或是亲友在与医疗体系无关的情况下做出的；大部分正确的诊断（约70%），取决于病人告诉医生的信息。

因此，只要给予一定的条件，自我保健和自我治疗在很大程度上是可行的。事实上，"互联网本身也像一个永不休息的咨询医生，或者说是一座面向所有人的医学院"①。

在行的方面，虚拟旅游可以实现"足不出户而走天下"。你可以运用虚拟技术，足不出户就可以直接享受到旅游的种种乐趣。当然，虚拟旅游也有不足之处，主要是缺乏人与自然、人与人的直接交流，也体会不到旅游过程的艰辛和乐趣，总是隔了一层。尽管如此，在你没有条件（比如老弱病残或经济贫困）、没有时间、没有心情亲自出门旅游的时候，尝试一下虚拟旅游，足不出户而走遍天下，何乐而不为呢？

（三）全球化生活方式的本质特征

全球化时代的生活方式具有以下几个特征：

① 参见严锋、卜卫：《生活在网络中》，中国人民大学出版社1997年版，第110—112页。

1. 生活方式的全球化和普遍化

人类不同国家和民族的生活方式是千差万别的，生活方式具有鲜明的民族性和地域性。但是，在全球化时代，世界经济、政治、文化的全球化和一体化进程加快，不同国家和民族的生活方式已经联结成为一个全球化的网络，世界成为一个“地球村”，每一个“村民”的生活都或多或少地受到全球性的影响。“你的选择会影响别人，因为这个新世界更多地依赖于其公民而不是历史。在网上，你对生活的选择和实践会对网络中其他人的生活质地发生影响，这种影响可能比发生在地理世界中的影响要广泛得多。”①生活方式的全球化和普遍化并没有消除民族和国家的差别和个性，而是提供了一个普遍交流的平台，促进了不同生活方式的理解和交流，促进了不同生活方式的共同发展。

2. 生活主体的个性化和知识化

生活方式的全球化并没有消除不同国家以及不同个人之间的特性和差别，相反主体自身的全面发展的机会越来越多，教育、学习、就业、娱乐和安居的条件越来越好，个体的生活质量和生活素质不断提高，日趋个性化和知识化。“与农业经济和工业经济不同的是，在信息经济中，上述策略（重新分配社会财富等——引者注）都陷于失灵。人们生活的好坏较少取决于他们的手中或银行账户上有些什么，而更多取决于他们能用他们的头脑做些什么。这意味着创造平等、甚至是机会的平等的任务较之简单的财产再分配要复杂得多。”②

3. 生活资料的信息化和共享化

传统的物质和精神生活资料采用了信息化的形式，信息、知识、智能、情感、价值等也成为人们消费、欣赏和使用的生活资料。传统的物质生活资料具有排他性，占有和消费的人越多，其价值越小；而信息生活资料具有共享性，占有和消费的人越多，其价值越大，从而又刺激了

① ［美］埃瑟·戴森：《2.0 版：数字化时代的生活设计》，海南出版社 1998 年版，第 346 页。

② ［美］埃瑟·戴森：《2.0 版：数字化时代的生活设计》，海南出版社 1998 年版，第 110 页。

信息生活资料的创造和交换。这是人类生活资料的重大变革。

4. 生活观念和价值的多元化

全球化时代,“人类不但不会被压平而成为单调一统的群体,反之,还将在社会各方面走向空前的多样化。这个新社会,这个目前正开始形成的超工业社会,将促进实现一种充满狂乱而瞬息万变的生活模式”①。生活方式的全球化和普遍化并没有导致生活价值的一元化,相反,由于生活资料更加丰富,生活和交往工具更加快捷,人们选择和实践生活方式和生活价值的空间无限扩展,机会和自由度大大增加。传统的封闭、保守、集权的生活观念和价值让位于开放、自由、宽容和分权。不同的个体可以创造出更加丰富多彩、个性更加鲜明的生活。甚至过去不被人注意和重视的“弱势群体”和“少数集团”的价值也日益扩大影响。

5. 生活时间和空间结构的互渗与融合②

6. 生活环境的和谐化

早在 20 世纪 80 年代,托夫勒就提出“平衡的”生活方式,“随着第三次浪潮把为交换而生产和为使用而生产在经济中安排得不偏不倚,比较平衡,人们开始听到越来越强烈的呼声,要求有一个‘平衡的’生活方式”③。在网络时代,生产与生活、生活与环境、物质与精神的平衡的理想将有可能变成现实。新的生活资料——信息和知识是无污染的、可再生的,信息网络技术在传统物质资料生产中的应用也可以提高资源的利用率,减少环境污染,社会生产和生活的全面信息化可以大大减少对生态环境的破坏。

7. 生活价值取向由注重量的增长转向质的提升

在世纪之交,人们的生活价值观更加注重对总体生活质量和生活环境的强调,“人类生存战略的变迁,将从最大限度地推进经济增长,

① [美]阿尔文·托夫勒:《未来的冲击》,孟广均等译,新华出版社 1996 年版,第 254 页。

② 关于这一点,参见本节第一部分相关论述。

③ [美]阿尔文·托夫勒:《第三次浪潮》,新华出版社 1996 年版,第 431 页。

转向通过生活方式的变化而最大限度地保证生存和幸福”①。在网络时代,无论是发达国家还是发展中国家,都将从片面强调物质和技术的发展,转向更加注重人的全面而自由的发展,也就是将更多地解决人们的生活质量问题和确立更加合理的生活方式问题。

四、价值评价与未来前景

上文对全球化生存方式的全面分析中,已经蕴含了全球化生存方式对于人类生存和发展的重大价值和意义。然而,任何事物都有两面性,全球化对于人类的生存和发展也是一把双刃剑。面对关系到人类未来生存与发展的重大问题,我们既不能盲目乐观,也不应悲观失望,而应站在时代的和历史的高度,全面而深入地分析全球化生存方式自身所存在的缺陷和困境,以及对人类生存和发展可能有的负面价值和消极意义。

(一)全球化生存方式的现实困境

1. 全球化生产力与传统生产力的矛盾

从理论上讲,全球化生产力与传统生产力、全球化产业与传统产业是相辅相成的,但在事实上,两者在一定程度和范围内存在矛盾。

第一,由于特定时期的资源(特别是人力资源)的有限性,生产的全球化在带动传统产业升级的同时,会带来严重的失业问题,这一问题至少在不久的将来难以根本解决。

第二,传统生产方式重生产而轻流通和消费,而全球化生产方式的优势主要体现在流通和消费中,导致现实生产过程中生产与流通和消费环节产生不同程度的冲突和矛盾。

---

① [美]罗纳德·英格尔哈特:《变化中的价值观:经济发展与政治变迁》,《国际社会科学》1996 年第 13 期。

第三，工作方式的全球化在提高工作效率的同时，也可能造成人与人之间的“电子隔离”。人与人之间的联系更多地通过电子网络的中介，而不是面对面的接触，这不但可能造成感情的冷漠和疏远，还会减少人们之间的合作和团结精神。

2. 欲望的无穷和无度

现代市场经济社会的消费模式可以用“多买、多用、多扔”来概括。人们经常把没有实用价值的商品买回来，企业总是千方百针地兜售没有多少实用价值的商品。全球化生产方式的出现没有消除反而增强了这种消费模式。过多地使用“一次性”消费品，许多仍有使用价值的耐用消费品被不断淘汰；消费品过度消耗能量和资源，加重了环境的负担；消费结构不合理造成大量浪费。布热津斯基在《大失控与大混乱》一书中称为“丰饶中的纵欲无度”，指“什么事情都允许发生，什么东西都可以拥有的社会”。物质享受上的纵欲无度越来越主宰和界定着个人生存的内容和目标。物质欲望的过度膨胀与精神价值的不断萎缩是全球化社会的一大特征。“贪婪就是好”——20 世纪 80 年代后期美国雅皮士的口号——对于丰饶的纵欲无度来说是恰如其分的座右铭。① 因此，“西方都必须摒弃自己的偏狭态度，正视自己的文化弊病，这不仅因为它精神上的空虚使它缺乏同情心，而且因为西方消费主义社会产生了超出个人需要范围的追求自我满足的无穷无尽的欲望，在全球范围内仿效是绝对行不通的……大家都必须在当代世界里寻求物质生活与精神生活之间的一种更明确的平衡……”②

改变生活方式必须在可持续发展战略的框架下进行，人们的消费需要不仅应包括物质需要和精神文化需要，还应包括生态需要在内。必须从社会文明、社会文化的角度来呼唤绿色消费，当然，绿色消费绝不是“消费绿色”，而是保护绿色，发展绿色，这是消费观念、消费方式

① 参见［美］布热津斯基：《大失控与大混乱》，中国社会科学出版社 1995 年版，第 75—76 页。

② ［美］布热津斯基：《大失控与大混乱》，中国社会科学出版社 1995 年版，第 235 页。

乃至生存方式的革命，它反映的是人与自然协调发展的新的价值观和消费观，也是社会全面进步的具体表现。要强调和引导消费者转变消费观念，从重视生活水平的提高向重视生活质量提高转变；从追求物质消费向追求精神消费和服务消费转变；从满足基本生存需要向追求人的全面发展转变。

我们现在提出的“资源节约型”社会和“环境友好型”社会正是社会健康发展和人的生存方式变革的迫切要求。人人应该“以艰苦奋斗为荣、以骄奢淫逸为耻”，提倡适度节约型消费模式，即便在物质生活极大丰富的今天，也应该走出唯物质享受才是幸福的误区，摆脱纵欲主义的樊笼，把注重人的需要的全面满足作为我们生活方式的价值取向。适度节约消费模式，不仅可以避免地球上有限资源的不必要的浪费，而且有利于良好社会道德风尚的形成。

3. 旧的社会问题并没有解决，又出现新的社会问题

许多工业时代的社会问题，如种族歧视、贫富分化、犯罪、黑社会、色情、吸毒、艾滋病蔓延等，并没有因为全球化时代的到来而得到解决，反而还出现了诸如全球恐怖主义、全球性问题、“数字鸿沟”、信息犯罪、网络黑客等新社会问题。新旧问题交织在一起，异常复杂化。

4. 旧的生态问题继续恶化，又出现新的生态问题

工业文明和现代化建设在全球范围内造成了严重的生态环境的恶化，人们正在自毁家园。诸如森林锐减、土地沙化、物种消失、全球变暖、环境污染、水资源短缺、能源危机等等。到目前为止，这些全球性问题还在继续恶化，而且还产生了新的生态问题——信息垃圾和信息污染。物质的生态、信息的生态和人的心态三大领域都面临着严重的失衡和危机。

5. 全球化的知识和信息普及丰富了知识和信息的量，但并没有带来相应的质的提升和价值的升华

6. 理想信念的淡化和精神价值的迷失

理想信念的淡化和精神价值的迷失是全球化时代的普遍特征。物质财富和文化娱乐方式的极大丰富掩盖不了人们精神生活的空虚和迷

茫。比如在网络上,网上娱乐和网络游戏丰富了人们的精神生活,但如果沉溺于其中,混淆了生活和娱乐、人生与游戏的界限,则必然迷失生活的方向和价值的追求。正确合理的理想信念和精神价值是健康的生活方式不可或缺的,适应全球化时代的全球伦理道德建设已经势在必行,对此,我们将在第七章展开讨论。

(二)全球化生存方式的深层悖论

从上文对全球化生存方式的一些矛盾和冲突现象的分析中,我们可以归纳出全球化生存方式的几个深层次悖论。

1. 人类与机器

人与机器、人与技术的矛盾和悖论是人类社会自工业时代以来的核心问题之一。

在全球化时代,人们摆脱了大机器生产的束缚,机器更加人性化,人们的生存方式更加注重情感、价值、精神等因素。但是,人类并没有真正摆脱"机器统治"和"技术专制",相反,机器和技术继续渗透到人们日常生活的方方面面。荷兰当代哲学家E.舒尔曼曾指出:"技术在现代的、充满活力的文化现实中占据着重要地位。人们愈发广泛地承认,现代技术是现代文化得以建立的基础。在很大程度上,我们文化的未来无疑将被技术控制和决定。"①作为人脑代理的电脑,在为人们带来诸多方便的同时,也预示了可怕的前景:人将失去作为主体的自我,变成机器的奴隶。换言之,人和机器的界限将日益模糊。比起电脑和人工智能的高速发展,人类自身似乎正变得过时和落伍。电脑和人工智能专家渴望用数字化的机器来代理和替代人,而现代生物工程专家则更干脆,他们直接重提200多年前法国哲学家拉梅特利的口号:人是机器!并用数字化技术对这台机器进行拆卸、修理乃至改造。更值得担心的是,未来的疯子或许会利用高科技手段来反对人类,科学家成员

① [荷]E.舒尔曼:《科技文明与人类未来》,李小兵、谢京生等译,东方出版社1995年版,第1页。

并非天然代表着人类理智和良知。当乐观主义者数着科技大踏步前进的步伐时，悲观主义者和一些“反人类”的科学家则从相反的方向数着人类走向终点的脚步。

难怪有人如此忧虑：“我们与周围世界的交往正越来越有了电脑技术的介入，而且我们正逐渐被数字化所‘吞噬’。正如《星际旅行：下一代的光景》的爱好者所说的：由于日益频繁地与机器打交道，或通过技术的纽带而彼此交往，我们已被变为技术与生物学的网络化杂拌儿。”①

戴维·申克在《信息烟尘》一书中曾举过两个典型的例子：一是英国伍尔弗汉普顿大学一位教授写道：“就我的体会来讲，信息技术的扩展速度使我的恐惧和激动同时加剧。离开网络一天，你会心痒难耐；离开网络两天，你会产生负罪感；离开网络三天，你就已经置身石器时代了。”另一个是专门研究“技术压力”的菲利普·尼科尔松（Philip Nicholson），他在演讲中要求听众做出一个两难的选择：假设你必须作出决定，或者放弃你的一根手指，或者今后再也不使用计算机。结果，在调查者中有三分之一的人选择放弃一根手指。麦克卢汉说，技术成了我们身体的延伸。但这并不完全是好事，“现在我们知道，当这一逻辑被推向极致时，会发生什么事情。放弃计算机和截肢是等价的”②。

我们当然不会回到石器时代，也不愿意被截肢，更不愿意变成机器，因此，在处理人与机器的关系问题上，我们必须慎之又慎，必须三思而后行。

2. 真实与虚幻

真实与虚幻是人类生活中不可或缺的一对矛盾，人类生活始终在这两极之间摇摆。虚拟现实技术在生活中的应用，将这一对古老矛盾以新的形式突现出来了。虚拟并不等于虚幻，更不等于虚假，但是以一

① 王逢振等编译：《网络幽灵》，天津社会科学院出版社 2000 年版，第 6—7 页。

② ［美］戴维·申克：《信息烟尘：在信息爆炸中求生存》，江西教育出版社 2001 年版，第 29 页。

种非现实的手段实现现实的目的，对扩展人类的生活时空、提升生活质量有重要意义。但毋庸讳言，虚拟现实确实不是看得见、摸得着的实实在在的现实，其过度使用可能会陷入其中而不能自拔，以至混淆现实与虚拟的区别，网络沉溺（网瘾）现象就是实例。

3. 神性与物性

神性与物性、精神与物质，是人的二重化存在的本质。所谓"神性"是指人的精神、心灵、情感、意识、观念等精神性特性；所谓"物性"是指人的本能、欲望、需求等物质性特性。二者同为人性的两大组成部分。所谓"人性"就是人之所以为人的本性。马克思主义认为，人性是自然性、社会性、历史性和实践性的统一，也就是神性与物性的双重变奏。从人性的角度可以说，人类社会发展的历史就是在神性与物性互相对立、互相补充、互相促进中追求人的自由而全面的发展的历史，而每一特定历史阶段的人性状况都是片面的、不完美的。全球化时代对人性总体上持肯定态度，为人性的充分发展提供了现代化的技术和物质手段，但同时，也带来一系列人性新的分裂和扭曲的现实与可能性：灵魂与肉体、手段与目的、工具理性与价值理性、现实与理想等的分裂与对立。具体表现为感性欲望的泛化、主体人格的分裂和精神价值的消解。

上帝死了，大写的人也死了，剩下的大多是小写的人。许多人的物质生活的丰富和精神生活的贫乏形成强烈的反差，人生如同佛家所说"如幻又如电"，一切都是过眼烟云，唯有强烈的物质消费欲望是经久不衰的。李河把这种生活称为"离心的生活"。反之，他认为人的文化生存方式的本质是一种"向心的生活"。"'向心的生活'不让生活成为各种物质产品的附庸，同样，它也不会让过去的文化成为我们生活的禁令和负担……人的文化生存方式，或者说人的向心的生活，强调心灵生活的直接性和不可替代性。诗意的生活是人类的向心的生活的本质，它使人不仅活着，而且生活着。”①

如何使物质和技术不致成为失控的离心力量，如何使生活恢复向心力，这是人们对生存方式提出的基本要求。但愿这不仅仅是一种幻想。展望未来，我们有必要思考这样一个问题：生活的压力与生命的尊严哪一个重要？

4. 沉重与轻松

“重”与“轻”是人类生活中的一对永恒矛盾，吴伯凡精辟地论述了“重”与“轻”的矛盾：

> 人从来都受到“重”和“轻”的双重威胁——人既有变成石头的危险，又有变成羽毛的危险。石头所处的状态与羽毛所处的状态在本质上是同一种状态——身不由己，全然失去自由。只不过前者是在全然的静止中失去自由，后者在完全居无定所中失去自由。自由的状态是同时包含着轻与重，轻与重相互谐调的状态，而“飞翔”的状态是这种状态的最好的象征。②

曾几何时，人类的生产和生活水平十分低下，生活资料非常匮乏，沉重的生存压力将我们牢牢地钉在大地上，梦想着轻松，渴望着自由飞翔。网络时代，数字化的信息和知识取代物质成为我们生存的基础，我们进入了“数字化生存”时代，我们卸去了尽可能多的物质性的沉重负担，变得前所未有地轻松了。然而，我们的梦想似乎并没有完全实现，“数字化生存”并没有把我们带进伊甸乐园。刚刚摆脱“生命中不可承受之重”，又要承受“生命中不可承受之轻”（米兰·昆德拉语），在得到轻松自由的同时，失去了根基的沉重，在飞上天空的同时，割舍了与大地的亲和性。海德格尔早就警告过我们：

---

① 李河：《得乐园·失乐园：网络与文明的传说》，中国人民大学出版社 1997 年版，第 223—224 页。

② 吴伯凡：《孤独的狂欢：数字时代的交往》，中国人民大学出版社 1998 年版，第 322 页。

> 当今人的根基持存性受到了致命的威胁。更有甚者：根基持存性的丧失不仅是由外部的形势和命运所造成，并且也不仅是由于人的疏忽和浮浅的生活方式。根基持存性的丧失来自我们所有人都生于其中的这个时代的精神。①

我们不禁要问："可是，重便真的悲惨，轻便真的辉煌吗？"②

不要让沉重变为笨重，更不要让轻松变成轻浮。

5. 快与慢

"快"与"慢"是衡量生活方式的一个重要指标。现代技术的飞速发展与无限度的升级使人类的生活世界飞旋起来，至于人在这种漩涡中有什么感觉，这种飞速变化对人来说意味着什么，技术没有也不可能回答。技术崇拜就是"速度崇拜"。在现代技术领域中，速度就是一切。米兰·昆德拉曾把当代的速度崇拜称为"速度之魔"，认为速度是技术革命赋予人的狂欢的形式。1995 年的美国大片"Speed"有一个耐人寻味的译名——"生死时速"，的确，在高速、高效、高节奏的时代，时间和速度已和生死相关，打个比方，就像在一辆高速列车上，许多人出现了"晕车"症状，他们还来不及欣赏窗外的风景，一切就已成为过去。难怪摇滚歌手崔健唱出："不是我不明白，这世界变化快……过去我幻想的未来可不是现在。"科技专家、政治家、企业家、商家都在喋喋不休地喊着一个字：快！或套用一句广告词：没有最快，只有更快！Intel 公司总裁格鲁夫曾提出一个"只有偏执狂才能生存"的原则，倡导一种不知满足、不断升级的生存观念。有人用黑色幽默的方式解释了"升级"的含义：

① 孙周兴编选：《海德格尔选集》，上海三联书店 1996 年版，第 1235 页。

② 吴伯凡：《孤独的狂欢：数字时代的交往》，中国人民大学出版社 1998 年版，第 323 页。

升级:换新西装的过程。

换上了一件新西装后,发现原来的衬衣不配了;

又换了一件新衬衣后,发现原来的领带不配了;

换了新领带后,发现原来的皮带不配了;

换了新皮带后,发现原来的皮鞋不配了;

换了新皮鞋后,发现原来的西装又不配了;

…………

如此循环,直至无穷。

如何在生活节奏的加速度中保持生活的稳定性和连续性,已经成为全球化时代生活方式的核心目标之一。

6. 新与旧

新与旧、现代与传统的矛盾也是人类生活方式的一对永恒矛盾,本书将在第七章中展开讨论。

(三)全球化生存方式的前景

1. "和而不同"的生存方式

面对全球化时代生存方式的二重性现状,我们应不以物喜,不以己悲,努力保持生存环境的完整性和稳定性,寻求人与物、身与心、真与假、快与慢、新与旧等的和谐统一,追求真、善、美的理想。我们将在第七章中展开论述"和而不同"的生存方式。

2. 全面提升人的生存素质

生存是人的生存。要想提升人的生存质量,归根到底要提高人自身的生存素质。要在继续提高人的科技素质和能力素质的同时,大力开展人文教育,弘扬人文精神,提升人们的人文素质,促进社会伦理和法制规范的人性化,使人成为身心健全和全面发展的人,而不至变成"单面人"或者"机器人"。

3. 从以生产力为本转向以人为本的发展战略

生产力固然是人类生存的基础,但绝不是全部。人类是为了生存而生产,不是为了生产而生存。人们生存方式的主要目标不仅在于提高生活的物质标准,更在于生存环境的改善和生存质量的提升和美化。物质财富的生产是必需的,但是它们将被用来为生存的目的服务,而不是用来支配生存目的。“像电脑和汽车一样,技术把人们的生活割裂,同时又帮助把碎片缝合起来。挑战在于怎样把电脑化空间里建立起来的联系融入真实生活……Internet 是一种新文明,文明的目的是净化并拓展我们的生存空间,提升人类的生活质量。”①

现在,以人为本的科学发展观已经成为世界的潮流与社会的共识。具体来说,就是要实现以人为本,全面、协调、可持续的发展,体现“文明、健康、科学、和谐、开放、宽容”的价值内涵,注重人与自然的统一,生活的质量、数量和速度的统一,科学性和价值性的统一,稳定性与动态性的统一,现实性与理想性的统一。

面向未来,我们每个人都有责任思考和行动,因为这不是什么大而空的哲学问题,而是关乎我们每个当代人和后代人的生存与发展的重大问题。尼古拉斯·巴任说得好:

> 未来的技术时代将会是什么样子?没人知道它怎样开始,谁将领导谁将跟随,谁将成功谁将失败,它将怎样改变我们的社会?我们都希望信息高速公路最终会使我们生活得更好,为全人类带来更多的好处:传播文明,给人们进步所需的信息、加强全世界的沟通和理解。它不仅仅是家庭购物和视频点播,它将彻底改变我们的生活。这是信息高速公路的承诺,让我们共同努力来将它变成现实。②

---

① 乔岗编著:《网络化生存》,中国城市出版社 1997 年版,第 307 页。

② [美]尼古拉斯·巴任:《透视信息高速公路革命》,海南出版社 1998 年版,第 254 页。

第四章

全球化与人的交往方式

海内存知己,天涯若比邻。

——王　勃

我们生活的"地球村"上的生命再也不是分散在截然不同的地域的个体的组合了,这个世界已构成了一个整体。在这个新世界中,我们的邻居正不断多起来,而且已不能用物理上的邻近来定义,而是要用是否有共同的兴趣来定义。我们现在生活的世界,技术使人们相互交往,而不是相反。①

——巴雷特

马克思认为:"人的本质不是单个人所固有的抽象物,在其现实性上,它是一切社会关系的总和。"②人的社会关系的形成和发展离不开人的社会交往。人类的生存与发展更离不开人的社会交往。交往方式与生存方式一样,是人类存在方式的基本方面之一,每一时代人类存在

① [美]巴雷特:《赛伯族状态:因特网的文化、政治和经济》,河北大学出版社1998年版,第23页。

② 《马克思恩格斯选集》第1卷,人民出版社1995年版,第56页。

方式的变革都在交往方式的变革中深刻而全面地体现出来。全球化时代人类交往方式正在发生着显著而深远的变革。

一、人的交往方式的哲学与历史界定

(一)交往方式范畴的哲学界定

交往是人的社会实践活动的基本方面之一,是形成人的社会和社会的人的基础。如果说生产是人与自然关系的活动形式的话,交往则是人与人、人与社会的关系的活动形式。

马克思最早提出"交往方式"这一概念是在《德意志意识形态》一书中。这一概念大体相当于后来的"生产关系",指人们在生产过程中结成的关系。又称为"交往形式"、"交往关系"、"市民社会"。他明确指出:"一切历史冲突都根源于生产力和交往形式之间的矛盾。"①"共产主义只有作为占统治地位的各民族'一下子'同时发生的行动,在经验上才是可能的,而这是以生产力的普遍发展和与此相联系的世界交往为前提的。"②可以看出,马克思提出的这一概念虽然后来被"生产关系"概念逐渐代替,但它的原初涵义要比"生产关系"更广泛,也可见马克思对交往活动、交往实践和交往方式在人类社会发展中的基础性地位和作用的深刻认识。后来马克思一直认为,人们在交往的一定形式的范围内所进行的实践活动是人类全部社会历史的真正基础。人的实践在本质上是交往的,因为实践是以个人彼此之间的交往为前提的。这种交往的形式又是由生产决定的。

德国哲学家和社会学家哈贝马斯(Jurgen Harbermas)指出,人类社会的进化,其基本动力在于人们之间为取得理解和"共识"(common sense)而形成的"交往"。他所说的"交往行为",指的是主体间通过符

---

① 《马克思恩格斯选集》第1卷,人民出版社1995年版,第115页。
② 《马克思恩格斯选集》第1卷,人民出版社1995年版,第86页。

号协调的一种相互作用,它以语言为媒介,以人与人之间的相互"理解"和"一致"为核心,以确立统一、有效的社会规范为归宿。在"交往"的发展过程中,人们的知识和实践的水平和能力得以提高,由此产生新的更高的交往需要,社会按照发展了的知识和实践的水平和能力重新建构社会组织原则,从而形成新的"社会一体化",导致新的交往工具和交往方式的产生。所谓社会进化就是社会在"交往"中产生的更高认识和实践的水平和能力,并在此基础上由一种社会形态向另一种新的社会形态(社会一体化)不断进化的过程。哈贝马斯的交往理论与马克思的交往理论不同,没有坚持生产实践活动在人类实践中的基础性地位,以一种独特的方式强调了社会交往和交往对于人类社会的重要地位和意义,对于我们认识人类交往方式的本质有一定的参考意义。

简言之,交往方式是指人在生产和交往活动中形成的人与人、人与社会的关系的总和。以往我们的理论研究普遍存在着重生产而轻交往的倾向,有人称为"主客体关系"对"主体间性"的消解和僭越,因此,"从根本上说,以主客体关系为基本结构的物质资料生产应当服务于以主体间性为基本结构的人际交往,生产的目标应是为和谐的人际交往和健全的社会关系提供条件"①。

(二)人类交往方式的历史变革

人类的交往自人类诞生的那一天起就开始进行了。人类交往的发展史非常典型地反映了人类生存和发展的变革。在人类社会早期,人类不知道自己生活的地球是什么样子,也不知道周围的世界的情况,他们只能被大自然封闭在一块块相互隔绝的土地或海岛上。风云变幻的天空、浩瀚无垠的大海、不可逾越的高山、波涛汹涌的河流以及无法生存的沙漠、原始森林等,都曾经是人类生活的一条条封闭线和交往的天然障碍。面对神奇的大自然,人的力量非常渺小,人类的衣食住行和思维受到大自然的制约,因此,在人类历史上几乎每个民族都经历过"以

① 衣俊卿:《现代化与日常生活批判》,黑龙江教育出版社1994年版,第132页。

我为中心”、“我即世界”这样封闭意识的阶段。随着人类生产力的发展，交通工具的进步，人类社会交往的范围不断扩大，层次不断深化，如陆上丝绸之路与海上丝绸之路。经济文化的有限交往对各民族的发展起到很大作用，形成了几大文明和几大宗教的繁荣。罗素在《中西文明比较》一文中曾经指出：“不同文明之间的交流过去已经多次证明是人类文明发展的里程碑。希腊学习埃及，罗马借鉴希腊，阿拉伯参照罗马帝国，中世纪的欧洲又模仿阿拉伯，而文艺复兴时期的欧洲则仿效拜占庭帝国……”①

人类进入16世纪后，由于航海大发现和交通大发展从技术上，文艺复兴运动、宗教改革和启蒙运动从思想文化上，工业革命从经济上，推动了西方资本主义文明向全球的扩张，开辟了全球化的历史，也开辟了全球化交往的历史，为人类社会最终从封闭向开放过渡架起了桥梁，诚如马克思、恩格斯所指出的：“过去那种地方的和民族的自给自足和闭关自守状态，被各民族的各方面的互相往来和各方面的互相依赖所代替了。物质的生产是如此，精神的生产也是如此。各民族的精神产品成了公共的财产。民族的片面性和局限性日益成为不可能，于是由许多种民族的和地方的文学形成了一种世界的文学。”②

人类交往方式、交往的时空范围受到交往工具和通讯手段的制约。正如生产工具的变革是生产方式变革的历史标志一样，人类交往工具的变革也可以看做是交往方式变革的历史标志。“不同的媒介赋予了不同的时间和空间。不同的轮子决定了人所能拥有的不同的时间和空间，决定着人与人交往的方式。”③

无论哪一种具体的社会交往方式，必然包含着信息交流。从哲学角度来考察人类交往，说到底就是物质、能量和信息的交流，信息不同

① [美]罗素：《一个自由人的崇拜》，胡品清译，时代文艺出版社1988年版，第28页。译文稍作改动。

② 《马克思恩格斯选集》第1卷，人民出版社1995年版，第276页。

③ 吴伯凡：《孤独的狂欢：数字时代的交往》，中国人民大学出版社1998年版，第315页。

于物质和能量，但信息本身又离不开物质和能量交流过程，或者说它就体现在物质、能量交流过程中。人类的交往关系一般表现为信息交流关系，人类交往的过程从基本因素上讲是信息交流的过程，所以我们可以以交往工具（信息交流方式）的变革为标准，把人类交往方式的历史变革大体划分为以下几个阶段：

1. 语言的产生

语言是人类交往区别于动物交往的第一个工具，是反映人类交往方式本质特征的最初媒体。可以说，语言的出现使人真正摆脱了动物状态，成为社会交往中的人。语言的交往，是以声音作为交流的手段，这种面对面的在场交往方式和语境，具有时空距离短、传播速度快、传播和交流范围窄的特点，交往主体间的交往关系是直接性的、双向互动的，也使得传统的权威得以维持。直到今天，语言仍然是人类交往的最基本的工具，但语言的内容和形式随历史的发展不断发生变化。

2. 文字的出现

文字的出现使人类交往方式向前迈进了一大步。使用语言的交往，人们只能在同一地点、同一时间、面对面地进行信息即时交流和传播。有了文字以后，人们可以打破信息传递的“同时性”，实现不同代际间的信息传递和文化传承。但总的来说，落后的交通工具和通讯工具，使人类只能进行近距离的交往，封闭的自给自足的生存与交往方式，经历史的积淀，形成了宗法血缘关系网络，这些宗法血缘关系网络便是人与人之间交往的根基与范围。

3. 造纸术与印刷术的发明和应用

这两大发明为记录、存储和传播信息提供了更加可靠和有效的手段，使语言文字有了可靠的物质载体。人类社会开始以印刷品作为知识信息的基本来源。信息不再依赖于在不在场，它贮存于可移动的媒介（印刷品）中，使得不在场的交往成为可能。印刷文化的出现也使得人类初步突破宗法血缘关系，动摇了传统的权威，形成以地域和农业经济为基础的民族国家。

4. 电报、电话、广播、电视的发明和应用

1840 年美国人莫尔斯发明了第一台电报机,1877 年贝尔发明了第一部磁石电话机,在此基础上,广播、电视技术的产生和发展促进了人类信息交流手段的巨大进步。借助这些技术,人类可以突破空间和时间的限制,信息传播更为方便、快捷,信息内容也更为丰富。这些工具的发明和应用使资本主义社会的生产和交往得到飞速发展。

5. 信息网络的广泛应用

20 世纪中叶以来,在无线电技术、电子计算机技术和卫星通信技术的基础上,出现了电子计算机网络和信息通讯技术。1998 年 5 月,联合国新闻委员会正式提出:互联网已成为继报刊、广播、电视之后的第四媒体。"如果说互联网的出现是人类交流方式的一场革命的话,那么这场革命迄今为止最激动人心的高潮有两次:一次是由阿帕网带来的通信方式的革命,这是以电子邮件的普遍使用为标志的;另一次革命则是由伯纳斯·李和安德里森带来的网络使用方式的革命,这次革命的明显标志则是环球网和网络'浏览器'的普遍使用。正是由于有了多媒体的网络浏览器,使原来技术专家之间的网络通信,普及到了寻常百姓家。"①

信息网络技术的广泛应用及以此为基础出现的新的社会类型(所谓"后工业社会"、"信息社会"、"网络社会"、"知识社会"等)极大地突显了人类交往方式本身在整个人类存在方式中的地位和作用。丹尼尔·贝尔曾指出,后工业社会的主要矛盾既不是前工业文明的"对付自然",也不是工业文明的"对付制作的世界",而必然是人与人之间的矛盾即"处理人际关系"(game between personals)成为主导②,这表明现时代的人类交往业已成为社会的核心问题。当然这一新型社会是建构在工业文明和市场经济的坚实基础之上的。

① 郭良:《网络创世纪:从阿帕网到互联网》,中国人民大学出版社 1998 年版,第 125 页。

② 参见[美]丹尼尔·贝尔:《资本主义文化矛盾》,三联书店 1989 年版,第 198—199 页。

我们可以把人类交往方式变革的历史过程及其相关特点简要地用下表表示：

表4－1　人类信息交流方式的变革史①

特点 方式	时间性	空间性	载体	速度	交往者之间的关系	传播和交流范围
语言	即时	近距	声音	快	直接	狭窄
文字	异时	近距或远距	符号	慢	间接	受文字载体数量限制
印刷术	异时	近距或远距	符号	慢	间接	在印刷品数量范围内传播
电报和电话	即时和异时	近距或远距	声音和符号	快	间接或直接	交往者间有限的交互
广播和电视	即时和异时	近距或远距	声音符号或图像	快	间接或直接	非交互或有限交互
电子信息网络技术	即时和异时	近距或远距	可以转化为各种符号格式的数字	快	间接或直接	扩展的交互

（三）交往方式变革的特征与趋势

马克思和麦克卢汉曾从不同角度提出了人类交往方式变革的特征与趋势，对于我们有重要的启发意义。马克思提出著名的社会发展三阶段说："人的依赖关系（起初完全是自然发生的），是最初的社会形态，在这种形态下，人的生产能力只是在狭窄的范围内和孤立的地点上发展着。以物的依赖性为基础的人的独立性，是第二大形态，在这种形态下，才形成普遍的社会物质变换，全面的关系，多方面的需求以及全面的能力的体系。建立在个人全面发展和他们共同的社会生产能力成为他们的社会财富这一基础上的自由个性，是第三个阶段。第二个阶段为第三个阶段创造条件。"②

麦克卢汉在《理解媒介——论人的延伸》一书中提出人的交往（传播）媒介的历史演变经历了一个村落化——非村落化（detribalize）——

① 严耕等：《网络伦理》，北京出版社1998年版，第19页。

② 《马克思恩格斯全集》第46卷（上），人民出版社1979年版，第104页。

重新村落化(retribalize)的过程。远古游牧时代,人类感知世界的方式是整体的、直观的把握,人的技艺是全面、多样性发展的。那时的人是整体的人,是村落人,而不是被分割肢解的、专门的人。由于劳动分工的出现和拼音文字的发明,人与人之间的直接的、口语化交往变成了非直接的、文字化交往。人学会了分析,同时也使自己成为被分裂切割的、残缺不全的非村落人。机械印刷术和工业化则把人推向非村落化的极端。而电子媒介又实施着反都市化,即"重新村落化",消除了城市与乡村之间的中心—边缘结构,使人在交往方式上重新回到个人对个人的交往,人不再是分裂切割、残缺不全的。

具体而言,人类交往方式变革有以下几个特征和趋势:

一是交往主体不断趋于个性化和多元化。早期的人类交往,由于社会历史发展阶段和交往工具的限制,交往主体主要是以群体的面目出现的,人与人之间的交往方式没有多大差别,到工业社会,交往主体已经日益个性化,但总体上仍是以"大众"的面目出现。全球化时代的交往主体实现了真正的个性化和多元化。这一特点将在下文中详述。

二是交往客体和交往中介趋于复杂化和网络化。所谓交往客体就是人们互相交往所形成的社会形态,所谓交往中介就是交往的工具和手段。以信息网络为代表的现代交往工具不但是人类以往各种交往工具的最新发展阶段,而且它把以往一切交往工具的优点集成于一身,实现了各种交往工具和手段的优势互补,可以说,现代交往工具本身已经形成了一个高度复杂的网络系统。

三是从交往方式的时空特性看,人类交往方式的发展不断突破物理时空的局限,开始创造出全新的"信息空间"、"网络空间",一方面,物理时空的距离大大缩短,地球变"小"了;另一方面,人的交往范围和领域迅速扩大,地球变"大"了。

四是从交往方式的物质载体看,逐渐从单一媒体走向多媒体,信息网络媒体已经集成了文字、声音、图像、动画、视频等多种媒体,由于多媒体的数字化,未来可能再次走向一体化,即以数字化的单一形式包容多种媒体的信息。

五是交往的具体模式不断走向开放性和交互性。从语言、文字到电报、电话、广播和电视等,交往的范围不断扩大,从封闭逐渐走向开放,更重要的是,交往主体通过这些媒介开始从非交互性(传—受的不平等关系)逐渐走向有限的交互,而信息网络则实现了完全的交互性,主体之间的交往关系是对等的,没有传—受的不平等关系,这大大提高了主体交往的自主性和积极性,也使交往客体与中介更加丰富多彩。

六是在文化交往上,文明的冲突与互动并存。

二、全球化时代人的交往方式变革

(一)全球化时代交往方式的主要表现:对话

人类交往方式的变革简言之经历了这样的过程:从孤立的、有限的交往到对抗与竞争,再到全球对话与共同行动。全球化时代人类交往方式的最重要变革就是走向全球对话。"从社会交往的角度讲,对话是指不同的交往主体在交往过程中,面对共同的客体而采取的能够为彼此所共同接受的非对抗性的交往方式。"①对话并非今天才有,而是随着人类文明的诞生而兴起,只不过在全球化时代的交往中表现得更为突出,而且逐渐成为全球交往的一种主要方式。

1. 对话的前提和基础是差异和多样性

对话的前提和基础是不同交往主体的差异和多样性。全球交往的深入发展使全球范围内经济、政治、文化的交往越来越频繁,联系越来越紧密,但同时也产生了许多全球性的问题。对于这些问题,不同的交往主体(民族、国家、阶层和个人)基于政治经济制度和水平、生活方式、历史传统和文化价值的诸多差异,存在着不尽相同的理解和行为,这就要求制定相应的交往(游戏)规则,认同并遵循这些规则,从而为对话的产生提供根据。

---

① 陈菊、李淑梅:《全球化时代交往的哲学透视》,《理论与现代化》2004 年第 1 期。

2. 经济文化的全球化是对话产生和发展的动力和条件

全球化时代对话的产生是历史的必然，是当今全球交往中多种因素相互影响、共同作用的结果。

首先，它是经济全球化发展的产物。在交往的全球化时代，经济本身发生或已经发生了一种革命性的变化，全球经济一体化趋势的增强，在一定程度上淡化了不同民族和国家间的隔阂和冲突，为不同国家和民族的共容共生创造了条件。当然，经济的作用也是有限的，经济发展不平衡规律必然会打破各国既有的交往关系。各国经济上的争斗处于此消彼长的关节点时，往往也就是某些国家武装冲突之际。

其次，它是文化全球化发展的必然要求。文化的全球化，在全球范围内促成了当代人类共同利益的产生。面对共同的生存状况和发展机遇，需要不同的国家和民族通力合作，减少彼此之间的隔膜和分歧，从而使对话成为必要。

3. 对话的目的是寻求共识与共同行动——“求同存异”

既然对话的前提和基础是差异的存在，那么对话的目的不是要消灭差异，寻求同质化，而是寻求共识与共同行动，是“求同存异”。对话与合作是对工业时代以对抗与竞争为主的交往方式的否定和扬弃。近代工业文明兴起以来，人与人之间、国家与国家之间的交往主要表现为你死我活、非此即彼的对抗与竞争。人与人之间互为手段，互相利用，尔虞我诈，甚至成为弱肉强食的“丛林社会”。在人与人交往和国际交往中，大量出现以大欺小、以强凌弱、霸权主义的现象，这些现象既是“社会达尔文主义”的表现，又是人类交往片面的、不合理的发展的阶段。

现代竞争理论已经发展为“竞合论”——竞争合作论，由“红海”战略转变为“蓝海”战略①。虽然在现实交往中还存在残酷的对抗与竞争，还存在不平等现象，但不同利益主体在对话中求理解、求合作、求共赢，已经成为越来越普遍的潮流。

---

① 参见本书第三章第二节。

4. 对话的原则是平等、开放和宽容

平等、开放和宽容是对话进行的基本原则，没有平等、开放和宽容，对话无法正常进行。

这里的平等不仅是法律意义上的平等权利，更是一种哲学意义上的人格平等。生活在全球化社会的每一个公民，无论其性别、民族、宗教、出身、财产、身份、地位、学历、职业、性格等等方面如何差异，其自由权利、人格尊严、价值、生存发展的机会都是平等的。平等在社会层面具体体现为公平和公正，公平和公正原则是全球化社会的基本准则，没有公民在权利、地位、人格和价值上的平等，没有政府等公权力组织的公平和公正，全球化社会不可能健康发展。然而，平等不是平均主义，不是结果和事实的等同，而是起点、机会和规则的平等。平等不否认差异，恰恰相反，平等是一种多元化的平等，是尊重差异和多样的平等，要求公民以及政府等公权力组织尊重每个公民在身份、人格、价值、文化等方面的具体差异，并逐步缩小公民在生存和发展机会上的不平等。而不是反过来，一方面，人为压制公民在身份、人格、价值、文化等方面的具体差异，寻求人格的同质化，另一方面，又不努力缩小甚至扩大公民在生存和发展机会上的不平等，结果与社会的理想目标和现代文明发展潮流背道而驰。

开放包括时间上对过去、现在和未来开放，具有健全的历史意识；空间上对他人和外界开放；心态上开放、宽容、豁达，海纳百川，有容乃大。在全球化时代，树立开放意识尤为重要。人人都明白开放的重要性，但在某些对外交往的具体实践中未必能做到，往往片面吸收对己有利的经验，名曰“与国际接轨”；而拒斥对己不利的经验，名曰“国情不同”，结果往往是既丢掉了自己的好的特色，又和国际接错了轨。我们既不能故步自封，妄自尊大，也不能妄自菲薄，崇洋媚外，要以我为主，在善于学习的基础上，勇于自主创新，走出一条开放自强之路。

宽容首先是基于交往本性的理解：人的存在总是有限的，只有在与他人的交往和对话中才能正视自己的局限和不足，从而取长补短，超越创新。宽容原则也是全球化时代社会文化发展的客观要求。全球化交往的本质即是在民主、平等的基础上的对话和交流。唯有宽容，才有社会和文化的繁荣和进步。

5. 对话的实现需要交往的伦理和制度规范的保障

交往的伦理和制度规范，既包括法律、规章、条例等正式的成文规则，也包括风俗、习惯、道德等非正式的不成文规则，这些规则对交往主体的行为以及对话的过程起着规范和监督控制的作用，它是人类对话的产物，也是进一步对话得以顺利进行的必要条件和保障。当代全球交往关系的制度化建设中还存在着许多弊端和不尽完善之处，对话的合理规则的完善还需要我们的共同努力。

6. 对话的理想状态是“和而不同”

对话的理想状态是孔子所说的“和而不同”①，即扬弃差异求和谐，而非取消差异求绝对同一，是求“大同”，既尊重个体的不同需求、利益和状况，又谋求基本的共识，以达成共同行动。

当然，在全球化的现阶段，不同交往主体之间的对话仍然受着社会历史条件的强大制约。马克思所论述的利益分化和私有制占主导地位的情形仍然存在并起作用，另外，社会制度、意识形态、文化传统等等的巨大差异也是阻碍人类共同利益形成的因素，这就是在目前真正平等、自由的对话还不可能实现的原因。不过，只要有了正确合理的理想目标，有了全人类的共同努力，这一理想终究会实现。

（二）全球化交往方式的本质特征

1. 交往范围的全球性与超时空性

在全球化时代，任何一个人都可以和身处其他国家、地区的任何一个人联系交往，国际间的人际交往从来没有像今天这样快捷和便利。全球化交往已经超越了传统意义上的时空限制，从各个“孤立的点”走向民族共同体、走向世界、走向全球化网络。吉登斯认为，这种交往导致时空的分离与“缺场”取代“在场”。用中国古人的两句诗可以非常

① 关于“和而不同”的理想，将在本书第七章展开论述。

恰当地形容全球化交往方式的全球性和超时空性：

海内存知己，天涯若比邻。

——王勃《送杜少府之任蜀州》

海上生明月，天涯共此时。

——张九龄《望月怀远》

2. 交往主体的多元化与交往自由度的增加

全球化的交往主体不是单一的，而是多元的，这一多元化不是指主体数量之多，而是指在质量上是具有多元个性的个人。交往的主体结构由“主体—客体”二元对立关系转变为“主体—客体—主体”结构。“全球化不是自然无声的‘类’聚合，而是多极主体间交往实践关系的整合形态。多极主体性指在全球性交往实践中共同操作者和交往者，他们是一些具有社会差异特质、彼此处于世界交往关系中的个体和群体，民族国家和族性共同体，直至全球共同体。他们彼此既相互差异，造成多元化、异质化和差异化，又在交往实践中通过改造共同的物质客体之中介而彼此相关。”①

全球化为主体交往提供了广阔的空间和无限的选择性，这种可选择性意味着主体交往自由度和主动性的增加，个人实现了对其交往关系的自由占有。而且，自由时间的增多将使人们的交往活动更多地同精神享受和精神发展相联系，从而使人的个性获得更多的自由发展的天地。

3. 交往的信息中介性

在农业社会中，交往实践的纽带（中介）主要是地域，不同的个人和集体主要以地缘不同结成“地缘共同体”，而在工业社会中，实践交

① 任平：《新全球化时代的马克思主义：问题、视界与前景——再论走向交往实践的唯物主义（之一）》，《苏州大学学报：哲社版》2000年第2期。

往的纽带(中介)主要是利益,利益的驱动使不同的个人、不同的集体结成“利益共同体”。而在全球化时代,共同体的形成更多地以知识与信息为纽带。正如日本社会心理学家池田谦一在《电子网络的社会心理》一书中所说的:“电脑通信在电子空间中能一下子飞跃时间、空间与社会的篱笆……纯粹以‘信息之缘’连接的人与人关系成为可能。在这个意义上形成了全球性的没有制约的中间集团,它给予人们的创造性动力的可能性是无法估量的。”①由“信息之缘”结成的新型共同体,可以说是一种“信息共同体”,或者叫“电子共同体”,它正在对以往交往实践的“地缘共同体”和“利益共同体”产生强有力的冲击。

4. 交往手段的复杂化

全球化的交往手段比以往大为丰富,不但有物质交往,还有精神交往,更有信息交往。全球化的最重要的交往手段是全球信息网络,它从根本上改变了传统的社会群体结构和人际互动方式,使人与人之间的联系和交往不再受传统社会等级制度的控制,最大限度地体现了交往的平等性、开放性和互动性。这些特性是由互联网所具有的开放、自由、互动、虚拟的特性所决定的。信息交往是数字化和虚拟化的,在传统的物质交往世界之外创造了一个崭新的信息交往世界。

5. 交往方式的交互性

全球化交往方式由等级式、单向性向平等性、交互性、非中心化转变。交互性包含外部交互性和内部交互性两层面。外部交互性表现为主体与其外部所发生的多维度、多层次和多媒体、超文本形式的信息互动关系。内部交互性表现为同一主体可以在各种不同的交往角色中发生快速的转换和更迭,这在网络交往过程中体现最为明显。

6. 综合创新性

所谓综合性,即全球化交往是一个集经济交往、政治交往、文化交往与科技信息交往为一体的综合过程,是交往实践的层次、水平和方式

① 转引自鲍宗豪:《网络价值辨析》,载《网络与当代社会文化》,上海三联书店 2001 年版,第 30 页。

不断递升的结果。所谓创新性，是指信息网络和知识经济，将交往提升到信息化、网络化和知识化的新水平，进而使全球化展现出新的境界、新的层次和新的存在形态。

7. 交往的速度更快、密度更频繁而持续度减少

由于全球化交往的速度加快、流动性和不确定性增加，主体的交往对象的范围、频率、程度都大大提高，而主体间一对一的交往的持续时间、深度和稳定性（即所谓“交叉频率”）相应降低。美国心理学家考特尼·托尔在《未来的朋友关系》中指出：“由于高度自由化社会的人，流动性大，兴趣广泛，适应变化的能力各不相同，基于和少数人保持紧密联系的稳定性将不再起作用了……未来的人将会发展一种特别的能力，既能在共同兴趣或同一组织的基础上同别人建立联系的‘哥儿们’的关系，也能轻易解脱这种关系，移居到别处，参加新的兴趣相投的组织或在同一个地方参加别的集团……这种迅速建立联系、又迅速割断联系或把紧密联系降格到一般相识关系的能力，再加上不断提高的流动性，将来人们建立的朋友关系要多过现在大部分人所可能建立的朋友关系。”①

三、价值评价与未来前景

对于任何事物，我们都应该进行全面而辩证的价值评价。全球化交往方式的变革具有显著的二重性效应和价值。

（一）全球化交往方式的正面价值

1. 拓展了交往时空，开辟了新的交往时空

全球化拓宽了人的交往空间，赋予人类交往以全新的内涵，深刻改变了人与人、人与社会的各种关系。正如尾关周二所言：“在某种意义

① 转引自［美］阿尔文·托夫勒：《未来的冲击》，新华出版社1996年版，第92页。

上，人们可以做到在高兴的时候，同世界上的任何人交换信息。这种新媒体以及布满地球规模的信息网络，确实正在改变着我们的意识……它正培养作为地球人、世界市民的基础感觉。”①

2. 提高了人的交往能力和水平

人类交往活动的成本在很大程度上决定着人类社会的规模与人类认识世界的能力。全球化交往所导致的人类交往成本的迅速降低，极大地提高了人的交往能力和水平。

3. 加速了社会发展的进程

在全球化交往过程中，社会发展的孤立状态被打破，历史向世界历史转变，大大加速了社会发展的进程，特别是为处于较低发展阶段的国家和地区提供了“赶超”甚至“跳跃”发展的契机。就目前我国而言，大力发展信息网络，以信息化带动工业化已经成为基本经济和社会发展战略。

4. 促进了人类经济基础和生产方式的变革

全球化交往的变革为生产力的迅速发展提供了必要条件，促进了新型生产关系的产生和发展，促进了社会经济基础和生产方式的变革②。

5. 促进了人类社会结构和组织方式的变革

物质生产的水平决定着社会关系和社会结构的性质和形式；社会关系和社会结构的性质和形式又反作用于生产方式的水平。而交往方式是社会关系和社会结构形成和发展的基础。全球化交往方式作为社会交往的一次重大变革，必然促进社会结构和组织方式的变革。

6. 促进了人类文化价值和思维方式的变革

第一，全球化交往丰富了人们精神交往的内容，培养了多元价值观念。全球化交往方式的自由、平等和开放的特点，使人们有可能形成一

① ［日］尾关周二：《共生的理想：现代交往、共同的思想》，卞崇道译，中央编译出版社1996年版，第54页。

② 参见本书第三章。

个由多元价值组成的文化世界，导致人们在价值观取向上的多元化趋势的形成，引发社会价值观念和伦理道德的更新。

第二，全球化交往促进了人类思维方式的创新，全面提高了人们的精神文化素质。选择的多样性、信息的丰富性使人们的决策和行为更加理性和成熟，使人们的视野更加开放和宽容，先进的信息网络交往工具提高了人们的自主创造能力，从而带动整个社会精神文化素质的全面提高。“在未来信息社会里，人们对任何事情的观点更加理性、平和、不极端、有深度，在这个基础上所体现出来的集体智慧将得到史无前例的丰富和发展。如果每一个问题的解决都是有理有节地进行的，这个社会无疑将更加灵活有序、充满活力、富有效率。”①

第三，全球化交往促进了人类文化的交流与融合。全球化交往打破了国家和地域的界限，不同的风俗习惯、文化传统、价值观念、生活方式的交汇、碰撞、竞争，不仅为本民族的世界化提供了一个广阔的舞台，而且为人类文化的多元整合提供了可能契机。

（二）全球化交往方式的负面价值

1. 交往主体的新型异化

（1）主体的“空心化”。一是个体间的交往越来越表现为非身体性的交往，特别是网络上。非身体性的交往意味着交往的人性基础丧失的可能性，进一步还意味着交往的伦理基础丧失的可能性，交往者肉身的缺席更易于导致交往中对于他人和自己的工具化态度。二是交往主体的身份认同危机。三是权利与责任的不平衡。由于过分强调个人自由，由于交往规范的不健全，导致交往主体享有的权利与承担的责任不对称和不平衡。

（2）主体的孤独感。全球化虽然可以增加人们的物质交往，但由于其平面化，深层次的精神交往和情感交流反而有淡化的可能。人们

---

① 江堤编选：《跨越三百年的自卑：张朝阳谈网络、网络文化与生活》，湖南大学出版社2000年版，第40页。

在越来越多的“交往快餐”中感受到更深的冷漠、孤独和无聊。有人戏称，许多人因为太无聊才上网聊天，但没想到越聊越无聊。在全球信息网络上，人为交往而交往，消解了亲情、友情和爱情，把人与人的交往变成电脑与电脑的信息传输，使人们对生活失去鲜活的感受力，对活生生的人失去同情心和亲和力，从而会造成新的精神空虚，甚至造成人性的扭曲。

（3）主体间矛盾和冲突加剧的倾向。由于有些人在交往中把他人当做手段，而不是目的，导致人与人之间的矛盾和冲突加剧。人与人通过工具的交流也容易产生误解，比如在聊天时无意中打错了一个字，就可能引起严重冲突。马丁·布伯和列维纳等指出，“我与你”的关系才是人类交往的本质关系，即我把你当做平等的对象，当做目的而不是手段。“我与你”关系的最本质特征就是“面对面”。《诗经》云：“嘤其鸣矣，求其友声。”人与人在面对面时声音、情感、肢体语言、眼神等的交流对于确立和实现健康的交往关系至关重要，而信息网络交往恰恰缺少了这些因素。

在信息网络交往中，当人在网络上与遥远的人亲密交谈时，往往对自己周围的人和事日益冷淡、熟视无睹，有人称为“网络幽闭症”，即“近而远之”。网络交流就是与无数陌生人没完没了地交谈。与面对面交流相比，他们更喜欢有距离的、犹抱琵琶半遮面式的交流。就像参加一个假面舞会，“我”频繁地与一个个“他”相遇——不是为了认识和熟悉他们，而只是为了交流一些“我”和“他”碰巧感兴趣的话题。这些话题不深不浅，保持着一种彬彬有礼的热情或冷淡。“他”可能一直是个未知数“X”。同样，对“他”来说，“我”也不过是众多“他”中的一个“X”。这种交流安全、新奇，但却没有深度。“把每一次邂逅当做一次相识，又把每一次相识变成一次邂逅。对一个人说不同的话，又对不同的人说相同的话。这不仅是网上交流的一种模式，也是现代社会交流中一种司空见惯的现象！这种交流可能在一定程度上缩短‘我’与‘他人'的距离,但它是以'我'的他人化为代价的。"①

(4)注重交往结果而消解交往过程。在全球化交往中,很多人急功近利,认为过程是无关紧要的甚至是障碍,用尽可能先进的方式将它省略或消解掉。这是一个将交往世界虚无化的过程。在现代社会,这种功利主义和实用主义交往原则渗透在现代人的一切行动(尤其是交往行动)当中。尽可能地缩短以至于勾销人与他所追求的目标的距离,是现代人行动的唯一的价值取向,技术持续不断的高速发展是这种行动方式得以通行的可靠保障②。"充满着喧哗与骚动,却分辨不出半点意义。"20 世纪现代主义诗人艾略特的一首著名的诗可以用来描绘这一现象的极端后果:

世界就如此结束
世界就如此结束
世界就如此结束
不是轰的一响,而是嘘的一声

2. 引发许多新的社会问题,对社会伦理和法律规范提出了严峻的挑战

(1)隐私问题。在高度开放的全球化交往中如何保护个人的隐私权是一个重大问题。"现代社会与传统型社会的重大区别似乎并不在于它是'无中心的',而在于这个中心日益隐蔽。它是个隐身人控制的社会。"③特别是全球化的交往工具——信息网络在现代社会的广泛应用可能导致两种后果:"网络也许会暂时削弱社会管理者的控制能力,

① 李河:《得乐园·失乐园:网络与文明的传说》,中国人民大学出版社 1997 年版,第 92 页。
② 吴伯凡:《孤独的狂欢:数字时代的交往》,中国人民大学出版社 1998 年版,第 335 页。
③ 李河:《得乐园·失乐园:网络与文明的传说》,中国人民大学出版社 1997 年版,第 51 页。

但也可能大大强化这种能力。社会管理者不仅可以把这种普遍的、'隐蔽的监视'用于善良的目的(如抑制犯罪),也可以把它运用于非善良的目的。"①

(2)安全问题。全球化社会是高风险社会,人际交往中出现了许多风险和安全问题。如恐怖主义、诚信缺失、信息垃圾、电脑病毒、黑客攻击、信息犯罪等现象严重破坏了正常的社会秩序,影响了人们的正常交往行为。

(3)网络沉溺和网络成瘾。所谓网络沉溺,也就是上网成瘾,是一种整天废寝忘食只知与电脑打交道、性情孤僻的电脑综合征。因为最早在美国斯坦福大学发现,所以又被称作"斯坦福综合征",也叫"网络综合征"。患有网络综合征的人通俗地称为"网痴"、"网上瘾君子"等。不久前美国心理学会冠其以"病态使用因特网症",简称 HU,并且正式宣布其为心理疾病之一。美国心理学家杨格提出诊断这种 HU 病症的十条标准:①下网后总念念不忘网事;②总嫌上网的时间太少而不满足;③无法控制用网;④一旦减少用网的时间就会焦躁不安;⑤一上网就能消除种种不愉快;⑥上网比上学做功课更重要;⑦为上网宁愿失去重要的人际交往和工作;⑧不惜支付巨额上网费;⑨对亲友掩盖频频上网的行为;⑩下网后有疏离、失落感。只要有这十种症状的四种以上,便可判断为"网络痴癖症"。

网络成瘾和网络沉溺的原因是什么呢?其实主要原因并不是人们常说的信息爆炸,而在于网络交往的交互性与虚拟性。有调查表明,对传统的信息工具(FTP、Gopher)和网页上瘾者仅占互联网瘾君子总数的10%,其他90%都是聊天室、新闻组、电子邮件等交互工具的迷恋者。在"英特公墓"网站上有一篇网文《追忆逝去的网人:天堂里有没有互联网》非常生动地描述了网络沉溺的现象及原因:

---

① 李河:《得乐园·失乐园:网络与文明的传说》,中国人民大学出版社 1997 年版,第 53 页。

那时候我很困惑，由于泡网成性，连书都不读了，觉也睡得奇少，整个人成天腾云驾雾一般，跟人都没两句话，只有对着电脑才来神。我很担心，就向朱海军请教。他用一篇《我在因特网络的强势存在》回答了我："因特网无与伦比的开放性和包容性使我一下子拥有了巨大的发言权。这一发言权不是任何人、任何机构赐予我的，而是我自己争得的，完全是凭写作实力争得的。我在网上横冲直撞、左突右挡，就是要以我的强势存在奋力拓展狭隘的思路，提高国人对异端思想的心理承受力。我在因特网里的强势存在将长久持续下去，即使没有一分钱稿费。我在高度紧张的写作中体验到了来自灵魂深处的高峰体验。现在，能让我高高兴兴离开电脑、离开因特网三个小时以上的，只有做爱这一件事。"

局外人很难理解这种对网络的痴迷，朱海军的回答可谓一语中的，那就是表达。互联网首先提供的是一个可以表达自己的地方，而且，如果你的表达得到别人回应，那么交流就开始了。毋庸置疑，拍板儿砖也是一种交流。而在现实世界里，并不是人人都有充分表达自己的机会，所以才有了"沉默的大多数"的说法。但在网上，沉默的大多数说话了，并且发现有人倾听，这种感觉是多么美好啊。

一个真正的草根人物，他的梦想在互联网上像晚霞一样随风飘散。在网友无数的悼念文章里，有这样一句话令人格外感动："海军，天堂里有没有互联网？"

有吗？也许。①

3. 交往生态环境恶化的可能性

（1）诚信危机。诚实和信任是人类交往的基本准则。缺乏诚信，任何交往活动都无法健康进行。现代社会交往中的诚信缺失已经成为

① 2000－10－12，http://www.inter－cemetery.com/reports/displaydocs.asp? sectionid＝5&reportid＝59，着重号为笔者所加。

严重的社会危机。在“博弈论”中有一个著名案例“囚徒困境”，可以用来形象地说明交往的诚信危机。

“囚徒困境”说的是两个囚犯的故事。这两个囚徒一起做坏事，结果被警察发现抓了起来，分别被关在两个独立的不能互通信息的牢房里进行审讯。在这种情形下，两个囚犯都可以做出自己的选择：或者供出他的同伙（即与警察合作，从而背叛他的同伙），或者保持沉默（也就是与他的同伙合作，而不是与警察合作）。这两个囚犯都知道，如果他俩都能保持沉默的话，就都会被释放，因为只要他们拒不承认，警方无法给他们定罪。但警方也明白这一点，所以他们就给了这两个囚犯一点儿刺激：如果他们中的一个人告发他的同伙，那么他就可以被无罪释放，同时还可以得到一笔奖金。而他的同伙就会被按照最重的罪来判决，还要对他施以罚款，作为对告发者的奖赏。当然，如果这两个囚犯互相背叛的话，两个人都会被按照最重的罪来判决，谁也不会得到奖赏。那么，这两个囚犯该怎么办呢？是选择互相合作还是互相背叛？从表面上看，他们应该互相合作，保持沉默，因为这样他们俩都能得到最好的结果：自由。但他们不得不仔细考虑对方可能采取什么选择。A 犯不是个傻子，他根本无法相信他的同伙不会向警方提供对他不利的证据，然后带着一笔丰厚的奖赏出狱而去，让他独自坐牢。但他也意识到，他的同伙也不是傻子，也会这样来设想他。所以 A 犯的结论是，唯一理性的选择就是背叛同伙，把一切都告诉警方，因为如果他的同伙笨得只会保持沉默，那么他就会是那个带奖出狱的幸运者了。而如果他的同伙也根据这个逻辑向警方交代了，那么，A 犯反正也得服刑，起码他不必在这之上再被罚款。所以其结果就是，这两个囚犯按照互不信任的逻辑得到了最糟糕的结果：坐牢。

非常遗憾的是，在社会交往中，人们最缺乏的就是信任，很多人都背叛对方以求个人的利益，从统计角度来说，如果人们彼此增加一点信任的话，结果会更好些。

（2）交往生态系统恶化的可能性。生态学家加勒特·哈定（Garrett Hardin）曾提出过著名的哈定难题：一个世纪以前在英国某地有一块公共牧场供人们放牧。如果人们都有所节制，节省地利用这块草地的话，植被就会很快得以再生，茂盛如前。如果有一户人家过度放牧，其他人家就会效仿，这块牧场就会被毁掉，而每一个牧人都会说，我的几头牛只是多吃了几口草，怎么会将草地毁掉呢？并坚持自己没错误。每个家庭都这么想，问题就出来了。公共牧场的悲剧还有可能发生在人们共享的其他领域——海洋、大气和食物。如果交往的主体滥用交往的资源，不珍惜与他人的交往关系，对于他本人可能造成孤独和空虚，对于整体来说则是交往生态系统的恶化。

（3）传统社会组织的解体和人际关系的分裂。在信息量不断增加的同时，人们之间的信任和共同理解却在减少，人们在心灵上日益分裂。现代社会的专门化（高度发达的分工）使这种现象日趋严重。正如厄尔·肖里斯（Earl Shorris）所说，我们是“一个由孤独分子组成的国度”。“专门化使我们所有人患上了梦游症。20 世纪 60 年代的先知们曾预言地球村的到来，但取而代之的却是电子小屋，里面住着相互隔绝的做梦者。我们和自己的邻居互不相识。如果我是个金融专家，在化学家面前我无话可说；如果我是个学者，在商人们面前我神色紧张。我们是一个由孤独分子组成的国度。”①

4. 社会阶层间、民族国家间的差距加大

联合国发展计划署（UNDP）出版的《1999 年人文发展报告》（*Human Development Report*，1999）的封面令人吃惊，封面说明其外圈为世界人口，扇形派分为各区域，中央暗色楔形显示为全球范围内的互联网使用者。它显示沟通的技术整合趋势，也形象地显示了全球化下的不均匀性。互联网正在新的全球网络中联系世人，但是通路却集中于富裕国家的人们之间。经济合作与发展组织（OECD）国家人口占世界人口的 19%，但却占互联网使用者的 91%。联合国计划署提醒我们：“地理障碍可能已为传播与沟通所减低，但是新的障碍已经浮现，像普及全

① 转引自［美］戴维·申克：《信息烟尘：在信息爆炸中生存》，江西教育出版社 2001 年版，第 119 页。

球的信息网,允诺连接,却寂静地、几乎难以察觉地排除了其余的人。"①这种现象的确令人深思。由于种种原因,在全球化社会,不但民族国家间的差距("数字鸿沟")加大,而且社会阶层之间的两极分化也越来越严重。戴维·申克一针见血地指出:

为此别的一切于我无关系……这是这个后现代社会的口头禅。职业上的专门化和消费者的区位化正一步步蚕食着我们拥有的共同文化。在身份背景不同而观点看法各异的公民之间,交流和沟通并没有变得越来越健康和谐,相反,我们面前这个效率极高的通讯基础设施,把我们的注意力引向了社会差别,并使这种差别更加严重。②

5. 技术理性与人文精神的冲突

全球化普遍交往并不能代替对知识的学习和对智慧的思考,更不能代替精神境界的提升和人格品质的培养。如果过分依赖平面化的交往工具,以"快餐式"交往取代亲身实践和深度思考,求新而不求深、求量而不求质、求变而不求稳,有可能造成知识的浅薄和文化的退步。关于这一问题,将在第六章中展开论述。

(三) 全球化交往方式的困境与出路

以上的二重性分析表面看起来似乎有些矛盾,其实不然。

全球化的发展只是为全球化交往方式的变革提供了技术上的可能性,要想达到人类的自由而全面发展和社会的共同进步的理想目标,还需要我们从经济基础、社会制度、文化精神等方面做出不懈的努力。未来始终有多种可能前景,哪种可能性会成为现实,取决于我们自己的各

① 参见[美]曼纽尔·卡斯特:《网络社会的崛起》,中文版译者序,夏铸九等译,社会科学文献出版社 2001 年版。

② [美]戴维·申克:《信息烟尘:在信息爆炸中生存》,江西教育出版社 2001 年版,第 117 页。

方面努力，以及这些努力的综合力量。

我们必须在应用全球化的交往工具和技术的同时，提高我们的反思能力，应当思考这样一些问题：我们的交往是否有助于增强自身的能力？是否给每个社会与经济阶层的人提供一个可以发出声音和选择的空间？是否将我们永远地分隔成不同的群体？是否会扩大不同群体之间的发展差距？我们在物质交往极大丰富的同时，是否心灵的交往越来越少？

只有充分发挥全球化交往手段的多元性、开放性、自由性、交互性、创新性的特色，破除传统观念的束缚，积极建立新的多元、开放、自由、互动、宽容、诚信等价值观，才能促进全球化交往的健康协调发展。

胡锦涛主席2006年4月在沙特阿拉伯王国协商会议的演讲，为我们提出了全球化交往的未来前景：

> 面对当今纷繁复杂的世界，我们应该更加重视和谐，强调和谐，促进和谐。建设一个持久和平、共同繁荣的和谐世界，是世界各国人民的共同愿望，也是人类社会发展的必然要求。建立和谐世界，需要国际社会每一个成员携手努力。
>
> ——建立和谐世界，必须致力于实现各国和谐共处。各国应该恪守公认的国际法和国际关系的基本准则，互相尊重主权和领土完整、互不侵犯、互不干涉内政，尊重和维护各国自主选择社会制度和发展道路的权利；应该坚持多边主义，促进国际关系民主化，保障各国参与国际事务的平等权利；应该鼓励和支持以和平方式，通过对话、协商和谈判解决争端和冲突，反对任意使用武力或以武力相威胁；应该在平等的基础上，加强合作，共同应对全球性挑战。
>
> ——建立和谐世界，必须致力于实现全球经济和谐发展。各国应该重视并采取有效措施推动经济全球化朝着均衡、普惠、共赢的方向发展，努力缓解发展不平衡问题，消除贫困；应该积极推进区域和全球经济合作，共同解决全球经济发展中出现的问题，维护

经济安全；应该以相互开放取代彼此封闭，努力建立开放、公平、规范的多边贸易体制，实现优势互补、互利共赢，使所有国家都从中受益。

——建立和谐世界，必须致力于实现不同文明和谐进步。各国应该维护世界多样性和发展模式多样化，坚持平等对话和交流，倡导开放和兼容并蓄的文明观，使不同文明在竞争比较中取长补短，在求同存异中共同发展；应该承认各国文化传统、社会制度、价值观念和发展道路的差异，不能以此为借口对别国内政说三道四，更不能把世界上存在的一些问题和矛盾归因于哪一种文明、哪一个民族或哪一种宗教；应该努力使世界上所有文明、所有民族携手合作，共同推进人类和平与发展的崇高事业。①

① 胡锦涛：《促进中东和平　建设和谐世界——在沙特阿拉伯王国协商会议的演讲(2006年4月23日，利雅得)》，http://news.xinhuanet.com/newscenter/2006-04/23/content_4464467.htm。

第五章

全球化与人的思维方式

人的思维的最本质的和最切近的基础，正是人所引起的自然界的变化，而不仅仅是自然界本身；人在怎样的程度上学会改变自然界，人的智力就在怎样的程度上发展起来。①

——恩格斯

以超文本的形式将思维“外化”为平面网络体；以网络记忆体逐渐取代大脑记忆体从而将思维“平面化”。万维网的这两个基本的“语言学”特征同时也就是它的“思想”特征。对于中国社会或任何一个具体社会而言，具有这两个基本特征的网络技术意味着知识的民主、交往的自由、开放性的理解、市场机会的扩展以及信仰危机。②

——汪丁丁

① 《马克思恩格斯选集》第4卷，人民出版社1995年版，第329页。

② 汪丁丁：《自由人的自由联合》，鹭江出版社2000年版，第117页。

一、人的思维方式的哲学与历史界定

(一)思维方式范畴的哲学界定

关于思维方式,国内学者比较典型的解释是:“人们的思维方式是同一定的历史时代、实践发展水平和科学文化背景联系在一起的,是社会发展各种思想文化要素的综合反映和综合体。所谓思维方式是一定时代人们的理性认识方式,是人的各种思维要素及其结合按一定的方法和程序表现出来的相对稳定的定型化的思维样式,是主体观念地把握客体,即认识的发动、运行和转换的内在机制和过程。”①另一种解释是:“思维方式,是人们思考、认知、把握、评价事物的程式和方法。大致由这样几个方面构成:思维要素,是进行思维的基本单元、细胞、元素,如形象、概念等;致思趋向,是思维运行的基本指向,从一定意义上讲,受思维对象、内容的制约;运思途径,是思维进行的具体路线、方法等;思维时空,指思维视野的空间和时间跨度;思维框架,有两方面含义,其一是指思维主体在进行某一特定的思维活动之间就已经具有的知识结构、文化素质,用以接受、筛选、整合知识的规范、‘范式’,其二是指思维要素的组合方式,如究竟是线性思维还是立体思维等。”②总之一句话,“思维方式是思维的本体论、认识论和方法论的统一”③。

一般认为,广义上的思维方式是社会精神生产的生产方式,狭义的思维方式是人类理性认识的活动方式。思维方式的结构包括要素层、结构层和文化层。思维方式是要素、结构、功能和方法的统一。思维是关于存在的思维,“每一个时代的理论思维,从而我们时代的理论思维,都是一种历史的产物,它在不同的时代具有完全不同的形式,同时

---

① 李秀林主编:《辩证唯物主义和历史唯物主义原理》,中国人民大学出版社 1990 年第 3 版,第 267—268 页。

② 王干才:《矛盾思维概论》,陕西人民教育出版社 1989 年版,第 76—77 页。

③ 孙正聿:《哲学通论》,辽宁人民出版社 1998 年版,第 324 页。

具有完全不同的内容”①。思维方式的发展虽然具有自己的相对独立性和特殊规律，但它从来都不是脱离人类社会历史而存在的，而是以社会历史的发展阶段为基础和前提的。人类社会历史的发展从生产方式的角度可分为四个阶段：原始时代、农业时代、工业时代、后工业时代。相应地，人类思维方式在不同时代也表现为不同的形式和内容。下面，我们就简要考察一下人类思维方式在四个历史阶段的发展史。

（二）人类思维方式的历史变革

1. 原始思维方式

现代人类学通常把公元一万年以前的人类称为原始人。

法国哲学家和人类学家列维·布留尔认为，原始思维是原逻辑思维，其特点概括起来有：(1)服从互渗律；(2)与前概念、前知觉、前表象等联系，因而是神秘的；(3)本质上是综合思维，是非分析的、不可分析的；(4)原始人语言丰富，但思维只有具体的性质；(5)集体表象起主要作用。他概括的这些特点是比较符合实际的，不过，他研究的对象只是他那个时代所见到的不发达民族或部落人的思维，而不是真正意义上的原始思维，并且也不够全面。

根据我们目前所掌握的材料看，原始思维方式具有以下一些主要特点：(1)主—客体基本未分化。原始思维方式是一个“浑沌的整体”，主体—客体的分化还不充分，即使有“主体”，也是指氏族或部落群体，个人自我意识尚未成熟，在他们眼里，人与自然、神性与人性、自然与超自然现象、氏族内部个体与其他成员、自我与所属动植物图腾、肉体与灵魂等等都是浑然一体的。关于这一时期，黑格尔已经思辨地论述过。他认为，在宗教意识形成之前，有“一种本身混沌朦胧的意识，这种意识还没有达到它真正的意识，因而也就没有达到客观化，因为规定主体与对象的区别还没有建立起来”②。这与当代儿童心理学的研究成果

① 《马克思恩格斯选集》第4卷，人民出版社1995年版，第284页。

② ［德］黑格尔：《哲学史讲演录》第1卷，三联书店1956年版，第73页。

也是一致的。皮亚杰认为儿童早期活动“显示出在主体与客体之间没有完全分化”①。(2)与主客体的未分化性相联系,原始思维方式具有直接性和具体性。原始人缺乏一定的形成概念和分析问题的能力,抽象思维的水平非常低,这有大量有关原始人语言、数字等的研究成果为证。尽管他们也有概括成分,但只属于低层次的,还不具备高层次的种、属概括,更无范畴性概括。总之,“发生认识论已能证明,认识的原始形式与高级形式之间的差别比我们过去所认为的要大得多”②。(3)原始思维方式是知、情、意互相交融互相渗透的。在人的认识过程中,知(智力)、情(情感)、意(意志)三者都起着一定作用,但它们作用的方式、阶段、范围都是有明显区别的。在原始人那里,这三者还没有分化。他们的思维和认识中通常带有明显的情感和意志色彩,这一点在原始诗歌和语言中有显著表现,如我国最早的诗集中就保留了上古人思维方式的痕迹。列维·布留尔认为情绪、运动因素是原始人思维的组成部分,甚至可以说他们的认识“淹没在包围着他的情感中”,“客体的形象与情感和运动因素水乳交融”③。(4)抽象思维是在神话、迷信、崇拜、巫术、宗教等神秘因素中慢慢地成熟起来的。

原始人的思维方式为何有这些特点呢?原因是多方面的,既有社会历史原因,也有人类体质发展史(主要是脑的发展)的原因。原始人生产力水平低下,生产工具非常简单,主要是石器和木器,认识自然和改造自然的能力很低,这是导致原始思维方式形成的重要社会历史原因。另一方面,人类体质发展的状况也是一个非常重要的因素。杰尔森指出:“脑的总体积是脑信息加工能力的指标。”④根据神经生物学和人类学的发现,我们知道人类的思维是进化史上的一次飞跃,这首先是以脑的进化为基础的。2000 万年前的森林古猿和拉玛古猿的脑与猴

① [瑞士]皮亚杰:《发生认识论原理》,商务印书馆 1985 年版,第 23 页。

② [瑞士]皮亚杰、英海尔德:《儿童心理学》,商务印书馆 1980 年版,第 105 页。

③ [法]列维·布留尔:《原始思维》,商务印书馆 1994 年版,第 27 页。

④ [美]杰尔森:《脑与智力的进化》,转引自胡文耕:《信息、脑与意识》,中国社会科学出版社 1993 年版,第 181 页。

脑差不多,其后17000万年没什么变化,突然出现了南方古猿,脑量为500毫升,直立人中早期猿人平均为630毫升,大约在晚期猿人中期(100万年前),人脑新皮层的发展有了一个飞跃,脑量达到800—1000毫升,早期智人为1300—1450毫升,2—3万年前的现代人达1600毫升。原始思维的知情意互相渗透、融合的特点除社会历史原因外,也与脑的左右半球在进化过程中成熟期不同有关。总的看来,这两大因素并不是孤立地起作用的,而是相互作用,共同促进人类思维逐渐发展成熟。

2. 农业时代思维方式

从奴隶社会到中世纪的整个农业时代,随着生产力的发展和生产工具的进步,人类认识和改造自然的能力大大增强,思维的水平与能力也得到相应的进步和提高,表现出有别于原始思维的质的特征。首先,随着以血缘关系为纽带的氏族的解体和社会分工的发展,随着私有制的形成和劳动日趋家庭化和个体化,作为集体成员的个人意识日益增强,社会群体与个体的关系发生了明显变化,集体意识开始让位于个体意识,思维的中心从"我们"转移到"我"这个个体主体上。主体自我意识的确立导致了几个结果:主客体在思维和意识中不断分化;思维逐渐从各种宗教性的神秘因素的支配下解放出来,认识对象世界(包括外部自然界和人自身)的客观属性,成为人类思维的中心任务。其次,由于主客体在思维中的日益分化,人们的知、情、意等不同思维要素也日益分化为具有不同确定性功能的复合要素,具有确定内涵和外延的概念开始形成。理性逐渐取代直观和情感而成为人类思维要素的主要部分。

尽管农业时代的思维方式取得了重大的进步,但与后来的工业时代的思维方式相比,无论是西方民族还是东方民族都"还没有进步到对自然界进行肢解、分析——自然界还被当做整体、从总体上来进行观察。自然现象的总的联系还没有从细节上加以证明"①。由于当时人

① 《马克思恩格斯选集》第4卷,人民出版社1995年版,第287页。

与自然的交换活动的总水平仍然停留在物质实体水平上，人类的思维能力和手段还不具备对对象的精确分析的条件，社会思维方式还处于一种朴素的辩证法阶段。“这种观点虽然正确地把握了现象的总画面的一般性质，却不足以说明构成这幅总画面的各个细节；而我们要是不知道这些细节，就看不清总画面。”①由于世界各国各民族进入农业社会的时间和方式很不相同，导致这一阶段的思维方式带有很明显的差异，特别是几大文明发源地形成的思维各有特色，一般公认中国传统思维方式有以下特点：直观的整体性、和谐的统一性、内省的致思取向、重人伦轻自然的思维重心等。这些特点与西方农业文明存在明显差异。不过，需要强调的是，这些都是人类农业时代的思维方式的特例，它们都具有上述的共同特征。如中国传统思维方式的整体性、模糊性、“天人合一”等特点与原始思维的主客体未分化的整体性、直接性、混沌性有着质的不同，前者是建立在主客体的初步分化基础上的，之所以和西方传统思维方式有所不同，只是在于具体思维取向的差异，中国侧重于主客体关系中的合一方面，侧重于主体内省的思维方法（即所谓的主体性原则）；而西方侧重于主客体关系中的对立一面，侧重于向客体外求的思维方法（即所谓的客体性原则）。

3. 工业时代思维方式

从 15 世纪开始，西方从农业社会向工业社会过渡。社会生产力的极大提高、工业革命的浪潮、生产生活经验的不断积累，以及以人文主义为中心的文艺复兴运动的兴起，孕育着人类思维方式的重大变革。

一方面，自然科学革命和工业革命使人类生产活动突破了自然条件的限制，人类与自然之间的交换活动开始从物质实体交换转向能量交换，实践活动水平的提高客观上要求思维方式必须扬弃直观的整体性和模糊性，而实现日益分化的精确性。人们在描述自然图景时，必须把自然界的种种过程和事物分门别类，“为了认识这些细节，我们不得不把它们从自然的或历史的联系中抽出来，从它们的特性、它们的特殊

① 《马克思恩格斯选集》第 3 卷，人民出版社 1995 年版，第 359 页。

的原因和结果等等方面来分别地加以研究"①。尽管近代哲学中有经验论与唯理论的分野,但它们都具有数学化、形式化、分析化、确定性、线性的特点,方法由定性分析转为定量分析。另一方面,宗教改革对人的解放,人文主义思潮对人性的重视,自然科学革命对人的理性力量的明证,都极大地唤醒了人的独立精神和自由个性,突出了人对于自然的主体性地位,强调了人对自然的控制与利用,所有这一切都促使主客二元分立的思维方式的诞生,它的两大支柱就是知识确定性(即精确性、自明性和普遍必然性)和主体性原则。这就是马克思所说的"形而上学"的思维方式:"把自然界中的各种事物和各种过程孤立起来,撇开宏大的总的联系去进行考察,因此,就不是从运动的状态,而是从静止的状态去考察;不是把它们看作本质上变化的东西,而是看作永恒不变的东西;不是从活的状态,而是从死的状态去考察。"②牛顿经典力学是其典型代表。这种思维方式在历史上具有存在的合理性,对于早期资本主义的哲学、科学、社会、文化的发展起到了直接的推动作用。

4. 后工业时代思维方式

后工业时代又称信息时代,可以分为旧信息时代和新信息时代。19 世纪末,工业时代的形而上学的思维方式的缺陷日益暴露,人类思维方式又发生了新的变革。主要原因在于:其一,一系列新工具、新技术(特别是交通和通讯技术)的发明大大提高了人类的社会生产力,改变了生产方式和交往方式,预示着人类对自然界的认识和改造即将从物质和能量层次深入到信息层次。其二,自然科学由搜集材料、对既定事物分门别类地分析的阶段,进入到整理材料、综合考察的阶段。19 世纪的细胞学说、能量守恒定律和达尔文进化论三大发现,预示着人类思维开始进入考察事物的整体联系和发生、发展的过程的系统思维时代。马克思和恩格斯所创立的辩证唯物主义的思维方式正是充分体现这一时代精神变革的产物。"对于现今的自然科学来说,辩证法恰好

---

① 《马克思恩格斯选集》第 3 卷,人民出版社 1995 年版,第 359 页。

② 《马克思恩格斯选集》第 3 卷,人民出版社 1995 年版,第 360 页。

是最重要的思维形式，因为只有辩证法才为自然界中出现的发展过程，为各种普遍的联系，为从一个研究领域向另一个研究领域过渡，提供了模式，从而提供了说明方法。”①19 世纪末到 20 世纪初的自然科学的“危机”，相对论和量子力学的产生，特别是第二次世界大战以来，以电子计算机、遗传工程、宇航工业、新材料、新能源等为主干的现代信息技术的诞生，以信息论、控制论和系统论为核心的新兴横断学科的蓬勃兴起，标志着人类思维方式已经进入了信息时代。

信息时代的思维方式的基本特征是：(1)系统综合性。这种综合性不同于传统的直观的素朴的整体性，而是在各个层次综合基础上的再综合，是系统的综合、辩证的整体综合。思维不仅考察单一系统内部的要素、结构和功能，而且考察不同系统之间、系统与环境、非系统之间的相互作用和联系。(2)信息动态性。把人的思维过程当做信息的加工和处理过程，即把思维信息化，这是现代信息方法和信息技术的理论基础。信息过程表明，人的认识不仅是感性认识到理性认识再到实践的间断性过程，而且是一个模式处理的连续性过程，即“信息流”。思维是间断性和连续性的统一。信息的动态过程表现为具有一定思维目的，通过反馈、调节、不断协同思维程序、手段，以达到主体对客体控制的思维过程。(3)中介性。中介系统扩大，从宏观(主客体相互作用的层次)到微观(脑神经生理、心理机制、语言机制等)、横观(贯穿于全部思维过程的信息过程)。(4)创造性。用新的思维角度、程序和方法来处理各种情况、各种问题，从而产生新成果。作为创造前提的是“问题”。实践为创造性思维提供了“问题”和“思维的角度”。

20 世纪中叶以来的新信息革命，使人类进入新信息时代，或称为网络时代。网络时代仍然属于广义上的信息时代，是信息时代的延续和深化，是信息时代的高级阶段。简言之，网络与信息是形式与内容的关系，网络是信息的载体，信息是网络的实质。网络时代的思维方式虽然是对信息时代的思维方式的继承和发展，但它已具有一些质的新特

① 《马克思恩格斯选集》第 4 卷，人民出版社 1995 年版，第 284 页。

征;网络时代使以往一些思维方法、思维模型具有了更强的现实性和可操作性;尤为重要的是,网络式的思维方式是一种未定型的、正处于不断发展变化中的新生事物,它更多地属于未来。正如摩尔所说:

> 如果大脑可以用同样的方法像电脑那样连接起来,那就再也没有理由认为它们不能够,每个大脑在继续是独立个体的同时又是一个无限强大的思维器官的一个组成部分,那么我们就会达到完美的境界,宗教、艺术、政治和进化都得到保障和繁荣。那就是说,整个人类只有一个大脑,理解一切,预见一切。①

信息时代的思维方式,如果从其时空特征来说,也可称为全球化时代的思维方式。

(三)思维方式变革的特征与趋势

思维方式的发展是阶段性和延续性的统一。黑格尔曾经把人类思维的发展史比作"圆圈",认为人类思维方式的历史发展是一个又一个圆圈不断肯定——否定——否定之否定、螺旋式上升的过程。列宁认为,这是一个"非常深刻而确切的比喻!! 每一种思想 = 整个人类思想发展的大圆圈(螺旋)上的一个圆圈"②。他在《谈谈辩证法问题》一文中指出:"人的认识不是直线(也就是说,不是沿着直线进行的),而是无限地近似于一串圆圈、近似于螺旋的曲线。"③简言之,人类从原始时代混沌的、自发性的、整体性思维,中间经过不断演化、分化为主客体二元对立思维,现在已经发展为包括多元主体、客体和中介的多元互动的网络式思维。具体说来,人类思维方式变革的特征和趋势可以概括为以下几点——

① [美]摩尔:《皇帝的虚衣:因特网文化实情》,河北大学出版社 1998 年版,第 203 页。
② 《列宁全集第 55 卷》(《哲学笔记》),人民出版社 1990 年版,第 207 页。
③ 《列宁全集第 55 卷》(《哲学笔记》),人民出版社 1990 年版,第 311 页。

一是在思维的整体结构方面，主体—客体之间的关系经历了这样的过程：从一元整体浑沌到二元分离对立，发展到多元整合互联。

二是在思维主体方面，从以集（群）体性为主，到以分立的个体独立性为主，现在发展到建立在个体独立性基础上的多元联合。

三是在思维时空方面，时间性维度上由面向过去到面向现实，再到面向未来；空间性维度上由封闭走向区域开放，再走向全球化开放。

四是在思维要素方面，知识和信息在思维要素中的地位和作用不断加强，知识、信息与情感、意志、价值等要素之间越来越具有系统综合性和互动性，而且知识和信息在社会各领域的地位和作用越来越大。

五是在思维方法方面，各种具体的思维方法日益丰富和复杂，不同思维方法之间的互补和互动日益频繁。

六是从思维方式与人类其他认识和改造世界的方式的关系来看，它在两个向度上不断发展：一是向思维的纵深层次的深化，二是向人类整体存在层次的泛化。

二、全球化时代人的思维方式变革

（一）全球化思维方式的结构与过程

与其他思维方式一样，全球化思维方式在横向结构上可分为四个部分：思维主体、思维客体、思维中介和思维方法。

1. 思维主体的个性化和社会化

从宏观上讲，由于世界的多样性和多元化，由于人类认识和改造世界的能力和水平的不断提高，思维的主体——人自身也日益多元化和个性化。尤其是在全球化时代，由于全球普遍交往的实现，特别是全球信息网络工具的便捷性、自由性、平等性、共享性等特征使主体利用网络生产、传播、交流、消费信息越来越便捷、自由，使主体自身的自由个性和创造性思维能力与思维水平得以前所未有的充分发挥。可以说，全球信息网络为每一个思维主体的全面而自由的发展提供了公共的平台,每一个人都有可能和有能力参与思维的创造和发展。但是另一方面,个体主体之间无时无刻不在发生着相互联系和相互作用,人类多样化、个性化的思维能力日益结合为一个社会化的整体来认识和改造世界,每一思维个体身上也体现和包含着思维群体(社会化的思维主体)的因素,尤为重要的是,人不仅作为全球化、社会化的人类来进行思维和认识活动,而且与各种各样的思维中介和思维工具(主要是电脑网络)结合为"人—机"和"人—网"系统来进行思维和认识活动。思维主体的个性化和社会化不是对立的,而是辩证统一的,是一个问题的两个方面。

2. 思维客体的多样化和一体化

同一般思维方式一样,全球化思维的客体也是自然、社会和人本身的统一。当代科学技术的发展尤其是信息网络技术的发展使整个世界日益联为一体,政治、经济、文化的全球化进程日益加快。更根本的是,信息网络使原本多样化的世界数字化,无限丰富的自然、社会存在形式,甚至是人本身都可以变成为同质性的"比特"。另一方面,思维客体的一体化的结果,不是将世界铸成一个模式,而是最大限度地保持各种不同存在方式和各种不同文化的个性特征,使其个性更加鲜明。思维客体的一体化是建立在多元化和多样性的基础之上,并内在包含多元化和多样化于其中的一体化。思维客体的一体化使思维主体的思维更加便捷、快速和自由,而思维客体的多样化和个性化使思维主体更加具有思维创造力,思维活动和思维方式更加丰富多彩。简言之,全球化思维客体是以一体化的形式包容着多样化的内容。

3. 思维中介的虚拟化和网络化

思维中介指:"处于主客体之间、又不同于主客体的相对独立系统。这个中介系统,随现代科学技术的发展,其地位作用也日渐增加、提高和扩大着。而这种中介系统的地位、作用的扩大、提高,又标志着人类认识能力和改造世界的实践能力的提高。"①思维的中介系统主要

① 崔自铎:《认识论探索》,中共中央党校出版社1997年版,第65页。

包括两方面的要素：一是物质性的认识工具系统，即思维的"硬件系统"；二是以一定的语言形式、符号形式或数字形式表达的规律、概念、范畴和理论思想体系，即思维的"软件系统"。

当代信息网络可以看做是思维中介系统的最新发展。与一般思维中介相比，作为思维中介的网络和信息更为复杂，它们具有明显的虚拟性、工具性和系统性。主要表现在：第一，网络和信息不同于客观实体，不是一种物理性的实在，而是一种虚拟实在，但它们也是客观世界的反映，而且是更高级、更复杂的反映；第二，网络和信息通常是我们认识物理世界的工具和手段，但是，在特定情况下，它们也可以成为思维的直接对象，并且成为客观世界的一部分（波普尔所说的"客观知识的世界"），成为思维客体的一部分；第三，主体对网络和信息的依赖日益增强，甚至于在特定条件下，它们可以替代思维主体——人的部分功能。总之，在一定程度上，作为思维中介的网络和信息与思维主体和思维客体的相互作用是如此密切和复杂，以至我们常常很难把三者区分开来。现代人工智能和新型网络的发展更向我们提出了思维中介能否以及怎样替代人的尖锐问题。

4. 思维方法的综合化和复杂化

思维方法是思维方式的重要组成部分。全球化思维方法的综合化和复杂化体现在两个方面：其一，它是多种思维方法相互结合、相互交叉、相互补充的产物，如控制方法、信息方法、系统方法、结构—功能方法、黑箱方法、模型化和理想化方法、模糊方法等现代思维方法在广泛应用的基础上，互相融合为综合性的网络性的思维方法集；其二，每一种具体的思维方法也充分体现了多种思维要素和思维取向的辩证统一，如线性与非线性、发散性与收敛性、纵向与横向、正向与逆向、单一性与多样性、静态与动态、模糊性与精确性等。可以说，全球化思维方法最集中、最深刻地体现了全球化思维方式的多元互联性、创新性、开放性、共享性、虚拟化（数字化）、未来性等基本特征。

从全球化思维方式的过程看，它不仅是一个从感性认识到理性认识再到实践的间断性飞跃过程，而且是一个"软件过程"，是信息处理的连续性过程。思维是间断性和连续性的统一，是宏观与微观的统一。现代认知心理学、格式塔心理学、人工智能的成果都表明，不仅个体的思维是连续性的“信息流”的表现，而且整个人类的思维也是一个连续性的过程。人们在思维过程中，不能仅仅停留在从感性到理性再到实践的宏观过程，而应更多地注意各种思维要素和认知活动的微观过程，更多注意“反馈”、“控制”、“互动”、“及时”、“协调”、“程序”等观念。

超文本和超链接最典型地体现了全球化思维方式的多元性和分散性特征。超文本概念可以追溯到 1945 年万尼瓦尔·布什(Vannevar Bush)发表于《大西洋月刊》上的一篇论文《以我们的思考模式》(*As We May Think*)，文中描述了第一个超文本信息系统的原形，他称为“memex”。20 年后，泰德·尼尔森(Ted Nelson)在他的《文学机器》(*Literary Machines*)一书中抓住了这一非线性的梦想，并形成了超文本理论。简单地说，超文本结构就是一种把相关文件互相连接的方法，即在一个文本中，综合文字、图表、图像、声音、动画、视频等信息。一般情况下，每个超文本文件都包含文本信息和多个用以指向其他文本或其他媒体信息的嵌入式菜单，用户只要用鼠标选择文本中的嵌入式菜单或图形键就可以运行于不同的网络和节点，漫游于整个互联网。WWW 系统首次在整个互联网的信息查询和组织中使用超文本。这种把全球范围内的信息组织在一起的超文本方法，不是采用自上而下的树状结构，也不是按图书资料管理中的编目结构，而是采用由指针联结的非线性超网状结构(如图 5－1)。

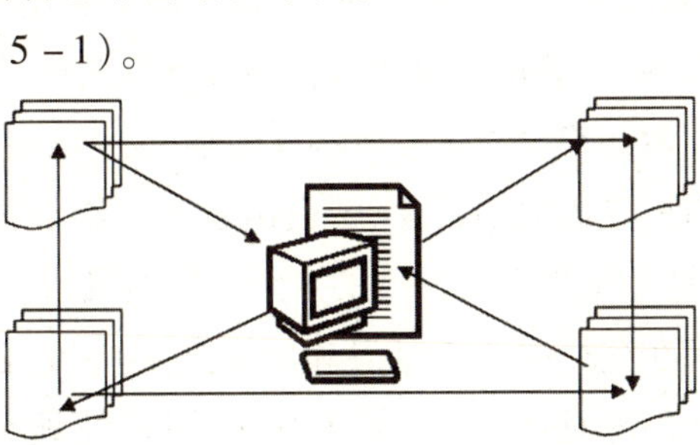

图 5－1　超文本的链接方式

(二)全球化时代思维方式的变革

1. 从斗争(对立)型思维向和谐(统一)型思维变革①

由于生产水平的低下及交往的狭隘性,传统社会的思维方式上主要是主体—客体二元分立。即把自我视为主体,而把自我之外的一切存在都视为认识和改造的对象,即客体。这种主客二分思维方式表现在人与自然的关系上,就把自然界只当做人满足自己需要的对象加以掠夺性地开发和利用,而不顾及自然界自身的承受能力和可持续性;这种思维方式表现在人与社会的关系上,就是把他人和社会仅作为满足自己需要的手段和工具,而不是当做与自己有平等人格和权利的主体。这种思维方式在促进科学精神的增长和生产力的发展的同时,给自然生态、人类社会及人本身带来日益严重的消极影响,这种状况在一定程度上已经危及人类自身的生存和发展。毛泽东所说的"斗争哲学"就是这种思维方式的通俗表达:"与天斗,其乐无穷;与地斗,其乐无穷;与人斗,其乐无穷。"这种斗争哲学在革命时期有着进步的作用,但到了和平建设时期还继续使用,就必然在理论和实践上产生严重消极后果,"大跃进"和"文化大革命"的悲剧就是明证。全球化实践是以不同民族和国家的相互依存和共生共存为前提的,它客观上要求人们超越主体—客体二元分立的思维方式,确立主体与客体的多元互动统一的思维方式,主体客体互相依存,主体之间确立平等、合作、对话的关系,促进人与自然、人与社会的和谐共存、共同发展。套用毛泽东的句式表达就是:与天和,其乐无穷;与地和,其乐无穷;与人和,其乐无穷。

2. 从局部片面思维向整体全面思维变革

随着历史向世界历史的转变,任何国家和民族都再也不能把自己封闭起来,孤立地寻求生存和发展的空间。虽然民族利益、国家利益仍然是民族和国家在交往中的立足点和出发点,但它们必须自觉地意识到整体性的国际环境对自身的制约和影响,并自觉地调整本国的经济

① 参见孙德忠、王峰:《论全球化实践对人类思维方式的影响》,《中州学刊》2002 年第 6 期。

结构、战略目标、文化模式等,以便与世界整体背景接轨。无论是“先发”国家还是“后发”国家都面临着实践和思维的转变。这就要求人们必须突破原来狭隘的局部片面思维模式,而转向面向整个全球化背景的整体全面思维模式,也就是具有“世界历史眼光”和“全球战略视野”。每一全球化时代的个人,都应当走出狭隘而孤立的“自我中心”,融入世界历史的洪流之中,克服自身的片面性,全面发展自己的个性和多方面需要,成为真正世界历史性的个人,成为真正的“全球人”。这也就是马克思所说的“建立在个人全面发展和他们共同的社会生产能力成为他们的社会财富这一基础上的自由个性”①。

3. 从一元化思维向多元化思维变革

全球化的进程是统一性与多样性、一体化与多元化同步增强的过程。全球化实践的一体化进程并没有取消反而要求强化个性、差异性和多样性。而世界各国各民族的个性、特殊性又只能在这种一体化的全球化实践中才能展现其特殊性。适应这种文化现实,人类的思维方式也实现了现代变革。传统的哲学思维方式是一种实体主义、本质主义、绝对主义的一元论,它在主体和客体、思维和存在、现象和本质的二分对立的前提下追求绝对存在、抽象本质、最高之真善美,而排斥与之相对的异质性、多样性、复杂性。这种哲学思维方式在德国古典哲学集大成者黑格尔那里达到顶峰,必然走向衰落。这种思维方式背后的核心是西方(或东方)中心主义,不符合全球化时代的潮流。现代哲学开始扬弃传统哲学思维方式的本质主义、实体主义、绝对主义,回归到真正属于人的生活世界,凸显了被传统哲学思维方式所忽视的文化多元性、价值相对性和社会复杂性,这对于认识和解决全球化进程中的价值一元与多元、科学与人文、现代性与民族性、个人与社会、文化冲突与融合等矛盾尤为重要。

4. 从线性决定论思维向多维网络思维的变革

全球化时代,实践活动变得空前复杂起来,全球性的政治、经济、文

---

① 《马克思恩格斯全集》第46卷(上),人民出版社1979年版,第104页。

化、科技、宗教等因素组成一个多维网络系统，其中任何因素的作用都不可能是单线一维的，任何因素都不可能从复杂系统中剥离出来加以单独认识。传统的线性决定论思维方式越来越不适应这种认识客体的系统性、复杂性，必须相应地转换和提升主体思维方式。这种新的思维方式应当是多维网络思维，或者称为“后现代性”思维，它主张多元文化而反对单一文明，强调差异而否认单一等级制，重视分裂而否定同一，消解思维等级和中心性而主张思维的“平面化”，解构先验的理性和本体论、决定论而推崇全球话语的对话与交流。

多维网络思维的产生离不开全球互联网。互联网的产生可以说就是人脑的“互联化”和计算机的“智能化”相结合的结果。全球化思维方式的产生与发展不仅与现代科技革命有密切关系，而且与人类的思维器官——人脑形成了一种本质性的契合。随着对自身认识的不断深化，人类越来越深刻地认识到，人类思维和认识的生理器官是自然界的独一无二的最高级物质形态，它的最大特点正与全球信息网络类似——网络性。现代脑科学研究表明，人的大脑左右两半球呈镜面对称，通过由大约 2 亿条神经纤维组成的胼胝体进行频繁的信息交换，这些神经纤维又互相结合组成大约 100 亿以上的神经细胞，呈网络状交叉分布，又可分为不同的区域，每一部分具有特定的功能，各个部分又相互作用、相互协调，共同完成复杂的思维活动。人脑的网络化不仅表现在脑神经细胞本身的网络状生理结构，还表现在脑神经细胞处理外部信息的网络化、系统化和综合化。“生命中最大奥秘之一，就是具有相对较慢的计算因素的人脑是如何从事超大型计算机也望尘莫及的认知活动的。人们推测，是人脑里相互沟通的密集网发挥了巨大的作用。与人脑相比，互联网尽管简单，还是有非常密集的相互连接系统，或许有一天网络会产生新型的人工智能。”①

5. 从理性逻辑思维向文化价值思维变革

工业时代的思维模式是以理性逻辑为基础和核心的。这种思维模

① ［英］诺顿：《互联网：从神话到现实》，江苏人民出版社 2000 年版，第 37 页。

式的直接后果是推动了科学理性精神的兴起和科学技术的发达，而相应地，人文、文化、价值方面的思维却被忽视或压抑，导致科学理性的僭妄与人文价值的迷失。新全球化时代，人们越来越认识到，科学理性与人文价值二者都是人类文明的不可或缺的要素，缺一不可，不可偏废。人们的主导思维模式开始从以理性逻辑为中心转向更宏大更广阔的天地——文化价值领域。思维不再只是一种逻辑的技术和规则，而是在广阔的文化价值领域人们思考的规则和模式。这种模式的确立有助于思维突破局限，有助于提升思维的创新性和共享性，有助于保持和培养思维的人性内涵和自由精神。

(三)全球化思维方式的本质特征

全球化思维方式具有以下基本特征：

1. 多元互联性

这是全球化思维方式在思维空间维度上的本质特征。全球化进程深刻体现了世界普遍联系的最高形式。整个世界物质、能量、信息、事件及人类社会存在和社会意识的普遍联系的实现，要求思维真正突破时间、空间、文化、民族等的界限，使"全球脑"、"全球意识"、"全球思维"成为可能。与以往思维方式的整体性和系统性不同的是，全球化思维方式的多元互联性突破了以往思维联系中的单向性和收敛性，而具有实时交互性和发散性特点，主要表现为思维取向的"外化"和"平面化"。"以超文本的形式将思维'外化'为平面网络体；以网络记忆体逐渐取代大脑记忆体从而将思维'平面化'。万维网的这两个基本的'语言学'特征同时也就是它的'思想'特征。对于中国社会或任何一个具体社会而言，具有这两个基本特征的网络技术意味着知识的民主、交往的自由、开放性的理解、市场机会的扩展以及信仰危机。"①

全球化思维方式的多元性还表现在多种思维方法的互补。相互排斥的双方往往又是互为前提的，既相互排斥，又相互生成；既相互生成，

① 汪丁丁：《自由人的自由联合》，鹭江出版社 2000 年版，第 117 页。

又自我生成。在全球化思维方法中，整体论与还原论、分析与综合、逻辑与直觉、理性与价值、科学与人文、不同的学科与技术、东西方思维方式之间都有可能互补与共生。

2. 创新性和超越性

全球化时代是一个创造、创新与超越的时代。信息量在现时代每隔十年翻一番。与此相适应，每十年的创造性成果也超过了历史上人类创造的总和。因此，创新性和超越性成为全球化思维方式在时间维度上的本质特征。所谓创造性思维，就是从新的思维角度、程序和方法来处理各种情况、各种问题，从而产生新成果的思维过程、思维活动。创造性思维并不是独立的思维类型，它渗透在人的各种活动、思维形式中，是逻辑思维、形象思维和直觉思维等的综合运用。由于全球化思维主体的自由个性和创造性的充分发挥，由于作为思维中介的信息网络的多样性与一体性的统一，思维不断超越既有的思维模式、定势和习惯，各种新的思维内容、思维成果、思维方法、思维模型层出不穷，在质和量两方面都有深刻变化，与以往的思维创新相比，全球化思维的创新更加深入、影响更广、更具有革命性意义，人类将进入"随时创新"、"终生学习"的时代。

需要强调指出的是，思维的创造性实际上是时代的产物，创造性总是和"问题"、"问题的解决"联系在一起的，而问题是客观存在的，有历史性的。马克思指出，问题的解决并不是随意的而是有条件的，"人类始终只提出自己能够解决的任务，因为只要仔细考察就可以发现，任务本身，只有在解决它的物质条件已经存在或者至少是在生成过程中的时候，才会产生"①。从这个意义上说，思维的创造性本身又是被决定的和被创造的，具有历史继承性。因此，思维的创新与超越不能一味求新求变，不能标新立异，必须与思维的科学性统一起来。

3. 开放性和共享性

这是全球化思维方式在空间维度上的特征。最早从理论上提出共

① 《马克思恩格斯选集》第2卷，人民出版社1995年版，第33页。

享思想的是加拿大学者麦克卢汉,这位天才的预言家在互联网诞生之前就宣告网络将给人类带来一种超越分工个体的生命智慧。他认为,传统工业世界的特点是分工,创新不能由制度内在生成,而共享则是内生的融合润滑剂,是创新的助产婆。这种新时代的知识,是在人们的互动中产生的,而对于人们的共同创造物,最合理的分配方式不是产权分割,而是共享。全球化思维方式彻底打破了传统思维方式的封闭性的等级式结构,而形成一种全方位开放的、实时互动的分布式结构。

4. 虚拟化和数字化

从与现实的关系角度讲,任何思维方式都具有一定的虚拟化,只不过全球化思维方式的虚拟化更加突出、更加彻底。它既不同于物理意义上的客观世界,也不同于传统意义上的知识——这种知识是对现实的模拟和反映,而且是以数字(比特)的形式对现实的虚拟,也就是说,既包含对现实世界的模拟和反映,也预示着现实中尚未出现乃至“不可能”出现的虚拟世界,全球化思维方式把思维中的过去、现在、将来的现实性与人头脑中的非现实的可能性(甚至不可能的可能性)都融汇入一个共同的虚拟时空中,极大地丰富了人们的思维世界。

5. 复杂性和系统性

复杂性和系统性是全球化社会的基本特征之一,相应地,全球化的思维方式也具有复杂性和系统性。拉兹洛指出,人类早期的思维方式是整体的和思辨的,近代思维方式是经验的或原子论式的,而“今天,我们正目睹一场思维方式的转换:转向严谨精细而又是整体论的理论。这就是说,要构成拥有它们自己的性质和关系集成的集合体,按照同整体联系在一起的事实和事件来思考”①。全球化进程本身就是一个高度复杂的非线性系统。全球化思维方式非常典型地体现了思维的复杂性和系统性。主要表现为:从以实体为中心过渡到以系统和过程为中心,从单值的过渡到多值的,从考察线性关系过渡到考察非线性关系,从单一的测度过渡到多测度的,从主要研究横的关系过渡到研究纵的

① [美]拉兹洛:《用系统论的观点看世界》,中国社会科学出版社1985年版,第14页。

过程和纵横交错的关系。

必须强调的是，虽然全球化时代人类思维方式具有以上一些普遍性的特点，但毋庸置疑，不同民族文化、不同文化群体、不同个体之间的具体思维方式存在各种各样的差异，既有文化传统的影响，也有个体心理生理差异及环境的影响。比如传统东方文化的思维方式具有整体性、直觉性等特点，而传统西方文化具有线性、分析性等特点，这些特点对于全球化时代的思维方式不同程度地产生着影响。

三、价值评价与未来前景

（一）全球化思维方式的正面价值

从工业社会向全球化社会的转变不只是限于传统的物质生产领域，同时又是思维和文化领域中的深刻革命。全球化发展的根本动力就是人的创造性思维。蒸汽机所导致的种种发明不过是人类自然力的扩张，而计算机网络所导致的一系列发明则是人类思维能力的飞跃和升华。今天全球信息网络的快速发展，预示着未来全球智慧和社会思维时代的到来。我们的智慧和思维最终将突破个体的生命的有限性而形成为“人类智慧”。胡克把全球信息网称之为“全球人工脑的首次尝试”，唐·泰普斯科特认为我们正在迈向“网络智慧的时代”，布洛克曼称之为 DNI：“现在，有一个新发明出现了，它是集体意识的代码。我称它为‘分布式网络智能’DNI（distributed networked intelligence）。DNI 是我们大家共同拥有的精神。DNI 是我们的集体意识与自身互动而生的永久振动；DNI 使得人的生存更具有丰富饱满的含义。”①

英国著名的科学哲学家卡尔·波普曾经提出“三个世界”理论，即把由人的语言文化构成的“客观知识”世界与“物理自然”世界和“人的精神”世界相并列，突出“客观知识”在人的世界中的地位和作用。连

① ［美］约翰·布洛克曼：《未来英雄》引言，海南出版社 1998 年版。

波普本人也未必想到的是,自全球信息网络普及以来,作为"客观知识"的信息世界为波普的"客观知识"世界理论提供了最好的注脚。

对于全球化思维方式的积极意义和正面价值上文中多有论述,在此不再赘述。

(二)全球化思维方式的负面价值

1. 思维的平面化导致思维深度的消失

早在20世纪中期,海德格尔就已经敏锐地感觉到信息技术对于语言和思维的革命性影响。他认为任何触及语言和思维的技术都是基本的技术,必须加以深入反思。他在1967年说:"也许历史与传统将平稳地顺应信息检索系统,因为这些系统将作为一种资源以满足按控制论方式组织起来的人类的必然的计划需求。问题是思想是否也将在信息处理业中走完它的道路。"①当代网络技术的发展证实了海德格尔的忧虑。信息思维方式的平面化导致思维深度的消失,信息量的爆炸掩盖了信息质和深度的贫乏,随之而来的是理性本身的危机——对"理性"的信仰将被思维的"外化"所动摇,有人甚至喊道:

> 到处都是信息,唯独没有思考的头脑!

2. 思维的技术依赖性

全球化时代思维的技术依赖性达到前所未有的程度,甚至有人将思维等同于电脑,认为电脑能够超越人脑,抬高技术和机器在思维中的地位和作用,贬低人在思维中的地位和作用,可能导致思维方式的机器化,丧失其丰富的人性内涵。有学者忧虑地指出:

> 更可怕的也许是人们经不住这些优点的诱惑而一脚踏进机器思维布下的陷阱,把更多的思维活动交给机器去完成,而自己却疏

---

① Matin Heidegger: Preface to Wegmarken, Frankfurt, Klostermann, 1967, p. ii。

于锻炼，最后导致人类思维能力的停滞甚至下降，成为这一场人机竞争的失败者……如果人们在不断扩展计算机的应用范围，赋予它更多更先进的功能的同时，不能相应地增加对它的监控能力，并发展自己的思维，那么机器思维就有可能成为人类的控制者……那时，已被网络掠夺一空而习惯于网络化生存的可怜人类将逃向何处？①

这也许过于悲观，但并不是危言耸听，如果我们不采取措施，也许这可怕的前景将会变成现实。关键在于如何在充分利用科学技术促进思维方式发展的同时，保持思维的人性内涵和自由精神。必须明确地认识到，电脑和网络并不是思维主体，而只是人类思维主体的一种特殊工具和中介系统。不能把思维和认识直接归之于电脑和网络的属性，电脑和网络的"认识"和"思维"，不能由它们本身，而只能由人这一主体来说明。崔自铎认为："通常人们所说的'机器思维'，只不过是说，人类借助电脑来模拟和复制人脑的某些功能而已。而模拟毕竟是模拟，而非模本。把人这一认识主体的'模本'——大脑的属性，硬是归之于电脑这一模拟物体，那自然是不妥当的。"②

而且，作为机器思维的人工智能与作为人类思维的人类智能，两者之间具有本质区别。第一，人类智能与人工智能的物质基础（载体）不同。人工智能的物质载体是电脑这一人脑的模拟物。第二，人类智能与人工智能进行活动的规律不同。人脑的活动，是按照高级生物的高级神经活动规律进行的，电脑则是按照机械的、物理的和电子的活动规律进行的。第三，人类智能有目的，有自我意识，而人工智能没有。第四，创造性是人类智能的根本特点之一，而人工智能不具有创造性。第五，二者活动的基础与受到社会思想影响时的效果不同。人类智能产

① 周能友、朱晓兰编著：《Internet 集中营》，中国城市出版社 1998 年版，第 387—388 页。

② 崔自铎：《认识论研究》，求实出版社 1986 年版，第 52—53 页。

生与活动的基础是社会实践,受社会实践的制约;人工智能活动的基础,是机械的、物理的和电子的物质运动形式。人类智能或人的认识能力,只是人类意识的一个因素,人的思维是认识与情感、意志、性格等因素综合起作用的结果①。

3. 思维的虚拟性容易导致思维的空洞化

麦克卢汉曾经警告过,要注意精神可能会离开肉体,被加速运转到能够浮进电子虚空,并称之为"脱离肉体效应"(Discarnate Effect)。

> "我们自我加速到一个超出我们生存本能的速度,"多伦多大学"麦克卢汉中心"的纳尔逊·塔尔(Nelson Thall)说,"今天,人们醒悟到,电力技术将人脑加速到一个异乎寻常的速度,而人的肉体却原地不动。这样形成的鸿沟造成了巨大的精神压力。人的大脑被赋予了能够浮出肉体、进入电子虚空的能力,它可以在一瞬间到达任何地方。于是你就不再只是血与肉了。"当我们逐渐进入虚拟化的生存,那些数万年来为我们的本性作出规定的生理边界,越来越快地变得过时了。在虚拟世界里,我们几乎能在任何时候"到达"任何地方。我们的选择不再受到金钱和距离的限制——仅受时间的限制。②

4. 思维创新与思维传统的矛盾

创新对于思维方式乃至人类存在方式的重要性已如上述。然而,全球化时代的创新也存在一些误区。比如"为新而创",一味求新求变,不断升级,"没有最好,只有更好",容易丧失思维的连续性和继承性,结果可能是一种"无根"的创造,没有实际价值的创新。在对待传统思维方式上,破坏和批判有余,建设和继承不足。其实传统思维方式

---

① 参见崔自铎:《认识论研究》,求实出版社1986年版,第53—56页。

② [美]戴维·申克:《信息烟尘:在信息爆炸中求生存》,江西教育出版社2001年版,第36页。

绝不只是思维方式变革的包袱，其中的许多精华是当代思维方式应当汲取的宝贵财富。比如中国传统思维方式中的整体性思维、“执两用中”、“和而不同”、“穷则变，变则通，通则久”、“生生之谓易”、“仇必和而解”等思想对于我们发展和完善全球化思维方式有着重要的启发意义。

（三）全球化思维方式的前景

以上我们简要论述了全球化思维方式的结构和过程、基本特点及价值评价。需要指出的是，这只是一种总体上的描述，不可能概括当代人类思维方式的全部层面，每一时代除了有主导性的思维方式外，还有其他非主导性的思维方式，这些思维方式具有各自的特点，并且各时代的思维方式不是间断性代替的，也存在交叉混合的情况，在全球化时代，仍然存在着农业时代和工业时代的思维方式，更重要的是，各种类型的思维方式并不是绝对历时替代和对立的关系，完全可以共时并存，且相互结合、相互补充。

21 世纪的人类思维方式将处于大变革、大发展的时代，从整体趋势看，我们需要注意以下几个方面——

第一，思维的技术性与人文性的统一。当代思维方式的发展具有越来越浓厚的技术色彩，这在全球化思维方式中体现最为明显。高新技术在促进思维方式质和量的大发展的同时，也带有种种局限性，比如对人性、人的价值、人的自由精神的淡漠。如何在充分利用现代科技成果，提升思维方式水平与质量的同时，保持乃至提升人类思维的人文性，把人的思维的手段（技术性）与目的（人文性）统一起来，是未来思维方式发展必须面临和解决的重大课题。

第二，思维客体的一体化与思维主体的个性化的统一。如前所述，这一对矛盾在未来的思维发展中将更加突出。理想目标是：一方面，必须大力发挥个体主体的能动性和自由个性，促进个体思维方式的充分、自由而全面的发展；另一方面，又必须维护整体思维的全局，对个体行为进行必要的规范，形成多元互动的、自组织的、既活跃又有序的总体格局。要做到这一点,需要技术层面和制度层面,乃至伦理层面的发展。

第三,思维创新与思维传统的统一。创新性是人类思维方式的根本特性,是人类思维方式不断发展变革永葆生命力的根源所在。然而,思维方式也具有历史性和延续性,任何一种思维方式都是同时代的变革、实践和科学的历史发展紧密联系的,都有其发生、发展、更新的历史过程。高级的新的思维方式总是包含着低级的思维方式,并把低级的思维方式作为自己的基础。如何在充分发挥思维的创新特色的同时,继承并扬弃传统思维方式的合理性因素,也是未来思维方式发展的目标之一。

第四,虚拟思维与现实思维的统一。这两种思维都是人类不可或缺的,各自都有其优势和劣势,应该很好地结合起来。虚拟也是一种现实,只不过是一种具有可能性的现实,而现实中也包含超越现存状况面向未来可能性的因素,因此,思维中的虚拟因素与现实因素应当也完全有可能互相兼容,有机结合。

第五,多种思维模式的互相结合。如经验思维、知性思维、情感思维、抽象思维、形象思维、直觉思维、收敛性思维、发散性思维、模糊思维等的取长补短、有机结合。

第六,线性集中思维方法与平面扩散思维方法的结合。如何在扩充思维广度的同时保持思维的深度,把线性集中思维方法与平面扩散思维方法相结合,提升为全方位立体性思维,这是需要研究的重大课题。

第七,思维方式与生产方式、生活方式、交往方式、组织方式等的互联互动。思维方式的发展不是孤立的、单一的,而是在与其他实践活动和方式的联系和作用中存在和发展的,未来的思维方式将越来越具有大视野、多维度、全方位的实质。

正如汪丁丁所言:“网络经济所导致的人类交往成本的迅速降低迟早会把我们每一个人大脑内部的思维网络并入那个无比扩展了的外部信息网络,从而彻底改变人类传统的‘主体—客体’认知模式。笛卡尔的‘我思故我在’将被改写为‘我们思故我们在’;而‘我们的’经过海德格尔深思熟虑的‘在世界的存在’将具体地显现为‘我们在网络世界的存在’;最后,赫拉克利特阐释的‘对话的逻各斯’以及列维纳斯的‘为他人的语言’将在网络世界里找到那个也许是我们人类的最后的‘家’。”①

对于未来思维方式的创新,最重要的在于行动。未来决定人类前途和命运的除了技术、生产力外,还有人的思维的创造力和想象力。一种共生共存的全球性思维将指导人们追求共生共存的全球化实践,这是我们每一个人——而不只是思想家——的目标。

笛卡尔的“我思故我在”可以概括他那个时代的思维方式,而我们也可以用一句话概括未来的全球化时代的思维方式:

我们共在,我们共思;
我们共思,我们共在。

① 汪丁丁:《自由人的自由联合》,鹭江出版社2000年版,第6—7页。

第六章

全球化进程中的文化

我们应该尊重各国自主选择社会制度和发展道路的权利，相互借鉴而不是刻意排斥，取长补短而不是定于一尊，推动各国根据本国国情实现振兴和发展；应该加强不同文明的对话和交流，在竞争比较中取长补短，在求同存异中共同发展，努力消除相互的疑虑和隔阂，使人类更加和睦，让世界更加丰富多彩；应该以平等开放的精神，维护文明的多样性，促进国际关系民主化，协力构建各种文明兼容并蓄的和谐世界。①

——胡锦涛

20世纪思想的主流是对抗的思想，认为只有对抗才能产生真正的活力，而21世纪的思想完全不同，我认为应该是一种和谐的思想。现在法国的很多学者都主张一种复杂性思维，他们认为在政治思想方面应当能够把反面的、对立的、冲突的东西都能够纳入进来。这种思维归结起来，其实就是超越的思维，和谐的思维。而

① 胡锦涛：《努力建设持久和平、共同繁荣的和谐世界——在联合国成立60周年首脑会议上的讲话（2005年9月15日，美国纽约）》，http://news.xinhuanet.com/world/2005-09/16/content_3496858.htm。

我认为,中国的古老文明为世界上和谐思想的发展作出了卓越的贡献。①

——拉法兰

一、全球化的文化悖论与文化整合

(一)全球化的文化悖论

全球化进程不只是经济和社会的变革,在深层次上体现为文化价值的变革。全球化的文化价值正处于日新月异的激烈变化中,还没有完全定型(也许不会有定型的一天),这就使得对全球化文化进行全面而深入的考察非常困难。不过,在令人眼花缭乱的现象背后,我们还是能够发现全球化文化价值的一个最突出也是最根本的特点:存在着许多"悖论"(二律背反),即在多层次、多方面上具有二元因素的冲突、张力、混杂、互补的特点。尽管在表面上,它消解了或试图消解其他文化价值中的二元对立和中心意识形态,但它并不能真正摆脱二元冲突对立,只是使之具有了更新的形态,并为对立面的互动与融合提供了新的挑战和机遇。这一点与所谓"后现代主义"有诸多相似。正如凯文·凯利所说:"随着网络的膨胀,中心在后退。全球性网络与后现代文学运动同时出现,这并不是巧合。后现代主义不要权威、不要万能的教条、不要基本道德规范。在艺术、科学和政治领域,后现代主义的主题被 Stenven Best 和 Douglas Kellner 在《后现代转向》一书里归纳为:'后现代转向的结果是分散、不稳定、不明确、不可预测。'这也是网络的概括。"②

通过对全球化的现象考察和价值分析,我们可以归纳出全球化最

① 法国前总理拉法兰 2005 年 11 月 16 日在外交学院的演讲:《中国的利益就是世界的利益》,http://news.xinhuanet.com/world/2005-11/24/content_3828828.htm。

② [美]凯文·凯利:《网络经济的十种策略》,广州出版社 2000 年版,第 223—224 页。

典型的十大文化悖论：一元与多元、技术与人文、开放与封闭、自由与规范、民主与集中（分权与集权）、平等与差异、虚拟与实在、理性与价值、创新与传统、个人与社会。

1. 一元与多元

这一对矛盾是全球化文化的最根本矛盾。一元与多元是一对相对的概念，任何文化形态都是一元与多元、共性与个性的对立统一。人类文化从相对一元走向相对多元是不可阻挡的必然趋势。全球化成为文化多元化的催化剂，一方面消解了传统的文化边界和价值垄断，使个人价值得到前所未有的突显和发挥；另一方面又使整个社会价值体系极度分化，其内部出现多元化、分层化格局，呈现出极其丰富多彩的面貌。比如中国的文化发展与改革开放前封闭保守的一元文化相比，呈现出显著的多元化格局，中国、西方、前现代、现代、后现代等多种文化共时并存于当代中国，真正出现了“百花齐放、百家争鸣”的格局。

（1）文化的主体——全球化公民的多元化。全球化公民是多量和多质的集合体，不同性别、年龄、职业、阶层、受教育程度、趣味的人，都有权利、有能力进行文化创造、价值判断和价值评价，较之从前的单一文化价值体系，无疑是一大进步。

（2）文化客体的多元化。全球化文化客体指人们的文化活动的对象——自然、社会与人自身，还有信息。而信息本身的内容呈现出多元化、分层化的格局。

（3）文化的生产与消费的多元化。文化工业、文化市场可以满足各种层次、各种品位、各种水平的大众的需要，而文化的形象、时尚也多样化，只要媒体或文化制作人认为有市场价值，就可以对任何一种东西进行包装、炒作，可以炒英雄人物，可以炒影视明星，也可以“讲述老百姓自己的故事”，只要能出名什么都可以炒。文化的生产、复制、包装、炒作的手段和方式更是多种多样、层出不穷。

（4）文化产品的多元化。由于文化主体的阶层、水平、趣味不同，加上文化传媒的形式和内容不同，文化产品也异常丰富多彩、并行不悖。在同一时空背景下，好莱坞电影和乡村大秧歌同时并存，《科学的历程》与《麻衣相法》摆在一个书摊,芭蕾舞剧和摇滚乐同台演出,麦当劳快餐和正宗川菜同街竞争,老牛车与奔驰轿车在同一条公路上经过,《二泉映月》和"超女"在同一频道播出……所有这些丰富而驳杂的现象在封闭的一元文化中同时出现,是不可设想的。

(5)不同文化形态的多元化。全球化为不同民族文化的交流与互动提供了前所未有的平台,文化呈现出全球化、一体化格局,但这并没有消除不同文化的差别和特性,相反,由于文化交流工具的便捷,文化的民族特性更加突显,不同文化之间的冲突也有加剧的可能。

由此看来,全球化时代,人们似乎已经进入了自由、平等、多元的文化伊甸园。然而在多元外貌的背后有没有一元实质?全球化文化在消解过去的一元文化的霸权地位或中心意识形态的同时,是否也构成一种新的文化霸权或中心意识形态?在促进文化的共享化、平等化的同时,是否构成对其他文化形态的压制和排斥?在其异质性的形式下,有没有同质性的内容?只要冷静、理性地思考,就会发现,这些问题的答案都是肯定的,至少是可能如此的。全球化文化的主体、传媒、生产与消费、产品都要服从技术与市场的逻辑(技术效用最大化和市场利益最大化原则),技术与市场的标准事实上已经成为文化先进与落后的标准。技术力量越强大,市场经济越发达,价值就越大,文化就越"先进"。

全球化文化的一元化具体表现在:

(1)全球化主体的相对一元化。不论主体的背景如何迥然不同,他们的行为方式、交往方式、思维方式和价值观念都要符合全球化本身的规范。

(2)全球化文化客体的一体化,其中一点就是全球网络上的信息,虽然内容多种多样,但形式是基本一致的,即数字化的"比特"。

(3)文化创造和实现手段的一元化。主要是技术和市场的力量推动和主导着全球化的发展,全球化文化的创造和实现必须服从技术和市场的逻辑。全球化主体要求的多样性与全球化文化创造和实现手段的单一性之间存在深刻的矛盾。

(4)文化生产和消费方式的一元化——市场化或商品化。文化的生产者和传播者以“为大众服务”为借口,不断制造各种畅销的卖点,从而使自己的市场效益最大化。全球化文化的生产、传播和消费像其他任何商品一样,首要的是占有市场、占有消费者,其内在的质量、价值、意义倒在其次,于是,电视首先追求收视率而非节目质量,电影首先追求票房价值而非艺术价值,图书首先追求畅销而非质量,网站首先追求点击率而非深度……

(5)全球文化的相对一元化。全球化本身就是西方文化的产物,直到今天仍然没有完全摆脱西方的主导。在信息网络上尤其如此。网络上的信息内容80%以上是英语,网络的硬件、软件、协议、语言都是以美国为主导的,全球80%的网民都在用微软公司的IE浏览器浏览网页,很难想象他们不受到美国文化价值观念潜移默化的影响。在全球化社会一个相当长的历史阶段,经济和文化间的交流主要还是“单向”的,即发达国家向不发达国家单向传输自己的科技和文化。而“落后”民族则处于一种尴尬的两难局面:要么拒绝全球化,从而游离于全球社会之外;要么任由强势民族的文化把自己改变成新的“世界公民”。如果说工业时代的文化冲突曾经表现为殖民化与反殖民化、侵略与反侵略等暴力方式,全球化时代的文化冲突也许会表现为对信息的操纵与反操纵、渗透与反渗透的“虚拟战争”的形式。民族间的冲突也许不会出现血淋淋的场面,但这种意识形态和文化价值的冲突是关系到本民族文明是生存与发展,还是被同化与消亡的关键问题,因此冲突的激烈程度恐怕比以往有过之而无不及。

为什么会出现这种情况呢?根源还在文化的技术化和市场化。全球化打破了文化交流的技术障碍,同时也打破了本土文化的自然屏障,在同等条件下,文化资源会流向技术更强、市场更发达的地方,导致文化传播上的“马太效应”,强的更强,弱的更弱。虽然在原则上也为许多弱势文化提供了发展的空间,但更为强势文化的全球传播和建立文化霸权提供了手段。有人称之为“文化帝国主义”或“全球化霸权主义”,我们则称之为“多元的一元化”,即,全球化文化在多元化的外表下，隐藏着一元化的实质，尽管这与先前的文化专制、文化垄断的一元化有明显不同。

于是，一方面是高度发达的传播媒介构成的全球统一体，另一方面是不断加大的各种文化裂痕；一方面是由网络和卫星电视等等造就的地球村，另一方面则是村里的人虽然相互认识却感到交流困难；一方面是许多落后民族有了自己独立的声音，另一方面美国的文化霸权却不断加强。按照目前的发展趋势，全球化时代一元与多元的文化冲突还会继续演变下去。如何应对文化一元化与多元化的悖论带来的挑战，是关乎人类未来生存与发展的重大问题之一。

2. 技术与人文

全球化首先是经济和技术的全球化，而经济和技术的全球化必然导致文化价值变革，这就必然导致技术性与人文性的张力和冲突。其实，技术与人文的张力和冲突不是全球化时代的专利，自从技术在人类社会出现以来，技术与人文之间的张力和冲突就与生俱来、与时俱进。特别是工业社会以来，对技术与人文、人与机器的关系的反思始终是思想家们的重要课题，在全球化文化中，技术与人文的张力和冲突最为突出和复杂。

技术之所以重要，不仅在于它对社会文化的推动作用，更在于它可以为任何人所用，可以用于任何可能的目的，人们常说，技术是一把双刃剑，就是这个意思，因此我们如何选择和应用技术，对人类未来的生存与发展将起决定性的作用。

海德格尔认为，现代机器的本质比人类创造的任何东西都更密切地渗透到人的存在状态中。技术的危险不在于机器成为杀人狂，或者在于我们可能误解、误用机器，而在于人类存在状态的转变，技术进入到人类生存的最内在的领域，改变我们的理解、思想和意愿的方式。

在20世纪80年代，又有学者发出这样的警告："我们好比坐在火车上，在轨道上加速前驶，眼前有无数岔道，一一引向未知的去处。这时，没有一个科学家在司机室，而一路随时都可能发生危险。社会上的大多数人则都坐在向后看的那节守车里。”①

在全球化时代，以信息网络技术及生物工程技术为代表的新技术对人类社会影响的力量之强、速度之快、范围之广都是前所未有的，人们一方面享受着新技术带来的种种便利，一方面不自觉地陷入技术崇拜甚至技术统治的境地，导致许多社会、心理、文化的困境，甚至导致人的新型“异化”，技术的发展已经对人的自由、尊严、信念等根本价值提出了挑战。凯文·凯利说得好：

> 在意义的巨大真空里，在无言的价值的沉默中，在没有比自我更伟大的事物可景仰的空虚里，技术——不论是好是坏——将形成我们的社会。
>
> 由于当今缺乏价值和意义，技术将代替我们做出决定。我们将听从技术，因为我们现代人的耳朵再也听不进别的，再没有其他坚定的信仰。②

《圣经》中的上帝用痛苦的劳作来惩罚人类偷吃了自由和智慧的“禁果”，但他完全没有想到，人既然因为违反“不可做”的第一戒律而获得了自由和智慧，那么就能不断突破“不能做”的界限，他绝不会安于上帝强加给他的痛苦命运。“现代科技专家只充当了‘半个上帝’……即如何像全知全能的上帝那样创造出前所未有的工程或奇迹。而那本古老《圣经》的另一半，那与人的文化遗产、生活意义、生存目标和价值有关的另一半，反倒成了与现代生活无关的、陈旧的东西。”③技术只关心“有没有能力做”，而不考虑“可不可以做”、“应不应该做”。“‘技术暴政’的真谛在于，它不是通过摧毁人们的选择自由，而是通过

---

① 拉尔夫·莱普语，转引自托夫勒：《未来的冲击》，新华出版社1996年版，第361页。
② ［美］凯文·凯利：《网络经济的十种策略》，广州出版社2000年版，第224—225页。
③ 李河：《得乐园·失乐园：网络与文明的传说》，中国人民大学出版社1997年版，第193页。

塑造人们的选择心态，缩减选择的可能性来使人俯首听命于技术。”①

所有这些都要求我们以理性精神和人性关怀对技术至上观念进行反省。然而，我们不可能因为技术的种种负面后果就拒斥技术，正如我们不可能因为技术的巨大成功就消解人文精神一样。这就是全球化时代技术与人文的悖论。我们只能在发展技术的同时，加强对技术的选择、应用和控制，也就是对技术的人文规范和控制，这在技术决定论日益盛行的今天尤其是当务之急。海德格尔追问道：“因为情况需要沉思：在技术化的千篇一律的世界文明的时代中，是否和如何还能有家园？”②

未来的前景是人的技术化，还是技术的人性化？这的确是个问题。如果我们不想成为机器人，那么，技术的统治越强大，人文的控制就越紧迫。“也许人类应该做的是在对技术的信仰和对人类自身的信仰之间，寻找一个平衡的支点。”③

3. 开放与封闭

开放性是全球化时代的根本特性之一，也是全球化的基本价值之一。全球化进程就是一个各民族的经济、技术、文化不断开放、共享和交流的进程。然而，在开放和共享的背后，仍然存在着封闭和垄断。全球化经济、技术和文化的控制权和主导权仍然集中于少数西方发达国家，特别是美国手中，全球信息网络更是被几家美国公司所垄断，美国文化在网络上占据着越来越显著的垄断地位。美国的意图很明显，控制了互联网，就可以控制世界上每个人的衣食住行和喜怒哀乐，控制财富和知识的源泉——信息，从而控制全世界。

全球化的开放性与全球安全性之间也存在着矛盾，越开放的社会，它自身的安全性受到的挑战就越大，风险也越大。全球化社会是一个高风险社会，除了传统的社会风险，如战争、自然灾害、动乱、经济危机

---

① 胡泳：《我们是丑人和 Luser：网络胡话之二》，海洋出版社 1999 年版，第 179 页。

② ［德］海德格尔：《出自思想的经验》，法兰克福 1983 年版，第 243 页。

③ 胡泳、范海燕：《数字化生存》的译者前言，海南出版社 1997 年版。

等外，当代全球化社会还出现了新的风险——恐怖主义、艾滋病蔓延、禽流感、网络病毒和黑客等。要解决这一矛盾，不但要发展风险管理和危机处理机制，更需要建构全球伦理和法律规范。

4. 自由与规范

自由是现代社会的基本价值之一。自由包括个体自由（个体意志的自决）与一切个体的同等自由（西方意义上的“正义”），两者结合，进一步引申为通过人与自然、人与人关系的互动而达到的精神自由。

自由与规范之间存在着矛盾：全球化进程为个人自由提供了手段和工具，但是从技术手段里面不会自动生长出现实的自由。比如在交往过程中，自由的实现还需要法律条件（对自由的限度、自由与纪律、自然与责任的关系等的法律界定）和道德条件（交往主体相互之间对基本权利的尊重和信任），有什么样的法律和道德条件，就有什么样的社会自由。目前全球化社会条件下的自由仍然是有限的自由，在最自由的互联网中也是如此。“号称自由公开的互联网，正是在市场经济的工业生产线上制造出来的，其最终出路也不可避免地走向商业目的——现实的商业目的。当我们在为虚拟而欢呼时，商人们正数着美元哈哈大笑。当我们诉说自由时，别忘了我们的市场经济。自由，也许就是排除了他人拘束的自由，亦即只受美元拘束的自由。互联网络中的自由，也许正如互联网经济一般，也是一个泡沫。网络并非是自由的，它受商业利益和信息富有者的控制。”①

自由与自然之间也存在矛盾：自由使人脱离动物界，摆脱自然条件的束缚。人的自由来源于制造工具代理者，这些代理者使人越来越自由。人的技术发明、人的世界、人的文明和人的自由是同步发展的。然而，人是一种从不满足的动物，他总要追求自由的最大值。人所拥有的一切并不能使他满足，因为他一旦拥有，对他来说也就失去意义了。

当人的大部分活动都被工具代理之后，他与工具相比反而成了一个有缺陷的有机体。安德尔斯在《人类已经过时》中说：“在形态学方

① “有缺斋主人”：《网络絮语》，http://www.ncdx.gov.cn/yqz/hh/wen/wlxy.htm。

面,人的身体没有变化;从工具的角度看,人是保守的、没有进步的、陈旧的、不可修改的,是工具进步中的一个累赘。简言之,自由的和不自由的主体变换了——物是自由的,人是不自由的。”①当工具只能部分取代人的活动时,它只是人的代理者,当人获得有限自由时,自由对他才有意义;反之,如果工具全面取代人的活动,它就是人的替代者,也就是说,当人想获得全部自由时,这种对自由的追求就可能把他自己吞噬——这就是工具与自由的悖论!

当全球化正在改写人类历史时,是做“运筹于帷幄之中,决胜于千里之外”的全球化的主人呢,还是做一个深陷其中、无助且无法自拔的全球化的奴隶?这道选择题将考验地球村里的每一个人。

5. 民主与集中(分权与集权)

全球化文化的发展无疑为民主的发展提供了新的手段,但并没有自动带来政治民主和经济民主。早在20世纪80年代,托夫勒就曾指出:世界已经离开了依靠暴力与金钱控制的时代,而未来世界政治的魔方将控制在拥有信息强权的人手里,他们会使用手中掌握的网络控制权、信息发布权,利用英语这种强大的文化语言优势,达到暴力和金钱无法达到的目的。

尼葛洛庞帝乐观地认为网络时代的“数字化生存”有四个特质:分散权力、全球化、追求和谐和赋予权力。“我看到同样的分权心态正逐渐弥漫于整个社会之中,这是由于数字化世界的年轻公民的影响所致。传统的中央集权的生活观念将成为明日黄花。”②然而,丹·希勒指出了网络的另一面:“互联网绝不是一个脱离真实世界之外而构建的全新王国,相反,互联网空间与现实世界是不可分割的部分。互联网实质上是政治、经济全球化的最美妙的工具。互联网的发展完全是由强大的政治和经济力量所驱动,而不是人类新建的一个更自由、更美好、更

① 转引自李河:《得乐园·失乐园:网络与文明的传说》,中国人民大学出版社1997年版,第128页。

② [美]尼葛洛庞帝:《数字化生存》,胡泳、范海燕译,海南出版社1997年版,第270页。

民主的另类天地。”①如果不改变目前不合理的世界经济、政治秩序，真正民主化和权力分散仍然不可能实现。

另一方面，为了国家安全、防止网络犯罪、规范社会秩序，对社会的集中控制又是非常必要的，于是，无论在国家范围内还是在全球范围内，公民的民主化和分权的要求与政府管理、控制社会的行为之间总是存在着程度不同的矛盾。

6. 平等与差异

追求社会平等，消除社会差异，是人类共同的文化传统，是人类永恒的社会理想。社会主义和共产主义就是这一社会理想的集中体现。②

全球化文化一方面消除了人与人之间的传统界线，降低了文化创造的门槛，大大提高了广大劳动人民的科学文化素质，在社会平等方面前进了重要一步；另一方面，由于经济、技术和文化发展的不平衡，国家与国家、个人与社会、个人与个人、社会各阶层之间的差异与矛盾有加大的趋势。王小东指出信息技术可能造就“贫穷人海之中的一个个高科技群岛”：

> 如果我们排除起作用的其他因素，只考虑信息技术社会所带来的影响，21 世纪的世界地图很可能就是这个样子：在全世界浩瀚的贫穷人海之中，散布着一个一个的高科技群岛，在这些群岛里面，是一片安宁、舒适、雅致，科技精英们居住在里面，思考着“无限的可能性”，而在群岛之外，则是肮脏、贫穷、罪恶、流血争斗、疾病、污染，其中最小的那些岛很可能真是用玻璃罩起来的，岛与岛之间则用高速通讯线路相联，通过这些线路，岛民们可以相隔万里却亲密无间，而近在咫尺的岛外却与他们没有什么关系。③

---

① [美]丹·希勒：《数字资本主义》，杨立平译，江西人民出版社 2001 年版，第 289 页。

② 关于全球化与共产主义理想的关系，参见本书第七章。

③ 王小东：《信息时代的世界地图》，中国人民大学出版社 1997 年版，第 12 页。

尽管这种看法过于悲观，但也绝非杞人忧天。全球化的发展只是为社会差异的消除和社会平等的实现提供了技术条件，要真正实现社会平等的理想目标，还需要多方面更持久的努力。

7. 虚拟与实在

虚（拟）与实（在）一直是人类文化中的一对矛盾。全球信息网络的“虚拟实在”技术正在彻底改变人们的实在观，改变着“虚”与“实”的关系。“电子技术提供的虚拟现实正在淡化着我们在传统生活中形成的那种实实在在的‘现实感’。这并不表明人们开始进入‘非现实’的时代，而恰恰说明‘现实’的含义发生了巨大变化。”①

在传统的实在观中，所谓“实”是指具有客观现实性（也就是现在存在）或物质性的事物；“虚”是指只具有未来可能性或精神性的事物。两者的界限是很分明的，非实即虚。但是，虚拟实在从根本上消解了“现实性”与“可能性”、“现在”与“未来”、“实”与“虚”、“物质”与“精神”之间的界限，事物的价值不在于它是否“现存”，而在于它的可能效用；事物的界限不在于事物本身，而在于人的想象力；人们“虚拟”地学习事物可以比“现实”地学习事物更有效；人们“虚拟”地做某事可以比“实际”地做某事更有意义……

然而，“虚拟实在”在使人们自由穿梭于虚实之间的同时，有可能使我们的生活世界空洞化，甚至使人自身空心化，也就是沉溺于“虚拟实在”中，把“现实”当成“虚拟”，又把“虚拟”当成“虚幻”，把事物的虚拟的替代物当做事物本身。

人为什么容易沉迷于虚拟世界中呢？为什么那么多人对网络游戏和网络聊天上瘾呢？学术界大致有三种解释。一是弗洛伊德心理分析学的解释。弗洛伊德认为人格有三重：“超我”、“自我”和“本我”。“超我”是按照社会的伦理规范所形成的“我”；而“本我”是按照自我快乐的原则来行为的；“自我”夹在这两个“我”中间。他认为文明越发

---

① 李河：《得乐园·失乐园：网络与文明的传说》，中国人民大学出版社 1997 年版，第 118 页。

展,可能对人越压抑,就是用“超我”的人格特征来压抑“本我”的人格特征,表现为“自我”的人格。但是虚拟世界给了人们表现“本我”人格的机会,虚拟的环境是人自由地表现“本我”的一种状态。二是后现代的解释。由于在现实的社会中,社会和文化的发展使我们对某些问题的思考有了一些固定的模式,网络则是对这种既有模式的一种消解和颠覆。三是社会批判理论的解释。他们认为现实的问题解决不了的时候,才到幻想中去解决,电脑游戏给人们提供了一个逃避现实的途径。有资料表明,网瘾或者游戏瘾中毒比较深的、状况比较重的,大多是一些在社会上遭到各种压抑或排挤的所谓有问题的孩子。

迈克尔·海姆问得好:“计算机屏幕或电视机把我们置于界面之前。最新的界面是完全模拟的环境,一种我们可以进入的虚拟实在。我们进入网络空间能有多远而仍然是人?”①

8. 理性②与价值

理性与价值是人类文化的一对固有矛盾,两者对于人的生存和发展来说都是不可或缺的。一般而言,理性关注和解决的是实然问题(是什么、为什么、怎么样),而价值关注和解决的是应然问题(应该如何、应该向何处去),只有两者结合,才形成必然问题(必然的、合理的实践行动)。现代技术的支柱是工具理性,只进行事实判断,不进行价值判断。

霍克海默和阿多尔诺在《启蒙辩证法》中认为技术崇拜使以理性为基础的技术非理性化了,理性的技术本身已经成为一种非理性的信仰,理性本身开始扮演传统上的价值和信仰所扮演的角色。价值作为理性的对立面和反思者其作用大大减弱,导致了两者的严重失衡。现代社会工具理性的僭越使传统的价值、情感、直觉、精神、意志等非理性

① [美]迈克尔·海姆:《从界面到网络空间:虚拟实在的形而上学》,上海科技教育出版社2000年版,第73页。

② 此处所说的“理性”是指与“价值”相对的狭义的理性,即所谓“工具理性”。哈贝马斯曾概括了三种不同的理性:科学技术是认识—工具理性,伦理道德是道德—实践理性,审美文化是审美—表现理性。

因素被越来越重地挤压和控制,必然在某种条件下以歪曲的形式爆发出来。这也就是在现代社会科学昌明、理性至上、技术进步的情况下,人的情感需要、宗教信仰、心理病症却越来越多的原因之一。全球化时代理性与价值的冲突非但没有消除,反而更加普遍。

理性只告诉我们真和假,但不能告诉我们什么是善和恶,什么是美和丑。原子弹是"理性的",因为它是能够做的,但同时它是恶的,因为它在价值上是不合理的。克隆人在技术上是完全能够做到的,但它不符合人类的伦理道德。康德早就看到理性和价值的悖论,他要为理性和价值"划界",二者各司其职、互补互动。要真正做到这一点很难,但为了我们健康地生存和发展,必须尽力而为。

9. 创新与传统

创新性是全球化文化的基本特性之一,不断创新、不断超越是全球化之所以始终保持旺盛的生命力的根本,能否始终保持创造精神和自主创新能力,已经成为个人、企业、社会和国家生存和发展的关键之一。全球化文化在多方面否定、批判和超越了传统文化,具有明显的"后现代"意味。所谓"后"就意味着超越,超越所遵循的是"比较级法则":没有最新,只有更新;没有最快,只有更快;没有最好,只有更好……我们在无穷的追求中进入了一个"比较级时代"。求新、求变、求快、不断升级已经成为全球时代的基本价值取向,甚至成为新的"崇拜"。

但问题在于:第一,创新并不总是有意义的。许多现有的产品在性能仍很卓越的情况下就被更新的产品所取代。比如许多计算机硬件和软件的"升级"都不是实质性的,而是为了获取市场利益、控制市场份额。第二,社会文化的发展永远跟不上技术的加速度发展,必然在社会结构、伦理道德、文化心理方面产生许多断裂、错位和冲突,许多人无法适应社会的飞速变化。第三,传统文化与现代文化的冲突与矛盾日趋激烈。

真正属于我们自己的文化应是在扬弃传统文化的基础上,汲取现代文化的优秀成果的产物。全球化文化不应当也不可能成为彻底西化的文化,不应当也不可能完全抛弃传统文化。在对待传统与创新关系上，我们既不能妄自尊大、故步自封，也不能妄自菲薄、崇洋媚外。如何在大力推进和保持创新能力的同时，保持文化的稳定性和连续性；如何在向数字化和信息化转化的同时，保持自己的民族特色；如何在向西方学习先进的科技文明的同时，弘扬中国传统文化中的精华，将成为中国当代文化发展的重大课题。

10. 个人与社会

个人价值与社会价值之间的矛盾是人类文化的基本矛盾之一，二者之间的张力和矛盾推动了人类文化的不断超越和发展。在全球化文化中，这一对矛盾主要表现在个人身份认同的危机，个人隐私与社会监控的矛盾。前者前文已经讨论过，这里主要谈谈后者。隐私权是公民的基本权利之一，合理的个人隐私权应当得到有效的保护，而且全球化文化从本质上是鼓励个性化的。但是社会安全和社会监控又是社会存在和发展的前提，也应该得到保证，这样两者之间就会产生一定的冲突。而且在全球化社会中，这种矛盾更加突出，一方面，个人隐私得不到完整有效的保证，另一方面，社会监控又显得无所适从。比如在网络上，人的活动通过网络来完成，信息数据的搜集、储存、处理和交换技术特别发达，可以把人在网络上活动的每一个细节都记录和储存下来，以后可以很方便地找到行为的过程和用户的身份。除了用户自己有意提供的数据外，还存在其他搜集用户信息的手段，比如系统本身的安全漏洞以及 Cookies。Cookies 是由网络服务器（网站）置于用户计算机之内的一种程序，自动记录你在该网站上的一些活动信息，比如你访问过哪些网页、停留时间长短、浏览偏好、个人资料等等。好处是可以使你以后更快地浏览该网站，也可以简化某些登录程序，但坏处更明显，你不能保证你的个人信息不被泄露、扭曲、多手传播甚至恶意利用。另一方面，政府和商业机构为了防止日益猖獗的网络犯罪及其他社会问题，有必要对网络上的个人行为进行一定的监控，这在客观上就会侵害到个人隐私和言论自由，更不必说一些政府和商业机构有意地侵害个人隐私的行为。有报道说，美国中央政府监控着全球 90% 以上的电子邮件及电子商务信息，无论其目的如何，都不能不让人感到恐惧。“在方兴未艾的监视机器面前，我们面临的并不是一个中性的技术发展过程，而是实用主义哲学家终于通过计算机而实现的一种社会模式，它没有阴影，没有秘密，更没有神话，一切事物都变成了赤裸裸的数据。"①一句话，信息技术为一切合法和非法的权力滥用和权力控制提供了崭新机会。

在网络上，完全的个人隐私是不可能的，除非你根本不上网。困难的并不是对每件事情保密，而是如何使用户能够自我控制有关个人信息的流向以及制止他人滥用这些信息。为解决这一问题，可以有技术和社会两种手段。技术的手段就是开发一些隐私保护软件，将规范和控制的权力交给客户，使你能够控制信息的流向，与此同时，它并不妨碍你享受信息交换的真正好处。社会的手段主要是法律和伦理。基本原则是：在保护用户在网络上的个人隐私权和言论自由权的同时，保留政府和其他法定机构为国家安全和防止犯罪而监控个人信息的权利。难点在于把握一个"度"。伦理方面主要是建立个人隐私和社会安全的双重规范，对个人隐私的保护不能以损害他人和社会的安全为代价，社会安全和监控也不能以侵害个人隐私和言论自由为代价。

全球化的未来应当朝着个人与社会、个体与群体、个性与共性之间分散而有张力的互动形态发展，从而实现个人的自由发展与社会共同体的健康发展的双重目标。

总之，全球化文化存在着一与多、人与物、内与外、分与合、虚与实、真与假、理与情、新与旧、公与私等要素之间的张力，构成了一系列悖论和困境，要解决这些悖论和困境，需要采取政治、经济、技术、社会、法律、伦理等多种手段。比如改革不合理的国际政治经济秩序，建构具有适应性和灵活性的全球社会结构，发展具有人性化的新技术，建构和完善全球法律规范，建构全球伦理，培养健康、全面的全球人格等。在文化层面主要体现为全球文化整合。

① ［美］罗斯托克：《信息崇拜：计算机神话与真正的思维艺术》，中国对外翻译出版公司 1994 年版，第 175 页。

(二)全球化的文化整合

全球化的现实发展以及所面临的文化悖论需要进行全面的文化整合。当今世界已联系成一个整体,不同文化形态的运动、发展与变化呈现出一种整体的相关性和一致性。也就是说,任何个别群体(民族的、地域的或国家的)的文化实践行为都离不开所处历史时代的文化整体的价值,并受整个时代文化价值力量的统辖与制约。这种情形预示着人类将面临一次空前的文化整合。其结果,人类文化精神将在一个新层次上超越迄今为止所面临的分裂与冲突的格局。

这里我们所说的文化的整合,旨在强调把各种分散的、孤立的甚至冲突的文化价值力量整合为一种凝结着人类整体利益和整体价值理想的力量,从而使人类的文化实践行为充溢着一种健康自觉的人文精神关怀。从这一层次看,文化的整合不仅要超越具体的价值和目的,而且在整合过程中,还要抵消、同化和融合那些具体的文化价值和目的,使其顺乎人类整体的文化运作而成为一种文化实践合力。这种文化实践合力作为一种超越性的人类文化理想,反过来将对各种具体的文化实践行为和具体文化形态具有价值导引的作用。

关于全球化进程中的文化整合与全球文化的内涵和发展前景,在学术界存在很多争论和误解。德国学者乌·贝克把人们对待全球文化的态度概括为四种:反抗、共处、接受(消极的认同)、真正掌握①。有些人认为,全球化文化就是所有民族文化无差别的趋同,或者担心在全球文化整合中,出现赛伊德的“东方主义”所描述的文化的中心/边缘、西方/东方、强势文化/弱势文化、文化生产国/文化消费国等非均衡的二元文化结构现象,即文化殖民主义或文化帝国主义等问题。其实,这些都是对全球文化整合的误解。乌·贝克明确指出:“我们不会变得相同,但是会用一种普遍接受和理解的方式展现、表达和沟通我们的区

① [德]乌·贝克、哈贝马斯:《全球化与政治》,中央编译出版社2000年版,第61页。

别。"[①]谢里夫·海塔塔认为:"对抗全球经济和文化霸权的可能性在于一种真正为各国、各族人民所共享的文化的出现。这种文化超越边境,兼济各国;它人道而普遍,但也尊重差异;它立足于统一性,但也保护多样性;在承认个人、社区、国家、文化、阶级、种族和性别等各种同一性时它探寻一致性。"[②]

基于未来世界文化的健康发展,我们认为面向21世纪的人类文化整合应该重点从四个方面做出努力。

1. 东西方文化的沟通

东西方文化的冲突与融合已是一个不争的事实。只是由于东西方文化发展历史阶段的差异性,使得东西方文化的沟通很难在一种平等的层面上展开。从文化哲学理论上讲,沟通总是双向的,是文化主体之间的"对话"过程,因此对双方说都是一种主动性行为。

全球化时代促成了人类的普遍交往,这使得东西方文化之间大大增加了相互了解的机会,增强了相互间的对话。它正在为东西方文明在求同存异的原则下走向团结,走向文化融合,从而为避免或减少彼此间的对立和冲突提供现实基础。我们诚然不应漠视东西方文化之间有利益的冲突,有语言、信仰、价值观念等等的差异,然而这种冲突和差异,只有在不断的交往之中才能了解,才有可能寻求逐渐消除的解决途径。全球化时代的到来只是表明了全球合作的可能性进一步加强了,东西方文明有可能在一种新的层面上增加沟通,但要使可能性变成现实性,还要走漫长的路。

在现时代,东西方文化的沟通应提倡的一个基本原则是"促进全球文明,创新民族文化"。一种全球文明的视野只能在文化开放的氛围中才能确立。也许正是在文化封闭的状态被打破之后,在全球文化的关照下,东西方文化都重新发现了自己文化的根,也许人们才真正地

① [德]乌·贝克、哈贝马斯:《全球化与政治》,中央编译出版社2000年版,第64页。

② [埃及]谢里夫·海塔塔:《美元化、解体和上帝》,弗雷德雷克·杰姆逊、三好将夫编:《全球化的文化》,南京大学出版社2001年版,第236页。

认识到,文化的多样性也许会变得比一个国家的国民生产总值还重要。

由于历史的原因,发达的生产力和高科技的领先地位使得西方文化在“全球文明”的进程中扮演主导角色,发展中国家包括中国在内的社会与文化正在受到西方文化的强烈冲击。这种严酷现实使我们在环顾民族文化的生存环境时总有一种“狼来了”的感觉,本能地有一种自我保护的冲动。然而,保护民族文化,并不是像对待古代文物那样把它与周围世界隔绝开来,相反,一种文化只有与时代相适应,跟上时代前进的步伐,既不断地更新和发展,又不失却自身传统的特色,才是一种有生命力的、根深叶茂的文化。民族文化需要在与外部环境、外来文化的不断撞击中得到锤炼和发展。“在这个意义上说,对于全球化时代的文化多样性问题,绝非‘保护’二字所能概括,具有决定意义的是我们的创造。创造需要我们的自信,需要我们有一个健全的文化机体。”①

总之,在文化全球化时代,中国文化走向世界,东西方文化进行有效的对话,是一种不可逆转的趋势。中华传统文化是一个具有悠久历史的文化,是人类文明的一个独特的部分,其所凝聚的生活、实践智慧、审美的魅力和情趣等,通过在世界文化格局中的交流、碰撞,必将显示其勃勃生机,成为超越时空的世界文化精神的具有独到魅力的部分,为中华民族争得更多的世界性声誉。东西方文化的交流,必须激活各自文化的潜在生命力,使文化焕发出新的生机,“一个世界,多种声音”,这是一种必然的趋势。

2. 科学与人文的融汇

当代人类对科学理性的反思,预示着一个重要的文化走向,这就是科学精神与人文精神的融合,而且随着时间的推移,这一趋势将越来越明显,科学精神与人文精神的融汇将是21世纪人类文化整合的一个壮观的画面。

本来,无论是科学文化还是人文文化,都是人类文化创造所必需

---

① 单世联:《论全球化时代的文化多样性》,《天津社会科学》2005年第2期。

的。人与自然是人所面对的两大对象，也是文化实践的两大主题。科学理性的弘扬弥补了人文文化对自然研究不足的缺陷，同时也显示了人类理性思维和改造自然的伟大力量；人文文化则展示了人性的尊严和价值，是对科学理性文化的必要补充和导引。然而这两种文化精神在现实发展中却往往呈现相互分离和对立的趋势，到了20世纪，二者的矛盾表现得更为明显，乃至于形成难以逾越的鸿沟。

20世纪80年代以来，世界一些著名的科学家、思想家出于对人类未来的前途和命运的担忧，开始了自觉地探索两种文化精神的结合及其可能途径的工作。1986年，来自世界各地的一些著名学者在意大利的威尼斯集会，并发表了《威尼斯宣言》。《宣言》预示："科学与世界上各种不同传统之间这种相互取长补短的新的交流打开了人类的界限，甚至打开了通向新的理性主义的大门，由此可以产生一种新的形而上学的观点。"现在重新审视科学在整个文化体系中的地位，对科学加以人文主义的关照，以求减少乃至弥合科学文化与人文文化之间的裂痕，已经引起了越来越多的人的关注，并成为当代一个重要的、引人注目的思潮。

随着当代科学理性精神和人文精神的逐渐接近，科学技术的具体研究重心也发生了明显的变化。20世纪，无机的自然科学研究对象让位给有机的对象——生命科学、遗传科学、大脑神经生理学、分子生物学等。科学研究的对象从无机到有机这一重大转变和当代哲学中的反感觉、反经验、反理性的潮流，当代文学创作中的反现实主义、反自然主义的潮流，以及宗教领域中的废除无机的宗教规范、寻找宗教和自我的有机统一的潮流遥相呼应。这些领域中的变化预示着文艺复兴以来崇尚感觉、经验、理性的大时代的终结已经开始了，但这绝不是说今后人类就不要感觉、经验和理性了，而是要超越它们，去探寻我们的未知界，去获取人类认识和创造的更大的自由。科学技术的发展顺应并参与了这个重大的转变，这个重大的转变反过来又在更高的层次上影响了科学精神的更新。我们可以预期，21世纪的科学精神将不再以崇尚实证和理性为重心，而要以注重和探索人的生命本体、人对环境的需求和适应能力、人的全面发展的可能性为重心。

科学精神与人文精神的统一与合流，将为人类未来文化的整合展示光明的前景。在今后的人类生活中，科技文化存在的若干盲区，需要人文文化去关照，而人文文化又需要科学文化的滋养使之清晰化、形象化。总之，科学精神与人文精神的融合，将是人类未来的希望之所在。

3. 个体与人类的统一

个体与人类的矛盾自从人类社会产生就已经存在，而在不同的社会形态中，二者的矛盾冲突具有不同的表现形式。

有关个体与人类社会的辩证关系，马克思曾有一段精当的阐释。马克思从历史的角度考察了这种关系的动态变化，他认为个体与人类社会的关系不是一成不变的，而是历史地发生着变化的。具体说来人的生存和发展要经历三个阶段或形态，即：(1)自然发生的"人的依赖关系"是人的最初存在形态；(2)"以物的依赖性为基础的人的独立性"构成人的发展的第二种形态；(3)"建立在个人全面发展和他们共同的社会生产能力成为他们的社会财富这一基础上的自由个性，是第三个阶段"①，也就是可以预见的最高形态。在人类文明的进程中，马克思曾以历史主义的态度高度评价了资本主义生产方式对个性解放的意义，认为资本主义以"物的依赖性"冲决了宗教神学对人的束缚和奴役，这是一个巨大的历史进步。但是马克思同时也指出，这种以崇尚物质享乐为取向的人的解放也是对个体感性欲望的一种放纵，对个体地位强调的同时却忽略个人与社会的协调，社会的价值和理想被淡化了，结果造成个体与社会的尖锐对立：精神颓废、信仰丧失、道德滑坡、人际关系冷漠、社会秩序紧张。也正是基于这种考察分析，马克思才提出了"个人的全面发展"的社会理想。而个体与人类社会的和谐关系的确立正是这种"全面发展"的应有之义，因此马克思特别强调："正像社会本身生产作为人的人一样，人也生产社会"②，"应当避免重新把'社

① 《马克思恩格斯全集》第46卷(上)，人民出版社1979年版，第104页。

② 《马克思恩格斯全集》第42卷，人民出版社1979年版，第121页。

会’当做抽象的东西同个人对立起来。个人是社会存在物”①。

在当代社会生活中，知识的发展和文化的发展都呈加速态势，人类作用于对象世界的能力增强了，个体的内在精神世界也相应变得异常复杂和敏感，一味地向外追寻、一味地向物的世界“进军”，导致了人的世界荒芜，人赖以确证自身的家园——社会关系也日趋紧张。在这种背景下，重新确立个体与人类的和谐便成了当务之急的文化课题。

我们认为，在现时代强调个体与人类的统一，其意义是深远的。

首先，它是有效解决目前人类生存危机的前提条件。众所周知，当前人类面临的最大的困境是一系列“全球性问题”，这些问题的出现显然与人类自身的文化取向与态度、与个体对自身本性和地位的意识有着密切的关系。全球性问题的真正解决，有赖于每个民族、每个个体跳出狭隘的自我利益的视野，从人类甚至从人与自然的和谐关系角度去思考问题。如果不能实现这种文化超越，全球性问题便不可能真正得到解决，人类的生存危机也不可能真正得到扭转。

其次，它也是真正扭转、克服人的信仰缺失，促进自我健全发展的前提条件。在当代生活中，随着人们物质生活水平的提高，生存的意义、人生的信仰等问题为越来越多的人所关注，精神生活的满足和充实开始成为人们追求的重要目标。西方文化发展的历程表明，在个体普遍主体化之后，人们就会感到小我狭窄空间的窒息，愈益感到对物的占有欲其结果只是物理的、量的扩张，对生存的质量并无改善。在这种情况下，从大我寻求广阔的天地，通过关心帮助他人、关心人类的命运前途来感受人生的价值、体验人生的乐趣、达到心灵的充实，这已为越来越多的人所认同。

再次，个体与人类的统一是真正实现人类文化跨世纪整合的前提。如前所述，在人类文化一体化发展的背景下，任何个体的文化实践行为都离不开所处历史时代的文化整体的价值，即受整个时代文化价值力量的制约。因此，作为文化个体，只有充分地意识到这一点，才能有效

① 《马克思恩格斯全集》第42卷，人民出版社，1979年版，第122页。

地调整自己的文化价值取向,自觉地把自我的文化实践行为与时代文化精神有机结合起来,使自己的文化实践真正成为时代精神的生动体现。在这种情况下,人类文化的整合才真正为个体所认同,也就是说,这种文化整合才是真实的,富有意义的。

4. 人与自然关系的协调

随着近现代工业突飞猛进的发展,人类征服自然的能力日益增强,一方面人类的物质欲望得到了越来越大的满足,另一方面这种物质欲望的满足又进一步刺激了人的物质欲望的无限膨胀,推动着人类去无限度地开发耗费自然资源,因而工业化进程的负面效应——人与自然的严重对立随之渐渐凸现出来:环境危机、生态失衡、能源危机、气候恶化……严酷的现实迫使人类不得不回过头来,重新检讨人类的思维方式和行为方式,祈求重新找回人与自然的和谐。对人与自然的和谐关系的渴望是20世纪思想家们理论思考的重要内容之一。随着对人与自然关系问题思考的深化,人们开始反思"人类中心论":人类应该以何种文化态度对待自然?人类对自然是否负有伦理责任?人类有无权利去无限度地盘剥自然?人类本身的物质欲望是否应该接受反思和批判?

世纪之交,人与自然的冲突矛盾能否协调,这将直接影响到未来人类的生存与发展。人类应在反思自身文化实践的基础上,自觉地消除与自然的对立意识,认真检讨反思传统的自然价值观,并在检讨中树立一种全新的现代自然意识。传统的自然价值观有三个基本的误区:(1)人类存在本质的超自然化,即人类视自己为宇宙发展系列的特殊存在。在西方文化观念中,人是上帝的选民,与地球上的其他物种有质的不同,人是宇宙的主宰、是大自然的杰作、是自然界进化的最高阶段等观点成为人们的普遍信仰。人虽不否认自己是一种自然存在,但却认为是一种特殊的、最高级的自然存在,是"宇宙之精华,万物之灵长",因此是超越自然之上的。(2)人类自然价值利益的至上性。由于人是一种特殊存在,因而在对自然事物的追求目标与满足手段上就被赋予了特殊的意义,即强调人类的自然价值目标是永远合理的。人类满足自然价值目标的手段是可以不受限制的。人类为了至高无上的自身利益,可以采用各种先进的技术手段,可以永无止境地追求自己利益的满足,以人类为中心的价值取向诱使着人类毫无顾忌地耗费自然的价值。(3)自然存在的对象化与物化。既然人是一种特殊的存在,既然人的利益具有至上性,那么与之相应,大自然的万物不过是为人而存在的物或对象,它们唯有成为人类认识实践的对象才是有意义的,自然万物也因为与人类利益的远近和实用不实用而有了高低贵贱之分,也就是说,自然只有为人存在和成为属人的存在,才是有价值的。

要真正扭转人类的这些错误的自然意识,必须破除人类盲目的自我优越意识,对自然采取一种认同与回归的指向,视自然为人类存在的家园,意识到人的生命本体根源于自然;人是自然的一部分,人的智慧是自然智慧的部分显现。重新找回人与自然的和谐关系,这应该成为面向未来全人类的共识。我们既要考虑到人与社会的完善与发展,更要考虑到自然环境的优化。人类应自觉意识到:自然并不是无限意义上的时空存在,也不是仅仅供人利用的纯粹的物的世界,而是人类生于斯长于斯的自然环境;自然不只是人类实践活动的舞台,同时更是人类存在延续的家园。因此,自然界作为整体既是人类生存价值的最终体现,也是对人类价值目标的根本性限制。一方面,人的生存价值要受到自然存在及其特性的根本限制,人类未来的命运在很大程度上取决于自然而不是人类自己;另一方面,就现实的人与自然的价值关系而言,人类最基本的价值追求就是自然环境的长期稳定的存在,努力维持自然环境的内部平衡有序,使自身的生存活动和其他活动有一个适宜的空间。特别须强调的是,面对自然,人类应清醒意识到人类价值创造活动的有条件性和局限性。有条件性是说,人类的价值创造活动不仅不能突破自然环境的许多特征所规定的根本性限定,而且不能侵害其他种类和人类内部其他群体与个体的价值利益,否则,人类的价值创造活动会处在与其他利益主体的冲突中,这种冲突有时甚至是十分尖锐的。局限性是说,由于每个时代的人类群体和个体在认识、把握自然的能力、方式等方面都有时代和种类的局限,他们自然价值利益的不同方面之间、自然价值目标与创造活动之间往往是存在冲突的。这表现为自然环境在做出某些方面价值满足的同时，也做出另外一些方面的价值否定。人类也许永远不会完全消除价值创造中的条件限制和内在局限，自觉地意识到这一点，对于人类未来的实践是十分重要的。

当然，对人与自然和谐关系的丰富内涵的合理把握，从根本上说有赖于人的现实实践行为上的自觉。随着人类文化实践的深化，我们也许能够在更高层次上感悟到人与自然和谐关系的悠远意蕴。

二、普遍文化价值与民族文化个性

文化的民族性和全球性的矛盾，也就是普遍文化价值与民族文化个性的矛盾是全球化文化的基本特征之一。

全球化时代，人类面临着全球性文化价值重建的问题，这促使人们不能不着手建构一种新的体现文化普遍价值的理论解释范式，以此应对现实文化实践层面所出现的文化危机，并达成不同文化形态间的跨文化理解；这种体现文化普遍价值的理论解释范式在现实中又面临着多元文化并存互异的实际限制，这种限制客观上使得文化的普遍价值往往难以获得充分合理的逻辑支撑，尤其难以确立一种公认无疑的逻辑起点。然而，面对文化发展，文明又必须认真处理好文化的普遍价值与个性发展的关系，以使文化获得健康的实践与发展。

(一)全球化：普遍文化价值与民族文化个性的当代境域

全球化的发展以及一系列全球性问题的出现，极大地加深了我们对于世界的整体感受，增强了对于全球性的文化认同。特别是“9·11事件”给世人所带来的现实冲击和心理震撼，使人们更直接更清晰地感受到了世界各民族的生存与发展是那样地息息相关。“人类只有一个地球”、自觉关注全球人类生存境况并善待我们的世界，这越来越成为全球性共识。

如果说严峻的生存境遇是人类呼唤普遍文化价值的现实根据的话，那么，透过纷繁陈杂的现实世界去把握事物的一般本质，则既是人类思维的本性，也是普遍主义哲学信念得以存在的理由。众所周知，从普遍主义的哲学立场出发，人们相信人类生活中存在着“终极”的、绝对合理的、普遍适用的一元价值及其标准，而且这种标准是化解经验世界纷争、达于人类文化进步的基本尺度。唯因如此，从古至今，哲学家们从来没有停止过对普遍主义价值的哲学追寻。仅就近代以来的西方而言，黑格尔、孔多塞（M. de Condorcet）、孔德（A. Comte）、埃森斯塔德（S. N. Eisenstadt）、狄尔泰（W. Dilthey）、马克斯·韦伯（M. Weber）、哈贝马斯（J. Habermas）等思想家都从不同视角表达过他们的普遍主义文化理念。我们不能简单否定普遍主义信念的合理性，因为这的确是人类思维的本性使然，问题在于：在人类全球化时代到来的今天，何以普遍主义与特殊主义的争论日趋加剧？这便涉及普遍主义的当代语境问题。

很显然，正是由于全球化进程，人类文明的互动意义明显增强，人们今天生活在一个文化交流、沟通关系的性质已经发生彻底变化的全球社会里，全球化发展的势头必然要求在更高的层面上展示交互文化的理解，也可以称之为跨文化理解。

也许正是由于全球化时代的到来，文化的普遍价值与个性发展问题才日益凸显出来，甚至可以说全球化强化了人们对于文化的普遍价值的渴望和对于民族文化个性发展的关注。面对全球化发展现实，不同民族和地区的文化发展水平的差异性，将客观上造成人们在对未来文化发展模式的理解体悟上的差异，特别是发达国家与发展中国家文化进程之间的落差，可能会加剧不同文化形态间的冲突与对立，并由此进一步导致文化价值选择上的矛盾，这是一个需要好好解决的重大问题。从本质上讲，全球化不应是一个以普遍性代替特殊性的过程，相反，它将是一个在承认特殊性基础上寻求共性的过程。在这样一种视野观照下，我们看到正是由于全球化进程，才使得世界上各个国家地区的民族第一次如此清晰直观地审视“他者”文化，并反省自身的文化。

中国自鸦片战争以来延续至今的中西之争、传统与现代之争，便印证了这一点。从历史和价值角度看：其一，全球化进程真实地推进了世界各民族对于文化的普遍价值的认同。正是在文化的比较、交流与冲突中，人们才逐渐客观地看待自己的文化和“他者”文化，并唤起旨在把各种分散的、孤立的甚至冲突的文化价值力量整合为一种凝结着人类整体利益和整体价值理想的力量，从而使人类的文化实践行为充溢着一种健康、自觉的人文关怀，达于未来发展的乐观主义。也许这种对于文化的普遍价值的真正认同尚需时日，但是，正是全球化进程的展开为其创造了历史机遇。其二，全球化进程并不必然以牺牲文化的个性发展为代价，甚至唯有文化的个性化发展，全球化历史进程才是真实的、富有成果的，才是一种文明的跃升。面对全球化趋势，每个国家、民族都要努力把自己的文化特点和个性展示出来。在世界文化的交流与对话中，努力尊重每个民族文化发展的传统和个性，反对文化霸权主义，真正促进世界各民族文化的共同发展，这乃是全球化进程中应有的议题和使命。

这样，如何有效地缓解文化同质化（普遍价值）与文化异质化（多元个性）之间的紧张关系，致力于世界文化的健康发展，便成为全球化时代不容回避的历史课题。而这一课题的有效解决，乃意味着更高层次的文化整合——从这一层次看，文化的整合不仅要超越具体的文化价值和目的，而且在整合过程中，还要引导和融合那些具体的文化价值和目的，使其顺乎人类整体的文化运作而成为一种文化实践合力，其结果是人类文化精神将在一个新层次上超越迄今为止所面临的分裂与冲突的格局。这种文化实践合力作为一种超越性的人类文化理想，反过来将对各种具体的文化实践行为和具体文化形态具有价值导引的作用。

（二）普遍文化价值——文化的理想维度

我们有必要对于文化的普遍价值内涵做一具体分析和说明，因为在学界关于普遍主义的阐释中，存在着种种不同甚至相反的观点。

全球化进程助长了人们对“普遍主义”关注，如埃及学者萨米尔·

阿明(Samir Amin)就认为,资本主义第一次在世界范围内创造出对于普遍主义的客观需要。然而由此导致的一种倾向是将西方发达国家的文化价值标准世界化,赋予其普遍主义的身份,并据此提出了一种超越国界的"全球市民社会"(globalcivil society),以此来寻求一种新的"全球社会秩序"①。再如哈贝马斯认为,所有社会中的社会进化的可能性空间或逻辑和所有文化的形式属性或结构是普遍的,基于这一观点,他在《兽性与人性——一场法律与道德边界上的战争》一文中曾建议"把国际法转化为世界公民法"②。然而,如果按照哈贝马斯的这种理解延伸开来,作为理想价值层面的普遍主义就被现实化、经验化了,这将由此导致一个无法克服的实际矛盾:即无法让它的欧洲中心主义维度和它的普遍主义理念协调一致。个中原因很明显,当一个民族置身于普遍主义的边界就会清晰地意识到:如果这种普遍主义理想不适用于我,它怎么会是普遍的呢?它能够一方面把我排除在外,同时仍然保持其普遍性吗?

面对这一矛盾,我们应反省"文化普遍主义"如何可能的问题。笔者认为,文化的普遍价值作为文化的理想维度,并不是在经验层面实际发挥作用的,而是在理想信念层面对人们的文化实践所给予的某种范导、规范和启示。换句话说,文化的普遍价值是居于文化的精神内核而对现实文化实践的一种导引和提升,它并不具有"必须如此"的、经验的作用与功能。从文化哲学的视角来看,文化是有层次的,从外而内,大体可分为物态文化层、制度文化层、行为文化层和精神文化层。不同的文化层次由于价值密度不同,对外来异质文化的抗阻力也不同。一般而言,物态文化层面价值密度最小,文化抗阻力最弱,其对异质文化的吸纳融合也较为容易。但是文化层次越往纵深延伸,其对异质文化的拒斥力便越大,乃至于到精神文化的核心层次,由特定民族历经悠久

---

① 参见萨米尔·阿明:《当代阿拉伯世界的文化与意识形态》,载王逢振主编《全球化症候》,天津社会科学出版社 2001 年版,第 185 页。

② [德]哈贝马斯:《兽性与人性——一场法律与道德边界上的战争》,刘慧儒译,《读书》1999 年第 9 期。

历史所孕化出来的价值观念、审美情趣、思维方式等因素已经积淀成为民族文化心理结构，是最稳定、最难改变也是最难与异质文化沟通的。而文化的普遍价值恰恰需要在这一文化的核心层面达成，由此我们也许可以理解——为什么普遍主义文化理念难以在全球范围内推行和认同。由此我们认为，一种富有意义的文化普遍价值，绝不能是某种特殊文化价值对其他文化形态的征服或强制使然，更不能借助于某种特殊的社会或集团的政治势力、经济势力和军事势力来获取，而只能通过文化的平等对话和理解予以展开。只有这样，它才可能获得真正的价值普遍性认可，也才能真正成为具有广泛可接受性和正当合理性的有效规范系统的基础。

所谓文化的普遍价值，从根本上说，就是有利于人类整体进步与发展的价值，它是世界各个国家民族在文化交往中所应恪守的基本原则，如尊重人的现实生存、承认文化的差异性、保障平等发展等等。文化的普遍价值诉求有两个向度：一是在多元文化的前提下，倡导人类社会应当认同也可以认同的某些价值观念、道德规范和行为准则，它应该受到全人类的普遍尊重，具有超越民族、文化、宗教的普遍约束力；二是应努力寻求不同文化传统在面对普遍文化价值中所能发挥的特殊作用，尊重世界各个民族文化创造的权力。简言之，普遍文化价值追求的是，在尊重各种文化传统价值的基础上发掘和利用不同民族文化传统中的价值思想资源，建构用来解决当今经济全球化进程中人类生活所面临的共同问题的文化理念。

在对于“文化的普遍价值”理解上，我们要注意克服两种倾向。其一，经验化倾向。即主张现实文化操作层面的趋同，并达到文化的同质化（cultural homogenization）发展态势。文化的普遍价值追求并不等同于文化的同质化，后者所呈现的更多是在文化经验或文化形态层面的整齐划一，其后果可能导致文化帝国主义或文化霸权主义。而文化的普遍价值则是体现在文化理念层面人类共同的目的指向和价值理想，它代表着人的“类”的需求与进步，是人类自由向度的体现。如市场经济、科学技术日益得到世界各国的认同与实践，政治民主化、反对腐败、维护人权、开展广泛的国际交往、融入国际秩序等日益成为人类共同的政治实践内容，网络文化、生态文化、可持续发展、大众消费文化等正体现着人们越来越多的共识。可以预测，这些共同性内容会随着全球化的深入而拓展，会随着社会的进步而深化。但是人类这些共同的实践课题并不能简单等同于文化的普遍价值，因为实践课题作为现代化的具体展开形式，其合理性是有限度的，需要在社会生活实践中以文化的普遍价值为参照系进行反省和批判，以保障人类文明健康向上的发展态势。其二，西方中心论倾向。就迄今为止全球化的进程看，的确具有浓厚的西方主导色彩，打上了西方利益、价值和要求的印记。但是全球化的历史发展毕竟有自己的客观尺度，其中所呈现的基本价值取向断不会被西方所期望的价值所吞没和取代。全球化不等于西方化，在全世界各民族的共同努力下，未来全球化的发展进程必将越来越凸显出文化的普遍价值维度。

也许我们时至今日尚没有达成为全世界各个民族所共同认可的文化的普遍价值，但是这并不妨碍我们对其所做的追求，更不应成为我们拒绝文化普遍价值的理由。作为一种文化理想，文化的普遍价值对于任何一个民族来说，从来都是其不懈追求的目标之一。人类始终生活在同一块大地上，这种共同的生存环境，可能是人类在价值层面达于普遍性思维的客观物质前提。当人们形成一种人类存在共同体和命运共同体的文化意识时，就有可能和必要达成全球性价值立场的相对一致，从而形成某种程度上共享的人类文化价值观。这种人类文化价值观正是我们确立一种普遍主义文化理想的世界性视景的基础。

文化的普遍价值应该如何达成？首先，应该谋求一种建立在人类共同利益基础上的公共理性，如与自然和谐相处、维护人类和平、保护文化平等发展等。这种公共理性因为是在多元文化的沟通与共识前提下形成的，所以具有广泛的社会性和普遍性。其次，普遍文化价值作为人类性的价值关切，所诉求的是人类社会最基本的发展理念，因此它应该把承认文化差异、尊重文化个性作为其重要的追求指向，在促进多元文化间的沟通对话中呈现其存在的意义。再次，唯因文化的普遍价值预设了对于文化个性的尊重，所以对于不同的文化形态说来，文化的普遍价值为它们提供了文化的“交际性”(interness)平台，跨文化、跨地域的人们可以在特定的生活条件下，体认文化的普遍价值对其生活实践的指导与调节意义。

需提及的是提倡文化的普遍价值，防止把特殊的文化冒充或无意识地当成普遍的东西，这便是英国学者约翰·汤姆林森所言的“坏的普遍主义”①。因为从认识的机制来看，这仍然是一种特殊主义文化立场，即一种“狭隘的地方中心主义立场”。由于缺乏对普遍性的把握，它必然会把这种行动置于偶然性的行动中，最后导致文化的涣散，不利于跨文化间的理解与沟通。

(三)民族文化个性的培育

在当代世界的文化实践中，与提倡文化的普遍价值相伴随的，则是民族文化个性的张扬。

面对全球化的现实推进，全世界各国的有识之士都从不同角度呼吁，要警惕全球化对于文化个性的消弭。这种担忧不无道理。的确，环顾当今世界，伴随着经济全球化进程，我们看到的是各种形式的文化冲突与纷争，而这些文化冲突与纷争的起因，多根源于对民族文化个性的关注与捍卫。保护和倡导民族文化发展的个性，已经成为全球化进程中一个首当其冲的文化课题——无论是发展中国家还是发达国家，几乎都意识到了这一课题的紧迫性。

从文化现实演化来看，西方发达的资本主义文化的扩张，已经形成了对各民族本土文化的强大冲击。面对西方国家的强势文化入侵，首先是发展中国家充满了对于民族文化传统丧失的深切忧虑。他们认为，西方利用在经济、传媒等方面的优势，对发展中国家实施文化殖民，使其文化日益沦为西方文化的附庸，产生了民族文化的

① ［英］约翰·汤姆林森:《全球化与文化》，郭英剑译，南京大学出版社2002年版，第283页。

“身份”认同危机。西方所倡导的文化及其价值观，只是“西方中心主义”或“美国中心主义”的表现，民族本土文化被强制地纳入了一个以西方文化为评判标准的价值系统，因而，本土文化价值没有得到有效的发扬。

不仅是发达的资本主义文化冲击发展中国家的本土文化，而且，这种现象同样发生在西方发达国家之间。据报载，近年来，文化产业在世界经贸中的比重激增，美国凭借优势，特别是在多媒体、互联网络、卫星电视等方面的强大势力，以贸易自由化为借口，积极打入他国文化市场，既渗透文化，又获取实利。美国的近邻加拿大首当其冲，受害最深，其95%的电影、93%的电视剧、75%的英语电视节目和80%的书刊市场主要为美国文化产品所控制。加拿大政府对此深为忧虑：如果听任美国文化大举入侵，加拿大文化就有被美国文化淹没的危险。在法国，反对美国文化入侵的呼声近年来也日益强烈，一些法国思想家指出，美国人的消费方式、行为方式、思想习惯以及经济哲学的“全球标准化”，使欧洲各民族正逐渐丧失自我意识，所以“在捍卫我们的民族自我意识时，我们是在保护多样性免于标准化”①。

“文化多元论”(multiculturalism)的滥觞以及近年来的反全球化运动，正是这种文化心态的反映。他们所倡导的是本土主义(localism)，旨在维护并弘扬本民族、本地方的文化传统，主张从文化精神层面来发掘并阐释民族本土文化的内在价值，使被西方文化排挤而边缘化的本土文化重新回到它本来的位置，用以抵抗全球化大潮中西方文化和价值观念的侵蚀和支配。

这无疑是值得肯定的文化立场，因为倡导文化多样性是全球化进程的一个重要内涵。文化首先应当是地区的民族的，任何跨文化传统的价值目标和价值认同都必须基于这一前提。总而言之，捍卫民族文化个性，这是一种义不容辞的文化责任，因为它关系到一个民族和国家

① Christopher Caldwell, The Crescent and the Tricolor, The Atlantic Monthly, November 2000, p. 32.

的生存理由和命运。所以,面对强势外来文化的冲击去着力于民族文化个性的维护,往往是一种十分正常的选择。但是从辩证的观点看,对于文化的普遍价值的认同与强调民族文化价值是相辅相成、辩证统一的,可以说离开任何一方,都不能真实地反映全球化的本质要求。这诚如当代德国学者海因里希·贝克(Heinrich Belk)所言:“绝对的多元主义,无论作为一种知识态度,或作为一种生活方式,因其只是各种独特文化的简单共存,也是淡薄了人性的。那唯一的和平,根本上将以人道的方式‘和平着’,更多地是对立两极端的中和:如同一种智能的有机体,在其中,个体成员表现出一定的独立性和自主权,也表现出一定的互补性和相互依存的需要。只有在相互补充完善的关系中,个体成员才能获得他们所向往的‘存在的完整性’,并从中找到自己的完整身份。”①英国学者罗兰·罗伯逊也强调:“我自己的观点,包括了既对特殊性、差异性又对普遍性和同质性保持直接关注的尝试……我们是一个巨大的两重性过程的目击者和参与者,这个过程包含了特殊主义的普遍化和普遍主义的特殊化二者的相互渗透。”②所以,应该注意在这种文化的普遍性中去开发文化的创造性和个性,倡导一种公平对待人类个性与分歧的平等主义。

毫无疑问,坚守民族文化发展的个性,是维护民族文化的心理认同的首要前提。从文化哲学的视角来看,一种文化形态生生不息向前发展的最持久动力,莫过于体现该文化的内在精神及其个性。同时,也正是这种内在精神及其个性,使该文化区别于其他文化形态并在世界文化之林展示出其独特的魅力。甚或说,唯有文化的个性化发展,全球化历史进程才是真实的、富有成果的。同时,“在全球化时代,本土文化或民族文化的力量不会体现在对自己特有的东西的固执和封闭上,而是体现在跨文化对话和冲突中本土文化的发言权和对全球文化的深刻

① [德]海因里希·贝克等:《文明:从“冲突”走向和平》,中国社会科学出版社 1998 年版,第 7 页。

② [美]罗兰·罗伯逊:《全球化——社会理论和全球文化》,梁光严译,上海人民出版社 2000 年版,第 144 页。

影响”①。

培育民族文化个性，应从以下几个方面进行：

第一，积极推动跨文化理解。从本质上说，世界各个民族的文化都是平等的，因此，应该以平等心态，积极推动不同民族文化形态之间的理解。就跨文化理解的本义来说，去理解（Will-understand）别的文化与希望被别的文化所了解（Will-be-understood）就像一枚硬币的两面，缺一不可。通过有效的跨文化的理解，我们要发现的是交互文化性（interculturality），它不是具体地存在于某种文化中的东西，也不是不同文化的简单混合，而是通过文化的比较才能获得的一种真理。从讨论协商的多元主义出发，重新建立一种新的、彼此均可借鉴的文化价值原则，这种新的文化价值原则的逐渐明晰，便有可能成为人类文化的普遍价值的要素资源。以此为契机，对整个人类的文化进行一种不带任何文化和哲学偏见的解释。

第二，倡导多元宽容精神。坚守民族文化精神，就应当承认差异，宽容差异，倡导个性；而且要把这一原则推及到对待“他者”文化的行为之中。从文化的普遍价值视角，我们当然也期待不同文化形态间能够达成基础性的一致、同一，但更应推崇的是差异与兼容、协调的“相似”和“相近”，以此实现一种“和而不同”、“兼容并包”、富有弹性的人文旨趣。进一步看，在文化认同问题上的多元宽容精神不但应当适用于各民族国家之间的文化认同，而且也应当适用于民族国家内部的各团体、社会或阶层的不同文化之间的认同。如果无视民族国家内部文化认同多元化的事实，而强行把它们统一于单一的主流文化之中，就可能造成民族国家内部的文化压迫与强制性的文化一体化行为。从多元宽容的文化立场出发，我们欣赏、鼓励的是不同文化形态间的“相似”、“相近”、“相容”、“相补”，这样才能宏扬民族文化的个性。

第三，积极发掘民族文化资源。从多元文化视野观之，任何民族的文化形态都是“这一个”，对世界文化有着不容替代的意义和魅力，因

① 衣俊卿：《哲学：在全球化时代重新定位》，《河北学刊》2002年第3期。

此必须对本民族丰富的文化传统、文化资源进行积极的保护发掘，并着力于民族传统文化的现代转化。从文化个性培育的视角来看，就是如何将民族文化传统中的优秀成分，转化为在当代具有全球意义的文化价值资源，进而对世界文化作出独特的贡献。当然，这种民族文化资源的发掘必须在一种开放的时代视野中进行，因为民族传统文化需要在与外部环境、外来文化的不断撞击中才能得到锤炼和发展。保护传统文化，并不是像对待古文物那样把它与周围世界隔绝开来，相反，一种文化只有与时代相适应，跟上时代前进的步伐，既不断地更新和发展，又不失却自身传统的特色，这才是一种有生命力的、根深叶茂的文化。

第四，培育全球化时代的新文化精神。对于中国而言，中国社会正在同时经历着两种转型："一是从传统农业文明向现代工业文明转换，从传统自然经济和计划经济向现代市场经济转换；二是从民族化生存向信息化、全球化生存转换。"①这种特殊的社会历史定位使中国的文化模式和文化精神处于一种断裂期，旧的文化模式和文化精神失范，新的主导性文化模式和文化精神尚未确立起来，原本不同时代、不同民族的各种文化精神要素，同时并存于当代中国，"前现代"、"现代"和"后现代"交错杂糅，形成众声喧哗的多元化格局。

在这种现实背景下，培育全球化时代中国的新文化精神就势在必行。应当在确立对于全球化的积极的和开放的态度的基础上，通过对全球化背景中多元化的人类文化精神的梳理和批判，确立中国新文化精神的主要内涵。我们既要考虑到中国社会以工业化、信息化、全球化等多重历史任务构成的社会转型所必需的文化精神要素，又要考虑全球文化中基于人类共同的本性、价值和需求而形成的共同的文化特质和精神内涵。

全球化时代中国的新文化精神的内涵将是十分丰富的，衣俊卿认为，其中最基本的要素应当表现为理性的、科学的文化模式；主体性的、

---

① 衣俊卿：《哲学：在全球化时代重新定位》，《河北学刊》2002年第3期。

创造性的文化模式;法治型的、契约型的文化模式①。不论对于正在走出传统农业文明的发展中国家,还是已完成现代化的发达国家,这些文化要素都具有普遍性。

在全球现代化的整个历史进程中,不同国家民族之间的文化价值冲突也许将会伴随始终,因此,在文化的普遍价值与个性发展之间保持必要的张力,这也许是我们谋求当代世界文化健康合理发展的基本思路和普遍目标。而要达成这一目标的有效手段就是世界各个民族在新的全球意识的指导下,进行富有建设性的平等“对话”,在对话过程中匡正文化偏见,达成文化共识。

胡锦涛主席在2005年9月联合国成立60周年首脑会议上的讲话中,谈到人类文明的未来前景:

> 坚持包容精神,共建和谐世界。文明多样性是人类社会的基本特征,也是人类文明进步的重要动力。在人类历史上,各种文明都以自己的方式为人类文明进步作出了积极贡献。存在差异,各种文明才能相互借鉴、共同提高;强求一律,只会导致人类文明失去动力、僵化衰落。各种文明有历史长短之分,无高低优劣之别。历史文化、社会制度和发展模式的差异不应成为各国交流的障碍,更不应成为相互对抗的理由。
>
> 我们应该尊重各国自主选择社会制度和发展道路的权利,相互借鉴而不是刻意排斥,取长补短而不是定于一尊,推动各国根据本国国情实现振兴和发展;应该加强不同文明的对话和交流,在竞争比较中取长补短,在求同存异中共同发展,努力消除相互的疑虑和隔阂,使人类更加和睦,让世界更加丰富多彩;应该以平等开放的精神,维护文明的多样性,促进国际关系民主化,协力构建各种

① 衣俊卿:《哲学:在全球化时代重新定位》,《河北学刊》2002年第3期。

文明兼容并蓄的和谐世界。①

无独有偶,法国前总理拉法兰在2005年11月16日访华时在外交学院的演讲中提出“21世纪的主流思想是和谐”:

如果说中国在世界经济方面的重要性得到了肯定,那么,对21世纪世界思想的发展,中国的重要性也是不言而喻的。因为20世纪思想的主流是对抗的思想,认为只有对抗才能产生真正的活力,而21世纪的思想完全不同,我认为应该是一种和谐的思想。现在法国的很多学者都主张一种复杂性思维,他们认为在政治思想方面应当能够把反面的、对立的、冲突的东西都能够纳入进来。这种思维归结起来,其实就是超越的思维,和谐的思维。而我认为,中国的古老文明为世界上和谐思想的发展作出了卓越的贡献。②

这种全球文明的和谐前景或者用著名社会学家费孝通先生的名言来概括就是:“各美其美,美人之美,美美与共,天下大同。”就是各自以自己的文化为荣并发扬光大,尊重、宽容、欣赏其他文化,各种不同的优秀文化共生共存,目标是达到天下大同的理想。

① 胡锦涛:《努力建设持久和平、共同繁荣的和谐世界——在联合国成立60周年首脑会议上的讲话(2005年9月15日,美国纽约)》,http://news.xinhuanet.com/world/2005-09/16/content_3496858.htm。

② [法]拉法兰:《中国的利益就是世界的利益》,http://news.xinhuanet.com/world/2005-11/24/content_3828828.htm。

三、全球伦理的困境与出路

(一)全球化时代的伦理困境

1. 全球伦理与现有伦理

在全球化时代,人的社会角色和道德责任都和在传统社会中有很大的不同,在新的全球伦理道德建立完善以前,主体的行为要不要受现有伦理道德的约束?这是一个非常现实的焦点问题。总之,在现有的伦理道德和全球化的伦理道德之间存在着激烈的冲突和矛盾,这种冲突和矛盾的表现形式非常复杂和多样。

2. 伦理规范的主体困境

全球化时代的主体①是极其多元化的,在对全球化的规范和管理问题上的态度有很大不同:西方发达国家政府与发展中国家政府之间,民族国家政府与跨国公司之间,跨国公司与普遍民众之间,全球化主导推动者、参与者与研究者之间,全球化受益者和受损者之间,全球化拥护者、怀疑批判者、否定者之间,都存在利益冲突和矛盾,这种利益冲突和矛盾必然表现为伦理价值观的冲突和矛盾。

3. 自律与他律的矛盾

自律与他律是伦理学中的一对基本矛盾。自律是指主体对自己的道德权利、道德责任、道德义务、道德行为的自我评价、自我规范和自我约束;他律是指他人和社会对个体的道德权利、道德责任、道德义务、道德行为的评价、规范和约束。在全球化社会中,一方面,个体的行为主要靠道德自觉和自律,他人和社会不应该也不可能加以过多约束和规范。但另一方面,仅靠个体的道德自觉和自律显然又不足以维护全球化社会的正常秩序,不能有效地防止各种伦理道德的问题。

---

① 见本书第二章第一节。

4. 民族个性与普遍价值的矛盾[①]

5. 信息共享与信息独有的矛盾

在信息时代，信息共享与信息独有的矛盾是非常突出的伦理矛盾。建设信息高速公路的目标，就是“全球信息共享”。只有共享信息，才能充分发挥信息潜在的价值，极大地降低全社会信息生产的费用，在信息社会中，信息又是最重要的社会资源，谁能更有效地收集信息、掌握信息、加工信息、使用信息，谁就能够在社会中发挥更大的作用。从理论上讲，信息共享是道德的，从技术上讲，信息共享是可行的。信息的复制成本极低，这是一方面，但另一方面，信息的生产要耗费大量的劳动，信息生产者有权要求信息产品的所有权，有权通过信息产品的销售获得利润，同时，信息传播也需要大量的软硬件的支持和大量的投资，也需要回报，因此，在信息共享和信息独有之间就产生了严重的矛盾。传统工业社会的物质产权甚至知识产权的合理性都受到了极大的挑战，甚至有人说“知识产权就是盗窃”，就是“用工业社会的生产关系来规范信息社会的生产力”[②]。我们会在大大小小的网站上发现许多似曾相识的文字或者图片，有些你根本无法确定作者是谁。我们在上网冲浪时最常用的键是复制键（Ctrl + C）和粘贴键（Ctrl + V），在几秒钟内动几下鼠标或键盘就可以完成任何形式、任何数量的数字化信息的复制。在这样的情况下，要有效地保护知识产权谈何容易？

6. 个人自由与社会责任

个人与社会的矛盾我们在上一节中已有论述，在全球化时代伦理中，表现为个人自由与社会责任的矛盾、个人隐私与社会安全的矛盾。全球化时代个人自由特别是交往的自由、信息的自由、言论的自由得到了充分的发挥，这种自由的发挥如果无限制，如果脱离义务和责任，就必然与社会责任和社会规范发生冲突和矛盾。目前对个人自由的过分强调已经造成了诚实、信任、正义感、责任心、同情心等优秀道德品质的

① 参见上一节内容。

② 姜奇平：《21 世纪网络生存术》，中国人民大学出版社 1997 年版，第 214 页。

丧失。艾里亚·多尔夫曼说:“热衷于在闪烁的屏幕前进行着假想的毁灭、让自己的闲暇充满好战尚武之举的电子游戏迷,早已将正义感和道德规范置之度外;在当今的社会里,大规模的杀戮被视为一种威慑,尸体只不过是一串统计数字,四千万人的死亡被当做一次胜利,战争的连续升级被看成是和平,他们的正义感和道德规范更是无从谈起。”① 还有,虽然个人的行为是个人性的,责任自负,但其社会影响已经远远超过个人的范围,其影响是社会性的,甚至是全球性的,个人能否承担、如何承担以及承担什么样的社会责任呢?

7. 全球化信息资源利用的伦理问题

我们知道,在工业社会中,物质资源的占有和利用是非常不平等的,国际层面发达国家与发展中国家不平等,国内层面不同社会阶层不平等。而全球化时代又出现了一种新的不平等:信息资源的占有和利用的不平等,其控制和主导权掌握在少数西方国家甚至少数美国公司手中,信息垄断和信息霸权普遍存在,个人信息资源的滥用与被侵犯大量存在。信息资源应当为谁服务?谁有权利用?谁来负责?如何解决信息资源分配的不平等?信息资源使用应不应该商业化?由谁来经营和管理?如何解决信息共享与信息私有权的矛盾?如何防止和处理信息资源的滥用和非法使用?如何在信息垄断与信息无序之间保持动态平衡?这诸多问题都需要在伦理道德方面的反思和重建。

(二)何谓全球伦理

要真正实现全球文化整合,乃至实现“全球文化”,我们“迫切需要去创建能使世界各地区和平共处与相互合作的新的政治、经济、文化和社会制度。在可以充分实现这一目标之前,至关重要的是我们要达成在认识我们对于世界共同体的责任和义务上的真正世界范围内的伦理

① 转引自[美]罗斯托克:《信息崇拜:计算机神话与真正的思维艺术》,中国对外翻译出版公司 1994 年版,第 108 页。

共识”①。这就是所谓的全球伦理或普世伦理。全球性问题的出现，使得人类只能把自己“作为一个整体处理与自然的关系。全人类面对着对付全球性问题的迫切需要，不得不形成一个人类共同体。人类共同体自然也是伦理共同体”②。因此，建立全球伦理不仅是解决全球性问题的现实需要，而且也体现了人类整体对自身命运的共同关注，对自身责任的自觉意识。

建构全球伦理或全球共识已经成为时代的共同呼声。1993 年，宗教组织在世界宗教会议上发表了《全球伦理》的宣言，这可以算是人类为了解决诸如环境、人口、核武等全球性问题而寻求建立普遍伦理的开始。后来，在其他个人和组织特别是在联合国教科文组织的努力和推动下，建立全球性的普遍伦理日益为人们所重视。“全球普遍伦理可以在各种国际组织的积极推动下，在世界大众意识的层面上逐渐建立起来，从而形成人类对待和处理全球问题的道德自律。”③所谓全球伦理是指，全人类为应对生存与发展的普遍问题，在行为规范和价值观念上达成某种共识并共同行动。建立全球伦理有助于协调日益普遍和密切的人类全球交往过程中的各种行为，有助于解决日益严重的各种全球性的问题，有助于全人类未来的生存与发展。全球伦理可以区分为两个层面：群体主体层面的全球伦理和个体主体层面的全球伦理。前者是指不同民族、国家、地区之间的伦理共识；后者是指全世界每个个人应该遵循的普遍伦理。

从哲学上讲，全球伦理体现了人类伦理价值观的普遍性与特殊性、共性与个性、自律性与他律性、权利与责任的辩证统一。

---

① ［美］保罗·库尔兹：《21 世纪的人道主义》，东方出版社 1998 年版，第 405 页。
② 牛京辉、李伦：《全球性问题与普遍伦理》，人大复印资料《伦理学》1998 年第 12 期，第 16 页。
③ 高扬先：《关于建立普遍伦理的思考》，人大复印资料《伦理学》1999 年第 1 期，第 60 页。

（三）全球伦理的基本原则

1. 普适性原则

这是全球伦理的首要原则。全球伦理对全球公民"普遍适用"，因此，它必须代表全球不同主体伦理要求的共同性和共通性。人类只有一个地球，无论文化差异多么明显，文明冲突多么激烈，人作为一个"类"总有共同利益和共同需要，所以建立普适性的全球伦理不但必要，而且可能。但要特别强调的是，切不可把实际上是特殊的伦理标准自以为是普遍标准而强行推行到全球，把特殊伦理普遍化，并以自己的标准来衡量、剪裁甚至排斥消灭他者。这种做法其实是人类文明至今的种种冲突和矛盾的总根源，特别表现在西方文明的全球扩张过程中。许多我们曾经认为是普遍伦理价值的东西事实上往往只具有特殊性而不具有普适性，如理性主义、二元对立、征服自然等。我们需要寻求的是真正具有普遍价值的东西。普适性原则内在包含着多数原则，也就是全球伦理必须体现大多数全球主体的利益，为大多数全球主体所接受并践行，否则，全球伦理或者沦为新的伦理道德专制，或者起不到应有的效果。

2. 整体性原则

全球伦理的建设绝不是少数国家或政府的事，而是全球不同文明、全社会和全民的事。全球化社会的所有主体都有权利和义务参与全球伦理的建设，所有全球化主体的行为都必须服从于全球化社会的整体利益。个人在参与全球化社会活动时，不得损害整个全球化社会的整体利益，个体利益服从整体利益；政府和社会的管理和决策也必须以服务于最大多数社会成员为最终目的。全球伦理应该努力消除现有社会成员间存在的社会、政治、经济和文化差异，为愿意参与其中的每一位成员提供平等参与的机会，全球伦理应该为全体社会成员共同拥有并服务于全体社会成员——民有（of people）、民治（by people）、民享（for people）。整体性原则内在包含民主原则、平等原则和公正原则。

3. 底线原则

正因为全球伦理维护的是全球整体利益，规范的是全球共同行为，那么它必然是一种底线伦理,而不是中线或高线伦理。如果全球伦理的标准(线)定的很高,大多数人达不到,势必会造成“伪善”,造成伦理道德的虚无化。学者孙立平认为,当前中国所出现的许多社会矛盾和伦理危机,表面上看是制度或文化的原因,其实,“许多制度的失败,往往不仅是制度本身的问题,而是制度运行的基础秩序出了问题”。“社会生活底线频频被突破,已经构成对我们社会生活的一个严峻挑战。”①1994 年,新疆克拉玛依市教育局为欢迎上级“义务教育与扫盲评估验收团”,组织“专场文艺演出”,中间发生火灾,克拉玛依市教育局的官员出来叫学生们:“大家都坐下,不要动！让领导先走!”学生们很听话,都坐在自己的位子上不动;等上级政府与教育局所有在场的官员“先走”之后,教师才开始组织学生撤离,结果 796 名师生全部陷入火海之中,323 人死亡,132 人烧伤致残,死者中有 288 人是中小学生。这样的事情已经不是一般的渎职犯罪的问题,在传统社会叫做天理不容,在今天可以叫“突破底线”。

4. 个体、群体和类统一原则

伦理的主体是人,而人是个体、群体和类三种存在形态的统一,它们统一于现实的人的实践活动,所以,全球伦理是个体伦理、群体伦理和类伦理的统一。全球化进程越来越清楚地表明,人的个体、群体和类的存在是不可分割、互相制约、互相促进的。个体与群体、类的相关性增强是全球化的一个显著特征。作为类的全球伦理既是对群体主体的规范,也是对个体主体的规范。全球伦理必然具有群体主体与个体主体的两个维度。个体的伦理应当符合群体和类的伦理,而群体和类的伦理也应当保障大多数个体的伦理。既是“大河有水小河满”,又是“小河无水大河干”。

5. 自主性原则

康德强调,人之为人的要素之一便是自决的能力。所有的理性人

① 孙立平:《社会生活的底线何以频频被突破》,2006－03－28 08:31:13,来源:光明网。

都具有双重能力:有能力做出追求自认为是好生活的理性计划;有能力尊重他人同样的自我决定的能力。自主、自愿、自决不但是道德义务的必要条件,更是主体自我生存和自我发展的根本前提。全球化主体有根据自由的意愿选择自己的生活方式和行为方式的自由,有充分表达自己意见和观点的自由,任何个人和组织不得干涉、压制他人的合法的选择、行为和言论的自由。“人类今天面临的基本任务就是需要去促进关于我们相互依存的一种全球性的伦理上的自我意识。”①个人的自由必须处理好三个关系:自由与规范的关系、个人自由与他人自由的关系、自律与他律的关系。

6. 权利、义务和责任平衡原则

全球化的交往是双向的,主体间的关系是交互的。任何一个全球化主体必须认识到,当他享有全球化社会的权利和利益时,也必须承担相应的责任和义务。全球化时代,人们比以往获得了更多的权利和自由,相应地他的道德责任也应随之而增加。萨特早就论证了自由与责任的不可分割性。埃里克·詹奇说:“从现在起,我们每个人都对宏观系统负有责任。不仅对我们的社会系统负责任,而且对具有生态有序的整个行星负有责任,也许很快还要对超出我们行星的太空负有责任……”②没有或缺乏责任的权利是不能长久的,这种类的责任意识已经成为个体权利是否合理的一个限度标准:“自我决定和自我实现,只有在不脱离人的自我责任和全球责任,就是说,不脱离对人类同伴的责任和对我们居住的地球的责任的时候,才是完全合理的。”③这一原则内在包含了互利互惠的原则。

7. 宽容性原则

全球化时代的一切个体和群体,都应该向他人和其他群体,不同个

① [美]保罗·库尔兹:《21 世纪的人道主义》,东方出版社 1998 年版,第 408 页。

② [美]埃里克·詹奇:《自组织的宇宙观》,曾国屏译,中国社会科学出版社 1992 年版,第 199 页。

③ [德]孔汉思、库舍尔:《全球伦理:世界宗教议会宣言》,何光沪译,四川人民出版社 1997 年版,第 15 页。

体与群体之间应当相互开放、相互理解、相互宽容、平等交流。面对现实的道德问题时，人们不再以自身的道德规范作为唯一的判断标准，而是更多地考虑到人们当下的处境或他者的际遇。在现实生活中，很多在过去看来是要被人们从道德上加以指责的事情，而现在的人们却表现了理解和宽容，很多我们自己不喜欢不接受的事物，只要有其他人喜欢和接受，也应当允许存在和发展。特别是对于某些新生事物和大众现象，尤其需要宽容。“让人说话，天塌不下来。”道德宽容的目标是实现人们的道德交往的无障碍化、行为的可认同性、语言的可理解性。而道德宽容又为普遍伦理的建立提供了必要的人文环境。没有价值和文化上的宽容，全球普遍伦理不可能建立起来。

8. 无害原则

无害原则的最好体现是医学界的那句名言——“无害最重要”。人们应当尽可能地避免给他人造成不必要的伤害（包括肉体上和精神上）。不允许对他人造成伤害的被动强制令有时被称为最低道德标准（moral minimum），也就是说，不管选择什么样的道德准则，都应包括这条强制令。显然，这一原则对分析全球化社会出现的伦理道德困境是很有帮助的。探究实际的或潜在的损害或危害是最初的道德标准。人们可以不必“舍己为人”、“大公无私”，可以“利己”，但底线是无论是“利己”还是“利他”，无论出于什么高尚或卑贱的目的，都不许“损人”。

（四）全球伦理的具体建构

全球伦理是一种普适的、多数的、自主的底线伦理。在这样一个非常复杂和多元化的全球化时代，要真正建构这种全球伦理任重而道远，既需要对不同时代不同文化的伦理道德资源进行全面梳理和整合，更需要全球主体的道德自觉和自律。在这里我们只能提出一些可能性的建议。

在处理人与自然关系问题上，中国古代“天人合一”伦理价值观、当代“人类只有一个地球”的极限意识和生态伦理，可持续发展观等都值得借鉴,可以为建立人与自然的和谐共生提供伦理价值保障。

在处理人与人关系上,中国古代思想家孔子的“己所不欲,勿施于人”(《论语·颜渊》,可再加上“己之所欲,勿施于人”)、“泛爱众而亲仁”、基督教的“博爱”可作为一种普适的底线伦理,“严于律己,宽以待人”可以成为全球伦理规范的目标之一。

在人性论上,无论是中国的性善论,还是西方的性恶论,都可以借鉴。孟子提出的“四心”——“恻隐之心,仁之端也;羞恶之心,义之端也;辞让之心,礼之端也;是非之心,智之端也,人之有是四端也,犹其有四体也”(《孟子·公孙丑上》,就是超越文化和民族差别,体现人类共同的善的情感和人性,是人类的文化规范——仁、义、礼、智的萌芽。中国封建社会的“五常”——仁、义、礼、智、信,去除其封建礼教的外衣,吸收其合理内核,也可以为我们今天所用。而西方的“原罪”、“赎罪”说是从反面提醒人们人性中恶的因素。这两者并不必然排斥,可以互相结合。

在个人的社会行为规范上,诚实守信、遵纪守法、负责任等应成为普适的底线,胡锦涛主席提出的“八荣八耻”的荣辱观,也是一种具有普适性的底线伦理:

> 以热爱祖国为荣、以危害祖国为耻,以服务人民为荣、以背离人民为耻,以崇尚科学为荣、以愚昧无知为耻,以辛勤劳动为荣、以好逸恶劳为耻,以团结互助为荣、以损人利己为耻,以诚实守信为荣、以见利忘义为耻,以遵纪守法为荣、以违法乱纪为耻,以艰苦奋斗为荣、以骄奢淫逸为耻。

这些不是很高的要求,而是基本的要求,是作为一个正常人应当具有的伦理道德,如果丧失这些底线,就不是道德高尚与否的问题,而是还有没有人性的问题,换言之,这些标准不是好人与坏人的区别,而是人与兽的区别。

在类的行为规范上,以下内容可以成为普适的底线伦理(共识):

超越文明、超越种族、超越人与人之间具体差异的普遍的人类特性的张扬和维护；整个人类的共生共存；人与自然关系危机的反思；人类各群体对超越性、普适性事物的追求；正义、公平与公正等具有普遍意义的伦理规范与伦理价值。确实，“世界被分为不同的种族和民族群体，我们中的每个人都有特殊的道德义务，成为他或她在这些群体中应起的义不容辞的作用。然而，也有一些基本的道德规范被一致地看做世界上所有文明群体都实际遵守的东西。这些伦理原则体现了人类的群体传承。它们一直在人类经验的熔炉中由人类善良行为的结果所验证。”①

必须强调的是，建构全球伦理，除了确立外在的普适性的外在规范外，更重要的是诉诸个人的道德自觉，把外在的伦理规范内化为个人内在的道德自觉意识和行为。在做与不做、如何做的问题上，决定权主要在个人手里，很多情况下，要完全靠人的道德自觉性来对自己的行为进行规范和约束。如果个人没有了对自我的道德自觉和约束，那么，犯罪或违反伦理规范的事情就随时都有可能发生。道德的发展是不断地从他律走向自律的过程，从外在伦理到“有得于心”的道德。

四、全球生态文明

人与自然的关系作为哲学的老问题，是人类文化实践中最原初、最基本的问题。回首人类的文明史，对自然的认识与理解构成了人类生存与发展的基础。全球化时代的到来，进一步凸显了这一问题的现实性与紧迫性，甚至可以说，它已成为全球化语境下不容回避的又一重大的人类实践主题。

我们知道，20 世纪中叶以来现代化的全球性推进，加速了技术理

---

① ［美］保罗·库尔兹：《21 世纪的人道主义》，肖峰等译，东方出版社 1998 年版，第 404 页。

性主义价值观在全球的滥觞，使人类改造自然的能力空前提高。但人类在拥有着巨大的物质文明的同时，同时承受着与自然的关系日益紧张的代价。当今世界日益突出的生态问题、环境问题，把人与自然的关系这一哲学问题又一次尖锐地呈现出来。从文化哲学的视角来看，肇端于西方的现代化浪潮，内在蕴涵着对自然生态和文化生态均进行讨伐、征服的倾向，它通过某种普遍性的标准，将进步、发展、富强、文明、先进等文化指标强行纳入一个单一的评价体系中来。它创造了“文明的”侵略性和侵略性的文明体系，并将这种价值标准和评价体系，通过扩张主义的商业贸易强行推广到全世界，从而导致人与自然关系的尖锐对立，多元并存的文化生态景观开始走向凋零。

“极限意识”（Ultimate consciousness）的提出，正是基于这样一种价值关切。在现代化与工业化的早期，人与自然的关系问题似乎是以人类征服自然的方式被解决了，但是当代人类在受到了大自然有史以来最严重的惩罚时，才开始意识到问题的严重性。它促使人类去认真反思——“面对未来，人类的生存方式要不要改变”？20世纪70年代，随着西方现代化的普及，人们反思工业文明的声音也日趋强劲。1972年，美国学者沃德和杜博斯主编的《只有一个地球》一书以大量的事实为支撑，为人类敲响了警世之钟：生活在世界不同角落的不同人群，共同拥有唯一的地球。不同的人群可以生活在不同的地区和国家，可以有贫富之别，可以占有不同份额的资源，但有一点是平等的，即我们只有同一个地球，因此人类必须善待地球，不能让其最终沦落成荒芜的家园，以任何方式对地球的施暴、对资源的过度掠夺、对环境的肆意破坏，其后果最终都无法转移，都会以曲折的方式落到破坏者头上。本书最终作为联合国人类环境大会的非官方报告推荐给世界各国。很显然，《只有一个地球》代表了当今世界人类对环境保护和自然生态等重大问题的共识。同年，罗马俱乐部也发表了著名的《增长的极限》报告，做出了“如果目前世界人口、工业化、资源消耗、环境污染、粮食生产的趋势继续不变，下一个100年的某个时刻，就会达到这个行星增长的极限——出现不可控制的灾变”的著名预测，从此全球性生态危机的话题震惊了全人类。30年过去了，人们发现这个预测正在被一个又一个无情的事实所验证。此后，“极限意识”从不同角度被世界的有识之士所强调。

我们这里强调的“极限意识”旨在表明：地球是一切生命的家园，人类拥有一个地球，人类也只有一个地球！在茫茫星海中大大小小的“陆地”虽不可计数，但迄今却发现只有一个星球有生命可以生存。整个地球是一个有机的生命整体，地球上的资源是有限的，生态系统吸收我们排放的废物的能力也是有限的，如果人类自毁家园，明天我们将无处容身，人类所创造的一切文化成果最终也将失去意义，所以我们必须善待地球，使地球保持生机。

的确，全球化时代提醒人们，在一个人类生存发展日益相互关联的地球上，没有谁的行动可以与他人无关地独立发生。与农业文明的那种彼此隔绝的离散的实践状态不同，今天的人类正处于一体化的发展时代，全世界所有的民族、所有的文化，都被纳入到这一共时性的发展轨道中来。人类赖以生存和发展的环境已经形成一个复杂的动态系统，一旦系统的平衡受到干扰和破坏，都会在不同程度上影响世界总体的发展。所以我们必须站在未来人类生存发展的高度，去反省人类当下的实践行为，进而建构致力于人与自然和谐的生态文明观。

我们必须着眼于未来，确立人与自然环境之间的应有关系。重建现代生态文明，从本质上讲，就是要通过反省现时代人的实践行为，真正确立人与自然的内在同一关系。关于这一点，马克思曾经作过深刻的阐释：

> 人同自然界的关系直接地包含着人与人之间的关系，而人与人之间的关系直接地就是人同自然界的关系，就是他自己的自然的规定。因此，这种关系以一种感性的形式、一种显而易见的事实，表明属人的存在在何种程度上对人说来成了自然界，或者，自然界在何种程度上成了属人的存在。因而，根据这种关系就可以

判断出人的整个文明程度。[①]

在马克思看来,人的对象化实践作为"自由自觉的活动",具有超越性特征,这突出表现在"动物只是按照它所属的那个种的尺度和需要来进行塑造,而人则懂得按照任何物种的尺度来进行生产"[②]。所以,人的这种"自由自觉的活动"标示着人的永恒的、不可或缺的本质维度,体现着与自然的内在亲缘关系。人在对象化实践的过程中,不仅要用自己的对象化活动扬弃自然存在物的既定性,而且要不断超越和扬弃人的创造物及人的活动的异化,真正实现自然主义与人文主义的有机统一。

人类要生存,社会要发展,就必须拥有一个能与人类长期和谐共处的自然环境。告别盲目的发展状态,共同建立起一种"全球性的生态文明",这是保证人类真正实现可持续发展的基础。因此,人类的实践行为必须自觉关注现代生态文明的重建,展示人类文明发展的真正意蕴。

首先,要扬弃狭隘抽象的二元对立思维范式,在观念与实践层面真正培育起人与自然的亲和关系。

在对人与自然的关系问题的理解上,有两种对立的观点:人类中心主义[③]和自然中心主义。前者强调人与动物的区别性,赞美、突出人的实践智慧,认为人在万物之上,是自然的中心、主宰、统治者,所以,一切应从人的利益出发,人对自然有绝对的自由支配权利;后者则重视人与动物的共性,赞美、突出大自然,但是该观点却否定了人的能动地位、轻视人的利益和创造力,认为一切应该顺应自然。这两种观点看似极端对立,但其思维范式却并无二致——均坚守了人与自然的对立立场,没有看到人与自然的内在同一性。而现代生态文明是人与自然环境和谐

① 马克思:《1844 年经济学哲学手稿》,人民出版社 1979 年版,第 72 页。

② 马克思:《1844 年经济学哲学手稿》,人民出版社 1979 年版,第 50—51 页。

③ 其实,承认人类中心并不必然导致人类中心主义。任何一种存在物都自然地以自己为中心与外部世界建立联系,从而生存和发展。人类只能以自己为中心,不可能以其他物种和存在为中心,问题的关键是,在确立自己的中心地位,确立自己对世界的权利的同时,必须确立自己作为中心的责任,并且承认其他存在物也有平等的自我中心地位。人类在享受对自己的中心地位的利益时,必须承担相应的责任和后果。

相处的文明，它揭示人与自然的本真关系——互养相成、彼此亲和。因此，人类在与自然的相互作用中，应该自觉将这种价值理念贯彻其中。

人的发展与进化的过程以自然界为基础，以其他生命形式为中介。破坏自然、戕害环境无异于毁灭我们的生存之源，无异于人类的自我毁灭。人是自然的一部分，人与自然之间的物质变换是生态系统中最为复杂的物质变换。从某种意义上说，人的生活就是人与自然之间进行物质变换。要保护自然环境，我们首先必须在生产实践活动中调节、控制人与自然之间的物质变换，但这并不是指人应该对自然处于绝对支配的地位，而是指应该对人与自然之间的物质变换进行合理调节，把这种物质变换置于人与自然的相互培养的范围之内，“在最无愧于和最适合于他们的人类本性的条件下来进行这种物质变换”①。为了这一目标，要求人类必须把握自然环境的变化规律和演化趋势，从长远的、整体的、系统的高度处理人类与自然环境的关系，调整控制人类活动对自然环境的改造程度，使自然环境的演化有利于恢复、维持人类社会与自然环境的亲和关系，从而更好地促进人类自身的生存和发展。

其次，应自觉借鉴中国传统生态文化的思想资源，并实现其创造性的现代转换。

在重建现代生态文明的实践中，努力发掘借鉴中国传统生态文化的思想资源至关重要。

众所周知，有机的生态的发展观是中国传统哲学与文化的突出特点。中国先哲们历来主张“天地一体”、“万物同源”，即在本体论的层面强调人与自然的内在亲缘关系，只有“顺天”、“应时”、“道法自然”，人才能有所建树和作为，其文化生长才寻找到了坚实的根基。唯因如此，在中国传统文化中，天人关系历来是其重要的核心主题，人类要“正德、利用、厚生”(《尚书》)，不能以牺牲天地万物为代价而谋求自己的单独发展，“立必俱立，知必周知，爱必兼爱，成不独成”②。

---

① 《马克思恩格斯全集》第25卷，人民出版社1974年版，第927页。

② 张载:《正蒙·诚明》。

中国传统文化对天人关系问题的处理,是在力求寻找二者内在联系的同时,把天人关系视作同源的和谐关系。张岱年先生曾指出,"天人合一"作为天人关系的基本表述,表达的是天人之间的"相通"、"相类",其有两层基本含义:"第一层意义,是认为天与人不是相对待之二物,而乃一息息相通之整体,其间实无判隔。第二层意义,是认为天是人伦道德之本原,人伦道德原出于天。"①儒家思想家强调"天地之大德曰生",认为创造生命是自然界的内在价值,自然界是人类生命之源,也是人类价值之源。正因为如此,人与自然界的关系是内在的、相互塑造关系。显然,对人与自然关系的这种理解,与现代生态文明的价值追求是相吻合的。

对于中国古代朴素的生态文化思想资源,需要我们站在时代高度予以借鉴和发扬。这突出表现在三个方面:其一是尊重生命、仁民爱物的思想。如孟子强调"亲亲而仁民,仁民而爱物",就是说人类不仅要爱护自己的同类,而且要把这种关爱之心扩展到大自然之中去,要呵护自然环境,珍惜自然资源。其二是对生物资源顺时取用、化育并进的思想。如庄子提倡"天地与我并生,而万物与我为一",告诫人们要与万物为友,在致力于人的进步的同时,也要优化自然,达到与自然和谐一致的发展。《礼记·中庸》主张"参天地之化育",即参与自然创造和养育万物的进化过程,而不是以戡天役物的态度去征服自然,破坏自然。其三是倡导放眼未来、为后人造福的思想。如《尚书·太甲上》曰"惟怀永图",孔子告诫"人无远虑,必有近忧",孟子教导人们不要"涸泽而渔,焚林而猎",而应"远谋近功",为后人造福等。

总之,中国古代的生态文明思想,是人类珍贵的思想遗产,这些思想对于人类解决 21 世纪的世界性难题,无疑具有深刻的启迪意义。

再次,在社会生活层面,要自觉倡导并培育生态文明新理念。

人类世界现代化的历史进程表明,人类文明形态从传统向现代的转型总是伴随着生活方式的社会变革。而全球化时代的到来更加突显

① 张岱年:《中国哲学大纲》,中国社会科学出版社 1982 年版,第 181 页。

了生活方式变革的重要性，无论对于个人还是对于社会来说，努力将生态文明的理念渗透于人们的日常生活，培养一种文明的生活方式，是十分必要的。在现代社会中，人们的生活质量在很大程度上取决于人们采取怎样的生活方式。

因此，在社会生活层面应自觉倡导并培育生态文明新理念：

第一，学会负责任地生活。全球化时代必须强化人们的责任意识——既要对自己负责，也要对自然负责、对他人负责。人类应意识到，对环境不负责任的生活方式是造成生态环境恶化的根源，所以环境保护是每个人的责任。相信在不久的将来，负责任的生活方式、承担个人环境责任的意识，会逐渐成为我们社会的主流价值标准。

第二，崇尚适度消费、绿色消费。一般说来，人们的消费需要分为生存、享受、发展三个层次，消费需要这种由简单到复杂、由低层向高层的不断变化，反映着消费质量的不断提高，也代表了人的文明程度。在现代社会中，适度节俭的消费、绿色消费体现着消费者的文明与教养，也标志着高品质的生活质量。绿色，代表生命，代表健康和活力，适度节俭则是人生永远的美德。

第三，培养对自然的敬畏之情。未来的人类要用尊重自然、敬畏生命的哲学信念代替人类中心主义哲学信念，用普遍联系的、有机的世界观代替机械论、元素论世界观，感受自然的神圣性，感受生命的神圣性，关爱地球上的所有生命以及生命赖以维持的环境，并以此来表达我们对大自然的敬畏之心和对万物生灵的博爱之怀。

对全球化时代人类文化价值的合理把握，从根本上说有赖于人的实践行为上的自觉。在经历了工业化时代工具理性文化的片面性发展之后，今天的人类应该对文化与文明有一种全新理解，而这种理解必须正视不同文化形态间在实践与发展中所呈现出的整体相关性，必须精心呵护人类与自然的本真关系，从而使其实践行为充溢着一种健康自觉的人文关怀。人类只有把文化实践行为与时代精神要求有机结合起来，其所实施的文化才会真正成为时代精神的生动体现。

第七章

全球化与人的未来

代替那存在着阶级和阶级对立的资产阶级旧社会的，将是这样一个联合体，在那里，每个人的自由发展是一切人的自由发展的条件。①

——马克思

面对当今纷繁复杂的世界，我们应该更加重视和谐，强调和谐，促进和谐。建设一个持久和平、共同繁荣的和谐世界，是世界各国人民的共同愿望，也是人类社会发展的必然要求。建立和谐世界，需要国际社会每一个成员携手努力。②

——胡锦涛

① 《马克思恩格斯选集》第1卷，人民出版社1995年版，第294页。

② 胡锦涛：《促进中东和平　建设和谐世界——在沙特阿拉伯王国协商会议的演讲(2006年4月23日，利雅得)》，http://news.xinhuanet.com/newscenter/2006-04/23/content_4464467.htm。

一、全球化与人类理想

（一）真、善、美和自由是人类文明的终极目标

人类文明正在加速度前进。托夫勒在《未来的冲击》中说：如果把人类经历过的5万年分成世代，每个世代约为62年，那么到现在已经有大约800个世代了。在这800个世代中，整整650个世代是在山洞里度过的，只是在最近的70个世代，由于文字的出现，世代与世代间的信息沟通才成为可能；只是到6个世代前，人们（指欧洲人）才开始使用印刷文字；只是到4个世代前，人们才开始比较准确地计算时间；只是在2个世代前，人们才开始应用电力；而我们今天使用的绝大部分产品，还只是在最近这第800个世代里发展起来的①。

在过去的800个世代中，人类经历了无数的成长与衰亡、希望与失望、光荣与梦想，但是无论如何，人类从来都没有放弃过对理想的不懈追求。真、善、美和自由就是人类的永恒理想，是人类生存和发展的不竭动力，是人类文明的终极目标。正是在对真、善、美和自由的追求中，人类得以生存和发展，人类文明得以延续和创新。

人类"求真"的观念和理想起源于人对自身存在以及与自然环境的关系的"确认"。因此，求真意识包括两种：一是人对自身的求真，即对自我意识、行为、活动、关系、目的的有效性、确定性的选择、体认和比较；二是对外部世界的求真，形成一个实在的世界图景，使之成为人可与之交往的"对象"。对真的追求使人们形成一种追问原因、意义和本质，追求必然性和确定性的思维习惯，在日常生活中表现为追问"为什么"、"所以然"的思维活动，逐渐构成"科学研究"，其成果就是科学知识，这种思维方式就形成理性思维，这样得来的知识是理论式的，称为"真理"。应该说，这种科学理性思维方式和各门实证的自然科学，使

① ［美］阿尔文·托夫勒：《未来的冲击》，孟广均等译，新华出版社1996年版，第7页。

人类逐步揭示了自然界的奥秘,可以对自然界越来越广泛、深入地开发和利用,科学知识对于人类现代文明的意义是显而易见、毋庸置疑的。哈贝马斯曾概括了三种不同的理性:科学技术是认识—工具理性,伦理道德是道德—实践理性,审美文化是审美—表现理性。技术的自律性和强制性与表现理性的个性、自由、超越性质是相抵触的,在技术和工具理性中,客体原则代替了主体原则,主体沦为客体的奴隶,从自由的目的性存在转变为工具性存在。"由于无所不在的工具理性和消费至上的盛行,对终极价值的追求消失了,借助于个人审美的乌托邦也被戏剧化了,代之而起的是满足即刻感官冲动、寻求现实心理满足、愉悦日常生活的文化消费。文化失却了本能升华、指向未来的超越意义,被整合于现实秩序之中,成为缺乏否定性力量的单向度文化"①,因此,对科技理性的反思,已成为现代文明的重要主题。

人类"求善"的理想和行为,是人对自我的意识、行为、目的、关系等的"正当性"、"应然性"的反思,善的价值,按照康德的说法就是人为自己立法,人为自己的生存行为、生存目的建构一种规范和标准,违反这些规范和标准就是善的对立面——恶。"善也就是人按照自然(世界事物)的性质来对它们进行'改造',使它们形成一种对于人的生命存在'有益'的'秩序'。"②这种内在的规范要求就是道德,道德的外在化和实体化就是伦理。道德伦理也即狭义的价值观。不同的时代、不同的文化形态,伦理道德观念和规范有很大不同。全球化时代是道德观念急剧变化的时代。

人的文化理想不仅包括"求真"和"求善",而且包括"求美"。如果说真是人对自身存在和外界存在的实在性和确定性的确认,善是人对自己与自我、社会、自然的生存行为、目的、关系的应然性和正当性的追求的话,那么,美就是人对自我、他人、自然产生"愉悦感"和"舒适感"的追求。美作为文化理想,和真、善不同,不是某种实用或功利目

① 许纪霖:《第三种尊严》,人民文学出版社 1996 年版,第 133—134 页。
② 李鹏程:《当代文化哲学沉思》,人民出版社 1994 年版,第 276 页。

的,而是精神上的愉悦,既不是知识(科学)的对象,也不是实践(道德)的对象,而是艺术的对象。人不但追求既有的美的事物,还通过自己的实践活动创造出美的事物,对美的理想追求变成创造美的实践活动,这就形成艺术。

真、善、美的统一就是广义的“自由”。自由不仅是“对必然的认识和对客观世界的改造”,而且是人追求真、善、美的最终目标。在共时态上,自由有两个维度:对人自身而言,自由就是人的自由而全面的发展,对世界而言,自由就是人与外部世界的和谐统一与共同发展。在历时态上,自由也有两个维度:作为在现实过程中体现出来的自由是具体的、历史的、有限的,而作为终极目标的自由则是无限的,无限的自由体现为具体的、历史的、有限的自由,具体的、历史的、有限的自由是达到终极自由的具体过程,这一过程对人类来说是永恒的。

(二)全球化的现实与理想

全球化是现实性与理想性的统一,是过去、现在与未来的统一。一方面,它是人类社会发展的当代现实;另一方面,从全球化的产生、发展和前景看,始终贯穿着人类追求真、善、美和自由的理想和实践。

在现实生活中,梦想似乎变得不那么重要,甚至开始死亡。在现代文明越来越快的节奏和越来越重的压力下,许多人不再拥有梦想,或者不再奢望梦想的实现。在生活的压力与生命的尊严、残酷的现实与美丽的梦想、功名利禄与人性完善的角逐中,失败的往往是后者。许多人的生存状态既失去了与大地的亲和,又放弃了对天空的仰望,飘浮在半空中。其实,梦想并不遥远,现实也并不只是眼前,人生在世必须“顶天立地”,“顶天”就是要有梦想,有了梦想才有生活的方向,有了方向,在路上才有意义;“立地”就是要脚踏实地,立足现实,认真地务实地去实现自己的梦想。只要认准了方向,坚定地一步一步走下去,梦想就不会成为空想。

《旧约全书》中说:“没有梦想的地方,人们无法生存。”但是仅有梦想是不够的,还必须有人懂得这些梦想的重要性,并知道怎样来实现梦想。

在15世纪哥伦布、麦哲伦、达伽马开辟新大陆、环球航行时，他们心中充满了或征服世界或寻找东方的梦想，并把梦想付诸行动，在实现自己的梦想的同时，更为人类的历史开辟了新道路。

马克思通过他的哲学和经济学以及实际行动，通过对资本主义社会的深刻批判和对共产主义社会的理想设计，所要追求的不过是人类的自由全面发展，是人类从各种奴役和束缚中的解放。

旧中国一代又一代的仁人志士和革命先烈，历经艰难险阻、千辛万苦而百折不挠，为了独立自由解放的理想贡献了自己的一切。

新中国一代又一代的平凡的建设者，更是为实现自己和民族的梦想而辛勤工作。

现在，在全球化的信息网络平台上，人们的理想与现实、现在与未来、虚拟与实在的距离从来没有这样近，甚至于二者的界限变得如此模糊，差别变得如此细微。

全球化的未来更是建立在人类理想的基础上，人类追求一个什么样的全球化的经济、政治、社会、技术和文化，追求什么样的人的发展目标，不仅决定了全球化的未来前景，更决定了人类社会和文化的前景。现代科学技术为人所提供的强大的工具和人在全球化进程中表现出来的创造力只要运用得当，就能为人超越现实世界追求更高的理想世界提供无穷的动力和目标。

(三)全球化时代人类理想实现的可能途径

全球化时代，人类正在朝着真善美和自由的更高目标前进。全球化进程为实现人类自由而全面的发展，为实现人与世界的和谐共存提供了可能途径。

第一，在“真”的维度上，全球化进程不仅使人对世界和自身的认识和改造达到前所未有的深度和广度，使自然资源、社会资源和思想资源在全球范围内得以合理、有效的配置与开发，为人类社会健康和可持续的发展提供了可能条件，更重要的是人们对工具理性思维方式(单纯的求自然之真)的反省更加深入，日益认识到科技与人文、工具理性与价值理性、人与自然等关系协调发展的重要性，普遍交往把有限的人的思维和存在互联起来，克服了个体的有限性和片面性，为每个人的自由全面发展提供了可能。

第二，在“善”的维度上，全球化进程为人类建设新的面向未来的伦理道德体系提供了可能的手段和途径。全球化时代与传统时代相比，价值观念和伦理道德发生了翻天覆地的变化，旧的伦理道德观正在崩溃，新的适应全球化时代现实的伦理道德观尚未确立，全球文化在新与旧、中与外、情与理的价值冲突与裂变中逐渐孕育、成长、成熟，虽然还远未形成一种全新的伦理道德观，但其以开放、自由、民主、平等、共享、共生等为核心的价值取向还是相当明显的，这些价值取向将成为未来全球社会伦理道德体系的核心要素。

第三，在“美”的维度上，全球化时代为人类文学艺术的发展和其他追求美的理想提供了前所未有的手段和途径。全球信息网络不仅为文学艺术的创作提供了无比丰富的技术平台和手段，更重要的是，使人的艺术实践的创造性、积极性、个性得到充分而自由的发挥，艺术和美不再是少数人的专利和特权，任何人都有可能创造、欣赏和评价属于自己的艺术和美。全球文明本身就是人类所创造的最美最伟大的“艺术品”之一。

第四，在“自由”的维度上，全球化进程使人类认识和改造自然、社会和人类自身的力量不断提高。这种力量能否真正成为人们追求自由的手段，关键取决于这种力量是用来与自然共存，还是破坏自然；是用来追求社会的公平与效率的统一，还是加剧社会差别和矛盾；是用来使人全面发展，还是奴役人，使人成为“单面人”。如果我们的目标和行动始终是前者，那么我们的理想就有实现的可能，全球化时代也将成为从“必然王国”到“自由王国”的过渡和中介。反之，全球化将成为人类更深层次和更广度的异化的工具。

最后，应该强调指出的是，我们之所以说全球化时代人类理想实现的“可能”途径，意指这种前景只是具有现实的可能性，并不是说在全球化时代或不远的将来人类的真、善、美和自由的理想就可以自动实现。这些理想能否实现及如何实现，不仅取决于具体的社会历史条件，更取决于人们自觉的认识和实践活动。

二、全球化与未来文明前景

全球化正在开创第 801 个世代，人类将怎样实现自己的理想？

罗尔夫·詹森提出“梦想社会”是人类的第五种社会：以情感代替技术，以梦想代替网络。第一个趋势是信息工作和人类感觉的自动化；第二个趋势是情感的商业化。未来人们购买的将主要是故事、传说、情感和生活方式。贫困将被界定为不能够满足人们物质需要以外的需求。将来，人们的着眼点将从物质需要转向精神需要，从科学技术转向情感和故事。曼纽尔·卡斯特认为未来全球化社会是一种网络社会。人类社会经历过三个阶段：一是自然支配文化；二是现代工业社会中自然受到文化的支配；三是超越自然，人工自然再生成为文化形式。未来网络社会就是第三个阶段①。

就像在 5 年前，很少有人能预见到今天的全球化发展现状一样，今天也很难预见到 5 年以后全球化发展的前景。全球化进程中的人，他的时态与其说是一般现在时，不如说是现在进行时和将来时。21 世纪已经到来，人类只有一个共同的地球，信息网络已将地球连成一个村落，每一个“村民”没有理由不为地球的未来和人类的未来而深入思考并努力行动。

面对未来，挑战与机遇同在，问题与希望并存，未来的世界很精彩，未来的世界很无奈，我们不能因为未来的世界很精彩就永远在路上流浪而失去家园，也不能因为未来的世界很无奈就永远留在家中，我们除了满怀信心和豪情之外，更应多一些自省与冷静。我们认为，全球文明是

---

① 参见［美］曼纽尔·卡斯特：《网络社会的崛起》，夏铸九等译，社会科学文献出版社 2001 年版，第 577—578 页。

多元因素的整合。全球文明应当包含几种要素：东西方文明的沟通与整合，科学与人文的融合，物质文明与精神文明的协调，个体与人类的统一。要建立人与自然、人与社会、人自身的和谐共进关系。从体现人类共同利益的角度说，它是一种人类文明，从体现人与自然的和谐角度说，它是一种绿色生态文明，从促进人类共生共存共进的角度说，它是一种共生文明，从实现人与世界和谐的角度说，它是一种和谐文明。我们的最终理想是把地球建成我们安身立命的和谐家园。“真正的历史充满着冲突和对自己给定状态的不断超越。正是历史——人们自觉选择的和按人们的设计铸造的历史——可以使所有人都把自己的日常生活变成‘为他们自己的存在’，并且把地球变成所有人的真正家园。”①

更重要的是，人类文明未来走向何方，生存还是毁灭，发展还是衰落，很大程度上取决于我们自己的思考和行动。托夫勒说得好：

> 它（社会未来学派——引者注）的终极目标是把进化本身置于人类的自觉控制之下。因为现在是“最后关头”，历史性的转折点，人类如不能在这时刻控制住变化的进程，人类本身就会消亡；如果人类成为进化的不自觉的傀儡，那么他们要么成为进化的牺牲品，要么成为它的主人。②

三、解读马克思的“自由人的自由联合”

（一）马克思共产主义理想的重新解读：自由人的自由联合

共产主义是马克思主义的最高理想。我们一般认为，马克思所说的共产主义指生产力的高度发展、公有制、物质产品的极大丰富、阶级

① ［匈］A. 赫勒：《日常生活》，衣俊卿译，重庆出版社 1990 年版，第 292 页。

② ［美］阿尔文·托夫勒：《未来的冲击》，孟广均等译，新华出版社 1996 年版，第 407—408 页。

和国家的消亡等等，但是，综观马克思和恩格斯的著作和思想，以上种种只是实现共产主义的手段或现象，人的解放、人的自由全面发展才是马克思共产主义理想的核心，用最简单的话概括就是——自由人的自由联合。

马克思和恩格斯在《德意志意识形态》中写道：

> 在真正的共同体的条件下，各个人在自己的联合中并通过这种联合获得自己的自由。①
>
> 它（真正的共同体——引者注）是各个人的这样一种联合（自然是以当时发达的生产力为前提的），这种联合把个人的自由发展和运动的条件置于他们的控制之下。②
>
> 共产主义和所有过去的运动不同的地方在于：它推翻一切旧的生产关系和交往关系的基础，并且第一次自觉地把一切自发形成的前提看作是前人的创造，消除这些前提的自发性，使它们受联合起来的个人的支配。因此，建立共产主义实质上具有经济的性质，这就是为这种联合创造各种物质条件，把现存的条件变成联合的条件。③

马克思在《1844年经济学哲学手稿》中认为：

共产主义是人对自己本质的全面占有，是人的自我异化的积极扬弃。共产主义意味着诸多矛盾的解决：解决了人与自然界的矛盾。废除了私有财产权，扬弃了人的自我异化，人与自然的分离状态不存在了，人改造自然的活动，就是人自身实现的过程。解决了人与人之间的矛盾。由于扬弃了私有财产即人的自我异化，因而完全消除了使一部分人成为非人，另一部分成为超人的人类生存中的矛盾和斗争。解决

---

① 《马克思恩格斯选集》第1卷，人民出版社1995年版，第119页。
② 《马克思恩格斯选集》第1卷，人民出版社1995年版，第121页。
③ 《马克思恩格斯选集》第1卷，人民出版社1995年版，第122页。

了存在和本质之间的矛盾，即劳动的个体存在同它的社会本质之间的矛盾。人作为存在，就是自己的本质，而作为本质，就表现为自己的存在。所以，人的本质和存在相脱离的现象不存在了。解决了对象化和自我确证之间的矛盾，即在劳动所产生的物的世界中的对象化同它的真正的、人类本性的需要获得保证之间的矛盾。人的活动的对象化，再也不表现为对象的自我丧失、自我异化，而直接成为人自身的确证、人自身存在的确证、人自身本质力量的确证。解决了自由和必然之间的矛盾，由于扬弃了私有财产即人的自我异化，人的自觉能动性得到了充分的发挥，从而掌握了社会生产发展的客观规律，于是人的活动的目的性和过程性、手段和目的、自由与必然达到了统一。解决了个体和类之间的矛盾。由于扬弃了自我异化，人的类本质异化的现象消失了，于是建立起真正的人的共同体，在这种共同体中，人才会有同自己的类的真正关系。因为这种共同体是为了所有的个体的存在，而个体也只有在这种类生活中才能实现自己。

在《共产党宣言》中马克思和恩格斯宣告：

> 代替那存在着阶级和阶级对立的资产阶级旧社会的，将是这样一个联合体，在那里，每个人的自由发展是一切人的自由发展的条件。①

在《资本论》及其手稿中，马克思认为共产主义是“以每个人的全面而自由的发展为基本原则的社会形式”②，是“自由人的联合体”。

> 人的依赖关系（起初完全是自然发生的），是最初的社会形态，在这种形态下，人的生产能力只是在狭窄的范围内和孤立的地点上发展着。以物的依赖性为基础的人的独立性，是第二大形态，

① 《马克思恩格斯选集》第1卷，人民出版社1995年版，第294页。
② 《马克思恩格斯全集》第23卷，人民出版社1972年版，第649页。

在这种形态下，才形成普遍的社会物质变换，全面的关系，多方面的需求以及全面的能力的体系。建立在个人全面发展和他们共同的社会生产能力成为他们的社会财富这一基础上的自由个性，是第三个阶段。①

时间的节省意味着“在必要劳动时间之外，为整个社会和社会的每个成员创造大量可以自由支配的时间（即为个人发展充分的生产力，因而也为社会发展充分的生产力创造广阔余地）”。②

在共产主义社会高级阶段，在迫使个人奴隶般地服从分工的情形已经消失，从而脑力劳动和体力劳动的对立也随之消失之后；在劳动已经不仅仅是谋生的手段，而且本身成了生活的第一需要之后；在随着个人的全面发展，他们的生产力也增长起来，而集体财富的一切源泉都充分涌流之后，——只有在那个时候，才能完全超出资产阶级权利的狭隘眼界，社会才能在自己的旗帜上写上：各尽所能，按需分配！③

马克思所设想的未来共产主义社会里人的理想生活至今令人心存向往：

在共产主义社会里，任何人都没有特定的活动范围，每个人都可以在任何部门内发展，社会调节着整个生产，因而使我有可能随我自己的心愿，今天干这事，明天干那事，上午打猎，下午捕鱼，傍晚从事畜牧，晚饭后从事批判，但并不因此就使我成为一个猎人、渔夫、牧人或批判者。

（二）全球化的发展目标与共产主义理想的契合

全球化为人类社会诸多关系的改变和矛盾的解决提供了条件：人与自然的关系，物质、信息和能量的关系，人的存在和本质的关系，认识

① 《马克思恩格斯全集》第46卷（上），人民出版社1979年版，第104页。
② 《马克思恩格斯全集》第46卷（下），人民出版社1979年版，第221页。
③ 《马克思恩格斯选集》第3卷，人民出版社1995年版，第305—306页。

与实践的关系等。全球化的未来发展将使历史真正走向世界历史，使人真正回归人自身。

上世纪末“苏东剧变”后，国际社会主义事业遭遇前所未有的失败，很多人对社会主义、共产主义的前途命运，乃至对马克思主义的前途命运悲观失望。其实，放开眼界，从人类历史和未来看，失败的或许只是某种社会主义的发展模式以及对马克思主义的某种片面甚至歪曲理解，而只要人类社会还存在着不平等、不自由、不解放，人的发展还是片面的，那么，马克思主义就不会过时，他所设想的共产主义理想社会就值得我们去追求。马克思对社会现象鞭辟入里的批判精神和对人类命运、人类发展的深切关注在当今世界不能缺席。后现代主义解构大师德里达很少对其他哲学表示赞赏，但他说马克思是当代的幽灵，每个人都是马克思的继承人。他甚至呼吁：

> 不能没有马克思，没有马克思，没有对马克思的记忆，没有马克思的遗产，也就没有将来：无论如何得有个马克思，得有他的才华，至少得有他的某种精神。①

全球化提供了实现共产主义的技术条件，但只有在具备了相应的人的条件（包括社会、道德和观念）时，共产主义才能真正实现。“说到根本上，问题不在于科学或技术方面，而是伦理和政治问题。选择，以及选择的标准，将是关键。”②

① ［法］雅克·德里达：《马克思的幽灵》，何一译，中国人民大学出版社 1999 年版，第 21 页。

② ［美］阿尔文·托夫勒：《未来的冲击》，孟广均等译，新华出版社 1996 年版，第 171 页。

四、“和而不同”与“共生主义”

随着全球化进程的发展，全球每一个人和每一个角落都被紧紧联系在一起，每一个地球村民既分享着科技进步和文明发展所带来的好处，也同样都面临着威胁人类生存的种种全球性问题和危机。越来越多的人开始清醒地认识到，在发展各自民族文化的同时，必须在一定层次上，形成基本共同的全球社会理念、共同的国际行为规范。

国外曾经有学者指出，现时代我们需要的是“太空船道德”而非“救生艇道德”。后者是引导人们在碰到危急情况时把一部分人抛入海中，以挽救其余人的生命。前者则是强调生死共存，即让太空船中的所有成员都有一个意识——发生任何危机和意外都不能撇下任何一个人，因为有一人被扔出座舱，其余的人照样会丢掉性命；保证生还的唯一可能就是调动各种力量，按照预先认同的规则来共同排除危险。各国、各民族在全球化的环境下生存就如同在太空船上，如果各个国家和民族还像过去那样，鼓励你死我活的竞争和极端个人主义、极端民族主义，在对自然关系上继续人类中心主义，那么，最终毁灭的可能是全人类。

面对未来时，我们回顾历史，追求“和谐”、“共生”、“世界大同”曾经是中国古人的理想，虽然他们的理想产生的背景与我们完全不同，但仍值得借鉴。

我国西周末太史史伯曾提出“和”与“同”这对哲学范畴。“和”指不同事物的对立统一；“同”指相同事物的简单相加或同一。

> （郑桓公问于史伯）曰：“周其弊乎？”对（史伯）曰：“殆于必弊者也……今王弃高明昭显而好谗慝暗昧，恶角犀丰盈而近顽童穷固，去和而取同。夫和实生物，同则不继。以他平他谓之和，故能丰长而物归之；若以同裨同，尽乃弃矣。故先王以土与金、木、水、火杂，以成百物。是以和五味以调口，刚四支以卫体，和六律以聪

耳，正七体以役（营）心，平八索以成人，建九纪以立纯德，合十数以训百体……夫如是，和之至也。于是乎先王聘后于异姓，求财于有方，择臣取谏，而讲以多物，务和同也。声一无听，物一无文，味一无果，物一不讲。王将弃是类也，而与同，天夺之明，欲无弊，得乎？”①

孔子把这一思想概括为：

君子和而不同，小人同而不和。②

抛开他们的时代局限性，“和实生物，同则不继”与“和而不同”的思想对我们今天乃至明天的全球化发展都有重大的启示意义。社会学家费孝通提出：“当前人们已迫切需要一个共同认可的价值体系，才能继续共同生存下去……20 世纪由于地球上人和人之间信息传递工具的迅速改进……集体活动的空间越来越小，凡有的可以互不相干的秩序，已经过时，必然建立的新秩序不仅需要一个能保证人类继续生存下去的公正的生态格局，而且还需要一个所有人类均能遂生乐业，发扬人生价值的心态秩序。”③

未来理想社会不能仅仅成为一个抽象的东西，我们不能在各种各样的“乌托邦”里打转，而应该以理性、务实、开放的精神来探讨什么样的生存方式更适合全人类的生存和发展，从而在一种扬弃、融合的过程中使全球社会理想具体化为人们坚定不移的信念，并最终成为人们自觉的共同的实践。有学者提出：“在当今世界，全球的共生需要已经凸现到了第一位，任何一个国家的发展都离不开与其他国家的交流和合作，任何一个地区的发展或问题，都会对全球带来正面或负面的影响。

① 《国语·郑语》。
② 《论语·子路》。
③ 费孝通：《中国城乡发展道路——我一生的研究课题》，载《中国社会科学》1993 年第 1 期。

这就要求全球化中的价值建构必须围绕一个核心内容来进行，这就是共生理念的建构。”①

我们可以把未来全球社会的理想目标用中国古人的话称为“和而不同”，用中国决策者的话说是对内建设“和谐社会”，对外建设“和谐世界”，用我们的话说则是“共生主义”。

我们原来理解的“共产主义”至少从字面上偏重于“生产”，无法涵盖人类生存和发展的全部，而西方“存在主义”等思潮则偏重于个体的生存状态和理想，忽视了人类社会的共同理想，也许，两者都已不能完全表达我们的理想，我们的理想应当把这些理想合而为一，表述为“共生主义”，即未来的全球化社会应该是应对人类共同面临的境遇，反省人类因为错误的理论和实践所导致的各种自然和社会问题。人与世界的关系应当是多元的一，是和谐的多，我们的理想是和而不同，求同存异，共生共存。

2005年9月15日，在联合国成立60周年首脑会议上，中国国家主席胡锦涛发表了题为《努力建设持久和平、共同繁荣的和谐世界》的讲话，第一次正式提出“和谐世界”的主张。随后，这一理论无论是在APEC会议，还是在温家宝总理访欧、胡锦涛主席访美等多个国际场合，都一再被提起②。最后，让我们用胡锦涛主席的话来展望全球化与人的未来：

> 在人类漫长的发展史上，各国人民的命运从未像今天这样紧密相连、休戚与共。共同的目标把我们联结在一起，共同的挑战需要我们团结在一起。让我们携手合作，共同为建设一个持久和平、共同繁荣的和谐世界而努力！③

---

① 方玮：《共生理念——全球化进程中的价值建构》，《长白学刊》2001年第6期。

② 参见本书第四章第三节。

③ 胡锦涛：《努力建设持久和平、共同繁荣的和谐世界——在联合国成立60周年首脑会议上的讲话（2005年9月15日，美国纽约）》，http://news.xinhuanet.com/world/2005-09/16/content_3496858.htm。

结　　语

本书快要杀青时，耳边传来了一首老歌：Beyond 的《你知道我的迷惘》，歌词是这样的：

一个人在孤独的时候，走到人群拥挤的街头，是在抗议过分自由，还是荒谬的地球

一个人在创伤的时候，按着难以痊愈的伤口，究竟应该拼命奋斗，还是默默地溜走

只有你会理解我的忧，让我紧紧握住你的手

我们曾经一样地流浪，一样幻想美好时光，一样地感到流水年长

我们虽然不在同一个地方，没有相同的主张，可是你知道我的迷惘

这不正是"全球化进程中的人"的现实境遇吗？我们所写的洋洋20余万字，也许都在这几句歌词和动听的旋律中了。

在对全球化进程的现实与理论、全球化的经济、技术和文化基础、全球化的主体、全球化生存方式、全球化交往方式、全球化思维方式、全球化文化、全球化与人的未来等问题做了探讨之后，本书的任务可以告一段落了。在此有必要回顾一下我们在本书中究竟说了什么，表达了

什么,反思了什么,期望了什么,用像诗歌那样不那么专业和晦涩的语言,作个小结。

凤凰卫视的品牌节目“世纪大讲堂”有一个惯例,就是主讲人演讲结束后,主持人都会问最后一个问题:请您用一句话来回答演讲的主题,只能用一句话。如果读者也这样问我们,我们可以这么说:

本书的主题——全球化进程中的人——是这样的:

人,“顶天立地”的人,艰难而坚定地走在全球化的路上,路的尽头写着:自由全面发展的人,和谐共存的世界。

我们说过,所谓“顶天立地”,就是人既要诗意地栖居于大地之上,又要时常抬头仰望天空,“顶天”就是要有梦想,有了梦想才有生活的方向,有了方向,在路上才有意义;“立地”就是要脚踏实地,立足现实,认真地务实地去实现自己的梦想。只要认准了方向,坚定地一步一步走下去,梦想就不会成为空想。

全球化不是金矿,也不是泡沫,全球化进程中的人不会变成神,也不会堕落为物。未来会怎样,在很大程度上并不取决于变革本身,而取决于我们昨天的梦想与今天的创造。水手航行在大海上,不怕风浪,不怕孤独,不怕劳累,就怕迷失方向,只要把握了未来的正确方向,哪怕艰难险阻、哪怕迂回曲折,我们也终能到达理想的彼岸。

本书要向大家暂时告别了,然而本书的主题——全球化进程中的人——并不会结束,他将继续前行。未来就在我们自己手中,路就在我们脚下,我们一起向前走吧。

参考文献

一、著　作

1.《马克思恩格斯全集》第1—50卷,人民出版社。
2.《马克思恩格斯选集》第1—4卷,人民出版社1995年版。
马克思:《1844年经济学哲学手稿》,人民出版社1979年版。
3.[美]阿尔文·托夫勒:《未来的冲击》,孟广均等译,新华出版社1996年版。
4.[美]曼纽尔·卡斯特:《网络社会的崛起》,夏铸九等译,社会科学文献出版社2001年版。
5.[美]尼葛洛庞帝:《数字化生存》,胡泳、范海燕译,海南出版社1996年版。
6.[美]麦克卢汉:《理解媒介:论人的延伸》,何道宽译,商务印书馆2000年版。
7.[美]塞缪尔·亨廷顿:《文明的冲突与世界秩序的重建》,新华出版社1998年版。
8.[英]马丁·阿尔布劳:《全球时代——超越现代性之外的国家和社会》,高湘泽、冯玲译,商务印书馆2001年版。
9.[英]安东尼·吉登斯:《现代性与自我认同》,赵旭东、方文译,三联书店1998年版。
10.[美]罗兰·罗伯森:《全球化——社会理论和全球文化》,梁光严译，上海人民出版社 2000 年版。

11.［美］丹尼尔·贝尔：《后工业社会的来临》，新华出版社 1988 年版。

12.［美］丹尼尔·贝尔：《资本主义文化矛盾》，三联书店 1989 年版。

13.［美］阿尔文·托夫勒：《第三次浪潮》，新华出版社 1996 年版。

14.［德］孔汉思、库舍尔：《全球伦理：世界宗教议会宣言》，何光沪译，四川人民出版社 1997 年版。

15.［美］迈克尔·海姆：《从界面到网络空间：虚拟实在的形而上学》，金吾伦、刘钢译，上海科技教育出版社 2000 年版。

16.［美］埃瑟·戴森：《2.0 版：数字化时代的生活设计》，海南出版社 1998 年版。

17.［美］约翰·奈斯比特等：《2000 年大趋势》，中共中央党校出版社 1990 年版。

18.［美］布热津斯基：《大失控与大混乱》，中国社会科学出版社 1995 年版。

19.［美］戴维·申克：《信息烟尘：在信息爆炸中求生存》，江西教育出版社 2001 年版。

20. 孙周兴编选：《海德格尔选集》，上海三联书店 1996 年版。

21.［美］巴雷特：《赛伯族状态：因特网的文化、政治和经济》，河北大学出版社 1998 年版。

22.［德］乌·贝克、哈贝马斯：《全球化与政治》，中央编译出版社 2000 年版。

23.［英］鲍曼：《全球化：人类的后果》，郭国良、徐建华译，商务印书馆 2001 年版。

24.［美］杰姆逊、三好将夫编：《全球化的文化》，马丁译，南京大学出版社 2001 年版。

25.［美］约翰·布洛克曼：《未来英雄》，海南出版社 1998 年版。

26.［美］保罗·库尔兹：《21 世纪的人道主义》，肖峰等译，东方出版社 1998 年版。
27. [法]雅克·德里达:《马克思的幽灵》,何一译,中国人民大学出版社 1999 年版。
28. [荷]E. 舒尔曼:《科技文明与人类未来》,李小兵、谢京生等译,东方出版社 1995 年版。
29. [日]尾关周二:《共生的理想:现代交往、共同的思想》,卞崇道译,中央编译出版社 1996 年版。
30.《邓小平文选》第 3 卷,人民出版社 1993 年版。
31. 中央文献研究室编:《邓小平年谱(1975—1997)》,中央文献出版社 2004 年版。
32. 俞可平、黄卫平主编:《全球化的悖论》,中央编译出版社 1998 年版。
33. 王宁、薛晓源:《全球化与后殖民批评》,中央编译出版社 1998 年版。
34. 梁展编选:《全球化话语》,上海三联书店 2002 年版。
35. 杨伯溆:《全球化:起源、发展和影响》,人民出版社 2002 年版。
36. 杨雪冬:《全球化:西方理论前沿》,社会科学文献出版社 2002 年版。
37. 严耕等:《网络伦理》,北京出版社 1998 年版。
38. 吴伯凡:《孤独的狂欢:数字时代的交往》,中国人民大学出版社 1998 年版。
39. 汪丁丁:《自由人的自由联合》,鹭江出版社 2000 年版。
40. 邹广文:《文化哲学的当代视野》,山东大学出版社 1994 年版。
41. 常晋芳:《网络哲学引论:网络时代人类存在方式的变革》,广东人民出版社 2005 年版。
42. 旷三平、常晋芳等编:《唯物史观前沿问题研究》,中国社会科学出版社 2004 年版。
43. 刘吉、金吾伦等:《千年警醒:信息化与知识经济》,社会科学文献出版社 1998 年版。

44. 王雅林:《人类生活方式的前景》,中国社会科学出版社 1997 年版。

45. 汪晖、陈燕谷:《文化与公共性》,三联书店 1998 年版。

46. 孙小礼、冯国瑞主编:《信息科学技术与当代社会》,高等教育出版社 2000 年版。

二、论　文

1. 胡锦涛:《走中国特色自主创新道路,为建设创新型国家而奋斗——在全国科学技术大会上的讲话》,新华社 2006 年 1 月 9 日电。

2. 衣俊卿:《哲学:在全球化时代重新定位》,《河北学刊》2002 年第 3 期。

3. 丰子义:《全球化与人的全面发展》,《天津行政学院学报》2004 年第 4 期。

4. 郭利娟:《全球化背景下人的发展境域》,《河南师范大学学报:哲社版》2002 年第 5 期。

5. 肖前、张继清:《全球化背景下的开放与生产力发展》,《新视野》2000 年第 6 期。

6. 任平:《在新全球化语境中引领文明对话和思想撞击》,《江海学刊》2004 年第 1 期。

7. 任平:《新全球化历史语境与马克思主义哲学三大创新路径》,《江海学刊》2003 年第 1 期。

8. 任平:《新全球化时代与马克思主义哲学:挑战和应答》,《江苏社会科学》2002 年第 2 期。

9. 任平:《新全球化时代的马克思主义:问题、视界与前景——再论走向交往实践的唯物主义(之一)》,《苏州大学学报:哲社版》2000 年第 2 期。

10. 任平:《交往实践辩证法:对立向度与范畴体系》,《哲学动态》1999 年第 5 期。

11. [英]E. 霍布斯鲍姆:《国家与全球化》,邓浩译,《现代外国哲学社会科学文摘》1998 年第 8 期。
12. [美]斯坦利·霍夫曼:《全球化的冲突》,《世界经济与政治》2003 年第 4 期。
13. 贾英健:《全球化与人的存在方式》,《理论学刊》2002 年第 5 期。
14. 杨雪冬、王列:《热话题与冷思考(七)——关于全球化与中国研究的对话》,《当代世界与社会主义》1998 年第 3 期。
15. 沈湘平:《全球化时代的个人:自由、危机与责任》,《宁夏社会科学》2004 年第 4 期。
16. 沈湘平:《全球化研究的人学转向》,《北京师范大学学报(社科版)》2004 年第 2 期。
17. 沈湘平:《全球化与现代性:在变动中相互形塑》,《求是学刊》2003 年第 3 期。
18. 邢荣:《马克思主义与全球化学术研讨会综述》,《学术研究》2001 年第 11 期。
19. 马峰成:《经典作家的全球化思想与当代全球化趋势》,《社会科学战线》2000 年第 2 期。
20. 贾英健:《论马克思的全球化思想及其当代价值》,《唯实》2002 年第 2 期。
21. 陈立新:《马克思关于全球化存在理由的追问》,《武汉大学学报:人文科学版》2003 年第 6 期。
22. 杨学功:《全球化与民族性——对全球化研究中一个焦点性问题的分析》,《教学与研究》2004 年第 3 期。
23. 杨学功:《用唯物史观的方法分析“全球化”——从马克思的“世界历史”理论看今天的全球化讨论》,《中共济南市委党校学报》2002 年第 2 期。
24. 黄力之:《〈共产党宣言〉:全球化时期的现代性文化批判》,《文艺理论与批评》2004 年第 5 期。

25. 金吾伦:《全球化、信息化时代的创新特征》,《华中科技大学学报:人文社科版》2002 年第 6 期。
26. 王宁:《全球化、文化研究和当代批评理论的走向》,《天津社会科学》2005 年第 5 期。
27. 李文:《全球化新时代的来临:理论诠释与现实意义》,《当代亚太》2003 年第 11 期。
28. 文军:《西方多学科视野中的全球化概念考评》,《国外社会科学》2001 年第 3 期。
29. 周穗明:《国外左翼论全球化与资本主义、社会主义》,《理论视野》2003 年第 2 期。
30. 王永贵:《全球化、反全球化与当代资本主义》,《学习与探索》2003 年第 3 期。
31. 叶卫平:《经济全球化与经济区域化》,《中国人民大学学报》2001 年第 4 期。
32. 孙立平:《破除改革争论中的意识形态迷雾》,《南方都市报》2006 年 3 月 21 日 A03 版。
33. 高峰:《发展理论全球化转向的分析范式及启示》,《江海学刊》2002 年第 6 期。
34. 何雪峰:《民众的要求就是改革的方向与动力》,《南方都市报》2006 年 3 月 24 日 A02 版。
35. 贺金瑞:《信息化 · 网络化 · 全球化》,《开放导报》(深圳)2000 年第 12 期。
36. 李三虎:《技术全球化和技术本土化:冲突中的合作——两种技术空间进路的交互关系分析》,《探求》2004 年第 3 期。
37. 方心清:《全球化视野下的生活方式变迁——也谈消费文化中的人文色彩》,《江浙学刊》2003 年第 5 期。
38. 单世联:《论全球化时代的文化多样性》,《天津社会科学》2005 年第 2 期。
39. 贺金瑞:《文化交往全球化》,《长春市委党校学报》2001 年第 1

期。
40. 饶涛:《全球化研究中的几个热点问题述评》,《青海社会科学》2004 年第 2 期。
41. 陈菊、李淑梅:《全球化时代交往的哲学透视》,《理论与现代化》2004 年第 1 期。
42. 杨彦钧、陈雪亮:《全球化与交往实践》,《学术研究》2001 年第 10 期。
43. 贺翠香、张翼星:《从交往观看哈贝马斯与马克思的全球化理路》,《北京行政学院学报》2002 年第 1 期。
44. 万俊人:《文明对话:跨世纪的“现代性”谋划》,《东方文化》2001 年第 4 期。
45. 霍桂桓:《全球化背景下的文化哲学研究初探》,《哲学动态》2002 年第 4 期、第 5 期。
46. 刘丽宏、邹之坤:《全球化进程中的交往与人的发展——〈德意志意识形态〉中“交往观”的读解和高扬》,《长白学刊》2001 年第 6 期。
47. 丁立群:《文化进步主义:全球化时代的哲学理念》,《求是学刊》2001 年第 5 期。
48. 马云驰:《全球化与信息时代伦理问题研究》,《学术研究》2000 年第 4 期。
49. 牛京辉、李伦:《全球性问题与普遍伦理》,人大复印资料《伦理学》1998 年第 12 期。
50. 路日亮:《全球化语境下价值观的整合与冲突》,《国际关系学院学报》2004 年第 6 期。
51. 孙伟平:《普遍价值:可能性及其限度》,《天津社会科学》2001 年第 1 期。
52. 方玮:《共生理念——全球化进程中的价值建构》,《长白学刊》2001 年第 6 期。
53. 田丰:《全球化与文明整合》,《广东社会科学》1998 年第 5 期。

54. 朱稼兴:《新世纪的两大发展趋势——全球化与信息化》,《国际技术经济研究》2001 年第 4 期。
55. 洪朝辉:《全球化——跨世纪的显学》,《国际经济评论》2000 年第 6 期。
56. 孙德忠、王峰:《论全球化实践对人类思维方式的影响》,《中州学刊》2002 年第 6 期。
57. 万林艳:《网络时代的人与文化》(硕士学位论文),中国人民大学 2001 年版。
58. 王伯鲁:《经济全球化的技术基础剖析》,《世界科技研究与发展》23 卷。
59. 陈凡、邢怀滨:《技术全球化与中国高技术产业的政策分析》,《东北大学学报:社科版》2002 年第 3 期。
60. 李丹:《社会主义与全球化、反全球化》,《中共福建省委党校学报》2004 年第 4 期。
61. 陈忠:《全球化:普遍制度文明与主体实践选择》,《广东社会科学》2002 年第 5 期。
62. 叶良茂:《马克思交往理论与经济全球化》,《华北电力大学学报:社科版》2002 年第 4 期。
63. 章辉美:《关于全球化的哲学沉思》,《湖南师范大学社会科学学报》2002 年第 6 期。
64. 徐艳玲:《全球化本质的动态透视》,《山东社会科学》2004 年第 3 期。
65. 孙璐:《论全球化时代的价值冲突》,《河南社会科学》2004 年第 2 期。
66. 邹广文:《全球化进程的哲学主题》,《中国社会科学》2003 年第 6 期。
67. 邹广文:《论文化的普遍价值与个性发展》,《清华大学学报(哲社版)》2004 年第 6 期。
68. 邹广文:《全球化的文化整合》,《长春市委党校学报》2001 年第 1 期。
69. 常晋芳:《网络哲学论纲》,《现代哲学》2003 年第 1 期。
70. 常晋芳:《网络文化的十大悖论》,《天津社会科学》2003 年第 2 期。

后　　记

全球化是当代人的普遍境遇，全球化理论又是当代学界的“显学”。大家都在言说，大家都在亲历。在此情境之下，要我们继续说出点新东西和新意思，的确很难。唯因如此，本书的写作对于我们而言可谓是“战战兢兢，如履薄冰”。

好在生活在全球化时代的每一个人，对于生存与发展中面临的种种问题，都有发言权，只要他不是人云亦云，只要他有独立思考。我们自己就生活在全球化的时代，走在全球化的路上，亲身体验着这一人类前所未有的伟大变革。这些实践行动、感性经验、情感体悟、理性思考汇集起来，使我们对“全球化进程中的人”这一主题有话要说。我们近年来在马克思主义哲学、文化哲学、人学、大众文化、信息网络哲学、全球化等领域做了一些研究和探索，说了一些话，写了一些文字发表，这些文字有些已纳入本书中，虽然也有敝帚自珍之意，但主要还是内容的需要，且都作了新的补充和完善。从选题到立论，我们力图确立两个制高点——一是理论的制高点，二是实践的制高点，试图把人类文化的深厚根基与时代精神的鲜活生命紧密结合起来。

本书定稿后，我们仍不甚满意，还没有达到理想的要求。特别是在结构、论点、语言等方面，还存在着诸多需要雕琢之处，这有待于我们今后修正和提高，更有待于读者朋友的批评指正。在此意义上，这本书还未完成，她将永远向作者、读者以及未来开放。

作者

2007 年 10 月 15 日